Julia Line, geboren 1947, ist freie Schriftstellerin. Ihr besonderes Interesse gilt den verschiedenen esoterischen Praktiken.

Von Julia Line sind außerdem erschienen:

»Das Geheimnis der Runen« (Band 3767)
»Schicksalsdeutung aus den Würfeln« (Band 3769)

Deutsche Erstausgabe November 1991
© 1991 Droemersche Verlagsanstalt Th. Knaur Nachf., München
Das Werk einschließlich aller seiner Teile ist urheberrechtlich geschützt.
Jede Verwertung außerhalb der engen Grenzen des Urheberrechtsgesetzes
ist ohne Zustimmung des Verlages unzulässig und strafbar. Das gilt
insbesondere für Vervielfältigungen, Übersetzungen, Mikroverfilmungen
und die Einspeicherung und Verarbeitung in elektronischen Systemen.
Titel der Originalausgabe »The Numerology Workbook«
© 1985 Julia Line
Originalverlag The Aquarian Press, Wellingborough, Northamptonshire
Umschlaggestaltung Astrid Birkel
Satz DTP ba · br
Druck und Bindung Ebner Ulm
Printed in Germany
ISBN 3-426-07870-8

2 4 5 3 1

Julia Line

Arbeitsbuch der Numerologie

Die Wirkung der Zahlen verstehen und nutzen

Aus dem Englischen von Karl Friedrich Hörner

Für D. G. L., ohne den …

Inhalt

Einführung

Entwicklung ist das Gesetz des Lebens.
Zahl ist das Gesetz des Universums.
Einheit ist das Gesetz Gottes.
Pythagoras

Honoré de Balzac (1799–1850), der französische Schriftsteller, sagte im Verlauf eines Gesprächs über die Zahlen: »Ohne sie würde das ganze Gebäude unserer Zivilisation in Stücke zerfallen.« Zahlen beeinflussen unser tägliches Leben auf vielfältigste Weise, und eine der ältesten geheimen Wissenschaften ist die Numerologie. Es läßt sich nicht ganz genau bestimmen, wann sich die Lehre von den Zahlen zu einer Methode entwikkelte, mit der man die Zukunft vorhersagte. Die Chaldäer des Altertums, die Ägypter, Assyrer, Babylonier, Griechen, Hindus und Juden entwickelten ihre eigenen numerologischen Systeme, und bis heute wird die Numerologie ständig erweitert und durch verschiedene Experten und Kulturen ergänzt, die ihre jeweiligen Lehren und Erkenntnisse beitragen.

Die kabbalistische Gematrie, eine bedeutende magisch-philosophische Kunst, die mit Hilfe der zweiundzwanzig Buchstaben des hebräischen Alphabets und der dazugehörigen Zahlenwerte den verborgenen Sinn in den Schriften entschlüsselt oder Charakter und Schicksal eines Menschen durch Analyse seines Namens entdeckt, ist mit ihrem Beitrag gewiß ein wesentliches Element der heutigen Numerologie. So stammt der Schlüssel aus der Gematrie, die Deutung der Zahlen nach den ihnen zugeschriebenen Eigenschaften, von den Pythagoreern und von einigen weiteren Zugaben aus dem Juden- und Christentum.

Numerologen glauben, daß wir nicht zufällig an einem bestimmten Datum, zu einer bestimmten Stunde und Minute geboren werden, sondern um im Laufe unseres Lebens wichtige Lektionen zu lernen und bestimmte Aufgaben zu erfüllen; die Bedingungen und Schwingungen zur genauen Zeit unserer Geburt müssen vorteilhaft sein, wenn uns die Erfüllung unserer Mission im Leben gelingen soll. Manche glauben auch, daß die Seelenwanderung und die Möglichkeit der Reinkarnation eine wichtige Rolle in ihrer Lebensphilosophie spielt. Numerologie ist auch eine Methode der Charakteranalyse, die es mit den Zahlenwerten der Namen und den Geburtsdaten versucht, die uralte Frage »Was bin ich?« zu lösen. Die Beschäftigung mit der Numerologie ermöglicht es uns, uns selbst objektiv und unvoreingenommen zu beurteilen und unsere angeborenen Begabungen und Fähigkeiten zu entdecken.

Die numerologische Analyse läßt uns nicht nur unsere Grenzen erkennen, sondern sie zeigt uns auch, wozu wir am meisten talentiert sind und wie wir unsere Bestimmung erfüllen können. Wir können in die Zukunft unserer »Lebenszyklen« schauen und versuchen, Informationen über das zu erlangen, was uns bevorstehen könnte. All dies und noch mehr ermöglicht die Numerologie. Wenn wir erst einmal unsere persönlichen Zahlen erforscht haben, können wir sie – mit Geduld und Verständnis – als Schlüssel gebrauchen, die uns das Rätsel unseres Daseins erschließen.

Zur Numerologie gehört der pythagoreische Glaube, daß »alle Dinge in Zahlenwerten ausdrückbar sind, weil alle Dinge letztlich auf Zahlen zurückzuführen sind«. Numerologen arbeiten gewöhnlich mit den Zahlen Eins bis Neun, und den Meisterzahlen Elf und Zweiundzwanzig – ihre Bedeutung, zusammengenommen, umfaßt alles Erleben, was das Leben bieten kann. Symbolisch stellen die Zahlen jene Stadien dar, die eine Idee zuerst zu durchwachsen hat, bevor sie Realität wird. Das Verständnis und die praktische Anwendung der Bedeutung dieser Zahlen wird zu einem tieferen Verstehen des eigenen Lebens führen. Es ist nicht nötig, Fähigkeiten der außersinnlichen Wahrnehmung oder des Hellsehens zu besitzen, um die Numerologie anzuwenden – einfaches Rechnen genügt.

Es gibt zwei allgemein anerkannte Methoden, Buchstaben durch ihre Zahlenwerte zu ersetzen. Die erste und bestimmt auch älteste stammt aus der hebräischen Überlieferung und sieht folgendermaßen aus:

1	2	3	4	5	6	7	8
A	B	C	D	E	U	O	F
I	K	G	M	H	V	Z	P
Q	R	L	T	N	W		
J		S			X		
Y							

Diese »Umrechnungstabelle« basiert auf den Entsprechungen unseres Alphabets und dem hebräischen, unter Zuhilfenahme von etwas Griechisch. Sie werden bemerkt haben, daß der Zahl Neun keine Buchstaben zugeordnet sind. Eine Theorie der Numerologie besagt, daß die Buchstaben des hebräischen Alphabets, die zur Neun gehörten, keine Entsprechungen in unserem Alphabet hätten, während eine andere Theorie besagt, daß man mit der Neun deshalb keine Buchstaben verbinde, weil sie in der jüdischen Mythologie die Zahl der Endgültigkeit sei. In der jüdischen Philosophie konnte es nichts geben, was wirklich endgültig ist, und so gab es auch keine Buchstaben oder Laute, die den Gedanken der Endgültigkeit oder Ganzheit vermitteln würden. Nur eines konnte für sie

vollkommen und vollständig sein – ihr Gott. Manche Esoteriker betrachten die Zahl Neun als die numerische Entsprechung des neun-buchstabigen Namens Gottes und glauben,
daß sie aus diesem Grunde bei der umseitig gezeigten Tabelle
ausgelassen wurde.

Das andere Umwandlungssystem nähert sich seiner Aufgabe
auf modernere Weise, indem es das Alphabet schlicht und
fortlaufend in seiner normalen Reihenfolge den Zahlen Eins
bis Neun einschließlich zuordnet:

1	2	3	4	5	6	7	8	9
A	B	C	D	E	F	G	H	I
J	K	L	M	N	O	P	Q	R
S	T	U	V	W	X	Y	Z	

Diese jüngeren Zahlen-/Buchstaben-Entsprechungen werden
in diesem Buch bei allen Berechnungen und Beispielen Verwendung finden, aber das hebräische System kann gleichermaßen mit Erfolg eingesetzt werden. Es mag jeder für sich
selbst entscheiden, welches der beiden gezeigten Systeme er
vorziehen möchte – die Methode, die persönlichen Zahlen zu
erhalten, bleibt die gleiche, welche Wahl auch immer man
schließlich trifft.

Numerologen reduzieren Namen und Daten *grundsätzlich*
durch Quersummenbildung auf einstellige Zahlenwerte. Die
auf diese Weise errechneten Ziffern werden dann gedeutet
nach den Eigenschaften und Charakteristika, die ihnen zugeordnet sind.

Im Laufe der Geschichte haben sich viele berühmte (und auch
einige berüchtigte) Menschen und Gesellschaften der Wissenschaft von den Zahlen zugewandt oder sind mit ihr in
Verbindung gekommen. Am bekanntesten ist von Pythagoras

(6. Jahrhundert v. Chr.), der griechische Philosoph und Mathematiker, der seine Anhänger lehrte, daß die gesamte Welt auf der Macht der Zahlen aufbaut. Sein Beitrag zur Entwicklung der Numerologie ist so bedeutend, daß ein ganzes Kapitel dieses Buches seinem Leben und seiner Lehre gewidmet ist.

Viele Jahrhunderte später zählte der deutsche Philosoph, Mystiker und Arzt Agrippa von Nettesheim (eigentlich Heinrich Cornelius, 1486–1535) die Bedeutung der Zahlen Eins bis Neun auf:

1. Tat, Streben, Führerschaft
2. Gleichgewicht, Passivität, Empfänglichkeit
3. Fröhlichkeit, Gewandtheit, Glanz
4. Ausdauer, Beständigkeit, Geistlosigkeit
5. Geschlechtlichkeit, Abenteuer, Unbeständigkeit
6. Häuslichkeit, Harmonie, Zuverlässigkeit
7. Geheimnis, Wissen, Alleinsein
8. weltliche Verwicklungen, verbunden mit materiellem Erfolg
9. Geistigkeit, Inspiration, große Leistung

Sie erschienen in einer Abhandlung »über okkulte Philosophie« des Agrippa, die er verhältnismäßig spät in seinem Leben veröffentlichte. Aus bestehenden pythagoreischen Lehren errechnete er komplexe Beziehungen zwischen der Harmonie und den Proportionen des Menschen und den Zahlen, die ihnen zugeordnet waren. Agrippa führte ein äußerst bewegtes Leben, das ihn eines Tages in Frankreich sogar ins Gefängnis brachte, nachdem er die Königinmutter kritisiert hatte. Er lehrte an den Universitäten Europas und übte einen sehr starken Einfluß auf den westlichen Okkultismus aus. In seinem Werk »Über die Nichtigkeit der Künste und Wissenschaften« widerrief er schließlich seine früheren Lehren.

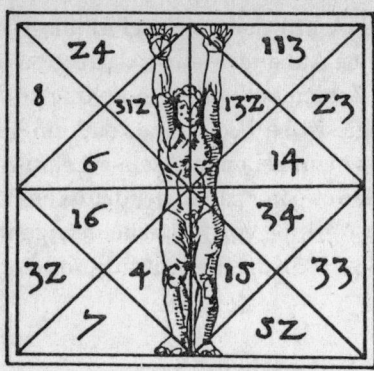

Abb. 1 Entsprechungen bei Agrippa

Gegen Ende des achtzehnten Jahrhunderts erschien Graf von Cagliostro (eigentlich Giuseppe Balsamo, 1743–1795) in Gestalt eines Alchimisten, Wunderheilers und Spiritualisten auf der Bühne der Numerologie. Er soll sich auf das hebräische System der Zahlen-/Buchstaben-Zuordnungen und eine auf Agrippa und Pythagoras aufbauende Numerologie gestützt haben. Im Jahre 1785 eroberte er Paris und gewann an den Spieltischen ein enormes Vermögen durch seine Fähigkeit, die Gewinnzahlen vorherzusagen. Am bekanntesten aber wurde er dadurch, daß er – angeblich mittels Alchimie – einen Diamanten herstellte, den er dem Kardinal Prinzen de Rohan veräußerte. Cagliostro hatte auch einen guten Ruf als Glaubensheiler und soll in der Stadt Straßburg innerhalb von drei Jahren fünfzehntausend Heilungen bewirkt haben. Während einer privaten Zusammenkunft im Hause eines Freundes, wo er sein Talent als Numerologe vorführte, machte er einige erstaunliche Voraussagen.

Nachdem er die Namen von König Ludwig XVI. von Frankreich und der Königin Marie-Antoinette analysiert hatte, sah er voraus, daß Ludwig »dazu verdammt war, vor Ende seines neununddreißigsten Lebens geköpft zu werden, da er eines Krieges für schuldig befunden würde«. Für die Königin sagte er voraus, sie würde »unglücklich, in Frankreich ihres Lebens nicht mehr froh, eine Königin ohne Thron oder Geld, vor Kummer vorzeitig altern, auf kärgliche Nahrung angewiesen sein, eingesperrt und schließlich enthauptet« werden. Diese beiden Aussagen zählen gewiß zu den genauesten Prophezeiungen, die je aufgezeichnet wurden – und beide entstanden durch das Mittel der Numerologie.

Schließlich wurde Cagliostro durch die Inquisition zum Tode verurteilt und in der Bastille eingekerkert, wo seine Strafe später zu lebenslänglicher Haft umgewandelt wurde.

Alphonse Louis Constant, Priester der Römischen Kirche, übersetzte seinen Namen ins Hebräische (Eliphas Levi Zahed, bekannt als Eliphas Levi), war ein großer Kabbalist und Gelehrter, obwohl man ihn nicht als ausgesprochenen Numerologen bezeichnen könnte. Er war es, dem die Verbindung der zweiundzwanzig Karten der Großen Arkana des Tarot mit den zweiundzwanzig Buchstaben des hebräischen Alphabets und den zweiundzwanzig Pfaden des Lebensbaumes zu verdanken ist. So schenkten die Querverbindungen, die er herstellte, der Numerologie eine ganz neue Dimension. Unter seinen Veröffentlichungen befindet sich auch »Die Geschichte der Magie« in zwei Bänden. Jeder Band enthält zweiundzwanzig Kapitel – eines für jede der zweiundzwanzig Tarotkarten. Der Orden der Goldenen Dämmerung, eine rosenkreuzerisch inspirierte, magische Gesellschaft, die ihre Hoch-Zeit in den neunziger Jahren des vorigen Jahrhunderts erlebte, baute die Theorien Levis noch weiter aus, indem sie auch Farben, Edelsteine und Halbedelsteine, Pflanzen, Wohlgerüche und anderes zuordnete. Die Mitglieder des Ordens bezogen in ihr Klassifizierungssystem auch die Götter, Halbgötter und Geister aus vielen Religionen und Mythologien mit ein, insbesondere jene aus den griechischen, ägyptischen, römischen, christlichen und jüdischen Kulturen.

Aleister Crowley (1875–1947) darf in dieser Aufzählung wegen seines indirekten Beitrages zum Wachsen und Werden der Numerologie des 20. Jahrhunderts nicht fehlen. Als ehemaliges Mitglied des Hermetischen Ordens der Goldenen Dämmerung gründete er später seine eigene Geheimgesellschaft, das »Astrum Argentinum«, die glaubte, daß »das Dasein reine Freude ist« und aller Kummer nur »vorbeiziehende, künstliche Wolken«. In den frühen zwanziger Jahren unterwies Crowley in der Abtei von Thelema auf Sizilien seine Jünger in seiner eigenen, absonderlichen Art von Sexualmagie, wobei ungeheure Mengen von Opium, Kokain und Haschisch konsumiert wurden. Der mysteriöse Tod eines Kindes und die Einlieferung etlicher seiner Anhänger ins Krankenhaus zog unter dieses Kapitel seiner Lebensgeschichte einen Schlußstrich. Crowley ergoß gegen Ende seines Lebens den gesamten Inhalt seines magischen Geistes in das von ihm entworfene Tarot-Deck (dessen Veröffentlichung er nicht mehr erlebte), und aus seinem System der Entsprechungen profitierte die Numerologie am meisten.

Zum Schluß sollte noch Graf Louis Hamon (1866–1936) – besser bekannt als Cheiro – erwähnt werden, ein bekannter und einflußreicher Seher unseres Jahrhunderts, der von manchen als der beste Vertreter der Handlesekunst, der Chiromantie, bezeichnet wird. Er war auch ein hervorragender Astrologe und Numerologe. Die Reihe seiner Kunden, die ihn im Laufe seines Lebens um Rat fragten, ist sehr lang und enthält berühmte Namen wie Sarah Bernhardt, Nellie Melba, die Infantin Eulalia von Spanien, Mark Twain, Sir Arthur Sullivan und Sir Austen Chamberlain.

Dieses Arbeitsbuch soll so viele verschiedene Methoden, Möglichkeiten und zahlenmäßige Entsprechungen darstellen wie möglich. Damit sollen die Leser frei bleiben, das Thema nach ihrem eigenen Vermögen zu erforschen, und die Gelegenheit bekommen zu entdecken, was es mit der Numerologie auf sich hat und was diese letztlich erreichen will. Durch eigenes Erfahren, Experimentieren und Beteiligtsein sollte der Leser dahin gelangen, diese esoterische Wissenschaft in einer Weise anzuwenden, die nicht nur seinen Bedürfnissen, sondern auch seiner Persönlichkeit entspricht. Denken Sie an die lateinischen Worte: *Omnia in numeris sita sunt* – Alles liegt in den Zahlen.

1
Zahlen und Religion

In der Genesis (1. Buch Moses), dem ersten Buch des Alten Testaments, steht geschrieben, wie das Universum durch das Wort Gottes geschaffen wurde – Gott ließ alles entstehen, indem er es einfach beim Namen nannte. Es ist wichtig, hier festzustellen, daß wir den Begriff »Wort« auch ersetzen können durch »Stimme« oder, noch besser, »Ton«. Früher glaubte man, daß der Ton eine gewaltige Kraft war, die konstruktiv (wie in der Schöpfungsgeschichte der Bibel) oder destruktiv eingesetzt werden kann, und heute gilt es als wissenschaftlich bewiesene Tatsache, daß Töne bestimmter Frequenzen töten können; bereits ein hoher Sopran kann mit einem bestimmten Ton Glas zum Zerspringen bringen. Man glaubte früher auch, diese »Macht des Wortes« entdecken und sich zunutze machen zu können. Besondere Musik und Worte wurden für Anrufungen eingesetzt, und der Erfolg dieser Bitten, so dachte man, war weitgehend von der Schwingung und Stimmung des gewählten Tones abhängig, weil Musik sich, wie auch Worte, mit Zahlen in Verbindung bringen läßt.

Worte waren also sehr wichtig und somit auch die zweiundzwanzig Buchstaben des hebräischen Alphabets. Man betrachtete sie als göttliche Schöpfungsinstrumente, und jeder Buchstabe besaß ein Zahlenäquivalent, das sich in der Tradition verankerte.

Die Zahlensymbolik hat bei religiösen Glaubensvorstellungen und Lehren auf der ganzen Welt eine besondere Bedeutung. Viele Abschnitte, und zuweilen auch ganze Bücher des Alten und des Neuen Testaments, lassen sich numerisch interpretieren. Religiöse Wahrheiten wurden in den Texten vor den

Augen der Ungläubigen verborgen, während es wenigen Aus-
erwählten immer möglich war, die verschlüsselte, christliche
Botschaft zu erkennen und zu verstehen. Andere Beispiele für
diese Art der Verwendung von Zahlen zur Bewahrung eines
Geheimnisses lassen sich in vielen weiteren religiösen Werken
einschließlich des Buchs der Schöpfung und der Pracht in der
Kabbala finden.

Gematrie ist der Name, den man der bedeutenden magisch-
philosophischen Kunst gegeben hat, Wörter auf Zahlen zurückzuführen, um die Information zu entschlüsseln, die in
ihnen enthalten sein soll. Der Zahlenwert eines jeden Wortes
läßt sich ermitteln, indem man einfach die Zahlen der Buchstaben addiert, aus denen es besteht. Es wird so auch möglich,
Wörter, Sätze und Namen mit anderen in Beziehung zu setzen,
die den gleichen Zahlenwert besitzen, oder ein Vielfaches
davon. Alle Namen, die in der Bibel vorkommen, sollen eine
tiefere, verborgene Bedeutung haben, die Aufschluß über die
betreffende Person oder den Ort gibt, zu dem sie gehören.
Diese geheime Bedeutung läßt sich mit Hilfe der Gematrie
entdecken. Selbst der esoterische Grund für den Bau eines
bestimmten Gebäudes oder Objekts kann durch Analyse seiner Maße gefunden werden.

Das Hebräische ist nur eines der Alphabete, deren Buchstaben
mit Zahlenwerten belegt wurden; solche Buchstaben-/Zah-
len-Korrespondenzen gibt es auch im griechischen, lateinischen und arabischen Alphabet. Die Zahlenwerte für die
Buchstaben des griechischen Alphabets zeigt Abbildung 2:

A	B	Γ	Δ	E	Z	H	Θ	I	K	Λ	M	N
1	2	3	4	5	7	8	9	10	20	30	40	50

Ξ	O	Π	P	Σ	T	Y	Φ	X	Ψ	Ω
60	70	80	100	200	300	400	500	600	700	800

Abb. 2 Das griechische Alphabet und seine Zahlenwerte

Unsere heutige Numerologie stammt vermutlich weitgehend von dem antiken System der Gematrie ab, das stark vom Einfluß der hebräischen Orthographie geprägt ist, in der Vokale in der Regel ausgelassen werden. Als die jüdischen Theologen im Mittelalter Europa zu bereisen begannen, wurden ihre Lehren von den westlichen Okkultisten dankbar aufgenommen, die ihre eigenen Zahlensysteme bildeten, die auf den arabischen Ziffern von Eins bis Neun basierten. War dies schon eine Vorform der Numerologie des 20. Jahrhunderts?

Die wohl bekannteste oder berüchtigtste Zahl, auf die wir in der Bibel stoßen, steht im 13. Kapitel der Offenbarung des Johannes. Es ist die Zahl 666, die Zahl des Tieres oder die apokalyptische Zahl, wie sie auch genannt wird. »Wer Verstand hat, der überlege die Zahl des Tieres, denn es ist eines Menschen Zahl, und seine Zahl ist sechshundertundsechsundsechzig« (Offb. 13,18). Das Tier wird von manchen für den Antichristen gehalten, der eines Tages die Herrschaft über die ganze Welt gewinnen wird, um schließlich von den Engeln Gottes gestürzt zu werden.

Die Zahl 666 sollte den Zahlenwert eines menschlichen Namens wiedergeben, der entweder in griechischer oder hebräischer Schrift aufgeschrieben sei. Es wurden verschiedenste Versuche unternommen, um das Tier mit historischen Gestalten zu identifizieren, darunter Mohammed, Luther und Napoleon I. Die bekannteste Identifizierung jedoch besteht mit dem römischen Kaiser Nero. Der Historiker Macaulay dagegen beschrieb das Unterhaus des britischen Parlaments als das große Tier, weil es 666 Mitglieder und ständige Beamte zu der Zeit hatte, als jener dies niederschrieb. Aleister Crowley, der Okkultist des 20. Jahrhunderts, sah sich selbst als die Personifizierung des Tieres an. Die Zahl 666 repräsentiert auch das »Yang«, die positive Ladung der Sonnenenergie, die sich mit der Herrschaft eines Kaisers oder Tyrannen assoziieren läßt.

Es steht auch für Aktivität und rationalen Intellekt. Die Summe der Zahlen von 1 bis 36, die auch das magische Quadrat der Sonne bilden, ist ebenfalls 666. Das Buch der Offenbarung sagt weiterhin, daß 144 000 gerettet werden sollten. Zerlegt man diese Zahl in einzelne Ziffern und bildet daraus die Quersumme, erhält man Neun (1 + 4 + 4 + 0 + 0 + 0 = 9), was auch für 666 zutrifft (6 + 6 + 6 = 18, 1 + 8 = 9). Daraus könnte man schließen, daß das Tier von Babylon und der Mensch in Wirklichkeit ein und dasselbe sind.

Eine weitere bedeutende Zahl in der Gematrie ist 1080 als Darstellung der negativen, empfänglichen Seite der Natur des »Yin«-Aspekts, den man auch mit dem Mond und mit Gaben wie Prophetie und Intuition assoziiert. Bei Anwendung der Regeln der Gematrie ist es gelegentlich erlaubt, eine Ziffer zu addieren oder zu subtrahieren, ohne dabei vom Sinn des Entschlüsselten abzukommen. Nach dieser Regel stimmen folgende Begriffe oder Größen mit der Zahl 1080 überein: der Heilige Geist, die Hölle und der Radius des Mondes, in Meilen gemessen. 108 ist das Atomgewicht des Elements Silber und die Anzahl der Perlen eines buddhistischen Rosenkranzes. Man braucht 10 800 Ziegelsteine für einen indischen Feueraltar, und die Rig-Veda enthält 10 800 Strophen. Jesus (888) + Maria (192) = 1080.

Addieren wir 666 und 1080, erhalten wir 1746, die Zahl der Verschmelzung oder des Zusammenkommens der beiden gegensätzlichen Prinzipien in der Natur. Die Alchimisten glaubten früher, daß das Leben durch die Verschmelzung von Quecksilber (1080) und Schwefel (666) entstand, deren Summe wiederum 1746 ist, und auch das Ergebnis einer weiteren »Einswerdung« von Gegensätzen – der Chymischen Hochzeit. Die Gnostiker sprachen von Jesus als dem »Ogdoaden«, weil seine Zahl als Heiland der Welt die 888 war. Bilden wir aus dieser die Quersumme, erhalten wir 24 und schließlich 6, was für Venus und die Liebe steht. Das ist der Zahl des Tieres direkt entgegengesetzt (666/18/9), deren Quersumme für Mars, für Krieg und Zerstörung steht. Kabbalisten gebrauchten gelegentlich Adam (9) als Synonym für den Menschen (666/18/9). Auch Jesus Christus läßt sich auf die Quersumme 9 reduzieren, wenn wir uns an die hebräischen Buchstaben-/Zahlen-Entsprechungen halten: JESUS (1 + 5 + 3 + 6 + 3 = 18/9) CHRISTUS (3 + 5 + 2 + 1 + 3 + 4 + 6 + 3 = 27/9) – JESUS CHRISTUS (18 + 27 = 45/9). Es muß einen tiefen, bedeutsamen Grund geben, warum das Tier, der Mensch, Adam und Jesus alle letztlich auf die Zahl Neun zurückzuführen sind, die noch immer auch an anderen Stellen der Bibel verborgen liegt und nur darauf wartet, entdeckt zu werden.

Der Name Nebukadnezar, der im Buche Daniel auftaucht, ist ein weiteres Beispiel für den Einsatz der Gematrie, um die Identität einer Person zu verbergen, in diesem Fall die des Seleukiden-Königs Antiochos Epiphanes; man hatte viel Mühe verwendet, um zu erreichen, daß beide Namen 423 ergaben. Kabbalisten dachten, daß die drei Männer, die Abraham in Haine Mamre erschienen, die Erzengel Michael, Gabriel und Raphael waren (1. Mose, 18), da in der Originalsprache die beiden Sätze »und siehe, da standen drei Männer vor ihm« und »diese sind Michael, Gabriel und Raphael« die Zahl 701 ergaben. Und so gibt es noch viele weitere Beispiele für die Anwendung dieser alten, okkulten Wissenschaft, die zu zahlreich sind, um hier erwähnt zu werden; sie allein würden schon ein ganzes Buch füllen.

Im Nahen Osten waren bereits lange vor dem Jahre 3000 v. Chr. die Astronomie, die Mathematik und viele andere Wissenschaften sehr hoch entwickelt. Im Bereich der Religion hielt man die Sterne und Planeten am Himmel für Gottheiten, aber auch für versinnbildlichte Zahlen, was vom numerologischen Gesichtspunkt aus natürlich interessant zu bemerken ist. So

nannten die Assyrer und Babylonier den Planeten Venus beispielsweise »Ischtar« und ordneten ihm die Zahl Fünfzehn zu,
während der Mond zu ihrem Mondgott »Sin« wurde und die
Zahl Dreißig trug. Viele moslemische Legenden und Geschichten drehen sich um den mystischen Wert von Zahlen,
und jede Zahl und jeder Wochentag wurde vom Propheten
Mohammed selbst mit bestimmten Eigenschaften belegt. Das
fromme Denken der Moslems spielte eine wesentliche Rolle
bei der Bedeutung, die jedem einzelnen Buchstaben des arabischen Alphabets gegeben wurde. Die Interpretation der Buchstaben wurde besonders von der Gruppe der Hurufis weiter-
entwickelt und schließlich fast als Ersatz für die islamische
Mythologie betrachtet. Das erste Zeichen ihres Alphabets –
das gerade Alif mit dem Zahlenwert Eins – war ein Symbol für
die Einzigartigkeit und Einheit Allahs, während ihr »B« mit
dem Zahlenwert Zwei das erste Zeichen des Korans ist und
die schöpferische Kraft darstellt, durch die alles ins Dasein
kam, und so weiter.

Die Zahlen von Eins bis Zehn und ihre religiöse Symbolik und
Bedeutung zeigt folgende Aufstellung:

Eins – *Vater unser, der du bist im Himmel, geheiligt werde dein
Name.*
Das erste Gebot: Du sollst keine anderen Götter neben mir
haben.
Eins steht für Gott, den Jehova des Alten Testaments, und den
Anfang.
Für die Babylonier war der göttliche »Eine« Anu, der Gott des
Himmels.
Eins ist die vollkommenste Zahl, die den Schöpfer repräsen-
tiert, die treibende Kraft des Universums. Die Ägypter spra-
chen von Ra als »dem einen Einen«. Auch die Juden betrach-
teten die Zahl Eins als Symbol des Schöpfers – das zeigt sich

auch an einer Stelle im Buche ihres Propheten Sacharja (14,9),
wo dieser sagt: »An jenem Tage wird der Herr nur einer sein
und sein Name nur einer.« Im islamischen Glauben steht die
Zahl Eins für die Einheit Allahs. Kether, die Krone des Lebensbaumes.

Zwei – *Dein Reich komme.*
Das zweite Gebot: Mache dir kein Bildnis noch irgendein
Gleichnis.
Im biblischen Sinne stellt die Zahl Zwei Gegensätze dar, Dua-
litätenpaare: Adam und Eva, Himmel und Hölle, Licht und
Finsternis, Gut und Böse. Bei Matthäus 6,24 heißt es: »Niemand kann zweien Herren dienen … ihr könnt nicht Gott
dienen und dem Mammon.« Der Zahlenwert des ersten Buchstabens im Koran bedeutet für viele Mystiker die schöpferische Kraft, durch die alles ins Dasein kam. Chochma, Weisheit
vom Baum des Lebens.

Drei – *Dein Wille geschehe, wie im Himmel, so auf Erden.*
Das dritte Gebot: Du sollst den Namen des Herrn, deines
Gottes, nicht mißbrauchen.
Die Zahl Drei steht symbolisch für Dreiheiten, für Trinitäten:
Vater, Sohn und Heiliger Geist; Körper, Seele und Geist; Licht,
Leben und Liebe. Auch in der Geschichte des Lebens Jesu
spielt die Drei eine wichtige Rolle: die drei Könige, drei Hirten,
Auferstehung am dritten Tage, dreimalige Verleugnung
durch Petrus, drei Kreuze bei seiner Kreuzigung. Der Judas-
lohn betrug dreißig Silberlinge (30/3). Binah, Verständnis, am
Baum des Lebens.

Vier – *Unser täglich Brot gib uns heute.*
Das vierte Gebot: Gedenke des Sabbattages, daß du ihn heili-
gest.

Viele Stellen in der Bibel beziehen sich auf die Zahl Vier. Der Fluß, der Eden verließ, teilte sich in vier Ströme: Geist (Feuer), Denken (Luft), Körper (Erde) und Seele (Wasser). Das Kreuz, weltweit ein heiliges Symbol, ist auch mit der Vier zu assoziieren. Christus war nicht der einzige Religionsführer, der gekreuzigt wurde; das gleiche machte man auch mit Thamus von Syrien, Mithras in Persien, Krishna in Indien und Hesus, dem Druiden. In der Apokalypse ist die Rede von vier Reitern, vier Winden, vier Tieren und vier Engeln. Chesed, Liebe vom Baum des Lebens.

Fünf – *Vergib uns unsere Schuld, wie wir vergeben unseren Schuldigern.*
Das fünfte Gebot: Du sollst deinen Vater und deine Mutter ehren.
In der Geschichte von David und Goliath lesen wir »David wählte fünf glatte Steine aus dem Bach« (1. Buch Samuel 17,40) als Munition. In dem Gleichnis bei Matthäus 25,3 stoßen wir auf fünf kluge und fünf törichte Jungfrauen; Christus blutete am Kreuz aus fünf Wunden. Im moslemischen Glauben ist die Fünf das Symbol für Huwa, He, die Formel für Gottes absolute Transzendenz. Dim, Macht vom Baum des Lebens.

Sechs – *Führe uns nicht in Versuchung.*
Das sechste Gebot: Du sollst nicht töten.
Nach alten Aufzeichnungen war das Manna, das in der Wüste sechs Tage lang vom Himmel regnete, mit dem hebräischen Zeichen für Sechs markiert. Jesus vollbrachte sein erstes Wunder, indem er sechs Krüge Wasser in Wein verwandelte. Tiferet, Schönheit vom Baum des Lebens.

Sieben – *Erlöse uns von dem Bösen.*
Das siebte Gebot: Du sollst nicht ehebrechen.

Die Sieben präsentiert die geheimnisvolle Gotteskraft in der Natur, in vielen Religionen auf der Erde. Am besten bekannt ist wohl die Geschichte Josuas, der durch die Kraft der Sieben die Mauern von Jericho zum Einsturz brachte. Er marschierte mit seinem Heer sieben Tage lang um die Stadt, wobei sieben Priester sieben Posaunen trugen. Am siebten Tag umrundeten sie die Stadt siebenmal und bliesen in die Posaunen, und die Schwingungen, die dadurch entstanden, ließen die Stadtmauern zusammenstürzen. Weitere Beispiele für die außerordentliche Bedeutung der Zahl Sieben sind:

– die sieben Tage der Schöpfung;
– die sieben Erzengel in der Offenbarung und die sieben Geister Gottes, die in alle Welt ausgesandt werden;
– sieben Generationen zwischen David und Christus;
– die sieben Sephiroth der Kabbala;
– die sieben Amschaspands des persischen Glaubens;
– die sieben Engel der Chaldäer;
– die sieben Geister in der ägyptischen Religion;
– die sieben Devas in den Schriften der Hindus.

Sieben steht für Netsah, Sieg vom Baum des Lebens.

Acht – *Denn dein ist das Reich und die Kraft und die Herrlichkeit*
Das achte Gebot: Du sollst nicht stehlen.
Die Juden nahmen die Beschneidung am achten Tage nach der Geburt eines Knaben vor, und bei ihrem achttägigen Chanukka-Fest werden acht Kerzen angezündet. Es gab acht Pharisäer-Sekten, und die dreifache Acht (888) ist die Zahl des Heilandes Christus. Chod, Erhabenheit vom Baum des Lebens.

Neun – *in Ewigkeit*.
Das neunte Gebot: Du sollst kein falsch Zeugnis reden.
Neun ist eine mystische Zahl. Zur neunten Stunde – der Stun-

de des Gebets – sprach Christus am Kreuze: »Es ist vollbracht« (Johannes 19,30). Am neunten Tage wurden früher die Toten begraben, und die Römer pflegten alle neun Jahre eine Totengedenkfeier zu begehen. Der erste und der zweite Tempel der Juden wurden am neunten Tage des jüdischen Monats Ab zerstört. Es gibt neun Ränge der himmlischen Mächte, wie Cherubim, Seraphin usw. In einigen jüdischen Schriften heißt es, Gott sei neunmal auf die Erde herabgestiegen:

1. im Garten Eden,
2. bei der babylonischen Sprachverwirrung,
3. bei der Zerstörung von Sodom und Gomorrha,
4. zu Moses auf dem Berg Horeb,
5. als auf dem Sinai die Zehn Gebote entstanden,
6. zu Balaam,
7. zu Elisa,
8. im Allerheiligsten,
9. im Tempel in Jerusalem.

Neun steht für Jesod, Begründung im Baum des Lebens.

Zehn – *Amen*.

Das zehnte Gebot: Laß dich nicht gelüsten deines Nächsten Hauses. Laß dich nicht gelüsten deines Nächsten Weibes, noch seines Knechtes, noch seiner Magd, noch seines Ochsen, noch seines Esels, noch alles, was dein Nächster hat.

Beim zehnten Herniedersteigen Gottes auf die Erde soll das Ende der Welt gekommen sein und eine neue Erde geschaffen werden aus dem Schutt der alten.

Malkut, das irdische Königreich vom Baum des Lebens.

2

Pythagoras und seine Lehren

Mensch, erkenne dich selbst,
dann sollst du das Universum und Gott erkennen.
Pythagoras

Als Parthenis sich mit ihrem Gatten Mnesarchus in Delphi aufhielt, wurde ihr vom dortigen Orakel mitgeteilt, daß sie einem Sohn das Leben schenken werde, der alle Menschen an Schönheit und Weisheit übertreffen würde und zu einem Wohltäter der Menschheit heranwachsen sollte. Das angekündigte Kind, Pythagoras, kam dann auch in der Zeit zwischen 600 und 590 vor Christus in der Stadt Sidon in Phönizien auf die Welt, obgleich die Heimatstadt seiner Eltern Samos war. Nach der Geburt ihres Sohnes änderte Parthenis ihren Namen in Pythasis, zu Ehren der Priesterin Pythia, die jene Prophezeiung ausgesprochen hatte.

Es gibt die verschiedensten Vorstellungen über die Zeugung und Geburt des Pythagoras; manche dachten, er sei ein Gott in Menschengestalt. Die Geschichte seiner Geburt gleicht jener von Jesus: Von beiden glaubte man, sie waren keines menschlichen Vaters Kind – der Gott Apollo, so ging das Gerücht, sollte Pythagoras gezeugt haben –, beide wurden in Syrien geboren, und beide Geburten wurden schon früher prophezeit und fanden statt, als die Eltern nicht zu Hause, sondern auf einer Reise waren. Wegen dieser Ähnlichkeiten wurde Pythagoras oft für den »Sohn Gottes« gehalten, und man nahm an, er wirkte unter dem Einfluß göttlicher Inspiration.

Pythagoras unternahm in seinen jungen Jahren weite Reisen und besuchte viele Länder einschließlich Griechenland, Ägypten, Phönizien, Syrien, Babylon, Persien und Hindustan. Im

Laufe seiner Reisen erwarb er großes Wissen und Weisheit. Er wurde eingeweiht in die Eleusinischen Mysterien und die Isis-Mysterien in Theben, in die Adonis-Mysterien und die Geheimlehren der Chaldäer. Ja, er war der erste Mensch, der den Begriff Philosoph gebrauchte, wenn er über sich selbst sprach; bis dahin galten weise Männer als Weise.

Schließlich ließ er sich um das Jahr 525 v. Chr. im Ort Crotone in Süditalien nieder, wo er einen religiös-philosophischen Bund gründete, der unter dem Namen Italienische oder Pythagoreische Schule bekannt wurde, um seine geheimen Weisheiten einer ausgewählten Gruppe von Schülern weiterzugeben. Als er Anfang Sechzig war, heiratete Pythagoras eine seiner Schülerinnen; aus dieser Ehe gingen sieben Kinder hervor. Er wird uns beschrieben als ein Mann von über 1,80 Meter Größe und vollendeter Gestalt, gleich dem Gott Apollo. Er war eine ehrfurchtgebietende Persönlichkeit, die mit wachsendem Alter an Kraft und Ausstrahlung gewann; zur Zeit seiner Ermordung schien er sich in der Blüte seines Lebens zu befinden. Man nimmt an, daß Pythagoras annähernd hundert Jahre gelebt hat, und, wie um seine Geburt, so ranken sich auch um seinen Tod die verschiedensten Geschichten. Im allgemeinen geht man jedoch davon aus, daß er irgendwann zwischen 500 und 490 v. Chr. in Kroton von seinen Feinden überwältigt und lebendig verbrannt wurde.

Die Lehren des Pythagoras wurden von seinen Schülern immer sehr gehütet, und nach seinem Tod gelang es ihnen, einen großen Teil seines Werkes zu bewahren, der einen gewaltigen Einfluß auf das philosophische Denken der folgenden Zeit haben sollte. Selbst der große griechische Philosoph Plato (427–347 v. Chr). hat Pythagoras und seinen Lehren viel zu verdanken.

Wie die anderen Philosophen der ionischen Schule, die sich vornehmlich damit beschäftigten zu bestimmen, aus welcher

Abb. 3 Pythagoras

Ursubstanz der Kosmos aufgebaut war, forschte auch Pythagoras nach einer wissenschaftlichen Erklärung des Universums auf der Basis eines einziges Faktors. Im Gegensatz zum
ionischen Naturalismus – Thales glaubte zum Beispiel, daß
alle Substanzen Varianten des Wassers, Heraklit dagegen, daß
sie Abarten des Feuers seien –, näherte sich Pythagoras der
Problematik mehr aus der Richtung des orphischen Denkens
und entdeckte das Urprinzip des Universums in der Zahl.

Die Pythagoreer prägten einen Ausspruch, der besagte, daß
»alle Dinge über Zahlen miteinander verbunden« seien, und
ihnen wurde gelehrt, daß die Harmonien der Musik und der
Sphären, die Bewegungen der Sonne, des Mondes und der
Sterne, wie auch die Proportionen in der Architektur von
Zahlenverhältnissen bestimmt sind. Pythagoras glaubte, daß
die Welt auf der Kraft der Zahlen aufbaute und daß es leicht
sei, eine Zahl bei allem zu identifizieren, was gut, schön,
ordentlich, recht und anständig sei. In seinem »Heiligen Gespräch« stellte er fest, daß die »Zahl die Herrscherin über
Gestalten und Ideen und die Ursache von Göttern und Dämonen« sei.

Die Angehörigen des pythagoreischen Bundes waren ihrem
Orden gegenüber zu Verschwiegenheit und Treue verpflich-
tet; der Glaube an die Seelenwanderung war eine Grundlage
für ihre Lebensweise. Pythagoras konnte sich an frühere Inkarnationen erinnern, und aus diesem Grunde nahm man an,
er wüßte mehr als andere. Seine Schüler sahen sich der Herausforderung gegenübergestellt, »zu sein wie ihr Meister und
so den Göttern näher zu kommen«. Sie sprachen Pythagoras
nie mit seinem Namen an, und auch im Gespräch über ihn
wurde er stets »der Meister« oder »jener Mann« genannt. Das
mag so gewesen sein, weil man glaubte, sein Name bestehe
aus einer bestimmten Zahl von in bestimmter Weise zusam-
mengesetzten Buchstaben, die eine große, heilige Bedeutung

bargen, oder weil die Schüler durch eine geheime Formel eingeweiht wurden, die aus den Buchstaben seines Namens gebildet war.

Seine Anhänger unterwarfen sich sehr strengen Verhaltensregeln, und ihr religiöses Leben war weitgehend ritualisiert. Sie trugen weiße Gewänder und hatten auf geschlechtliche Reinheit zu achten. Sie dachten, wenn ihre Seelen durch Musik und geistige Aktivität geläutert würden, könnten sie höhere Inkarnationen erreichen. Der Gott des Pythagoras war Monade – der Eine, der Alles ist. Pythagoras beschrieb Gott als den höchsten Geist, die Ursache, Intelligenz und Kraft in allen Dingen. Er sah Gott in kreisförmiger Bewegung innerhalb eines Körpers, der aus Licht gemacht war, und als Wesen bestehend aus Wahrheit. Die Schüler wurden in Gymnastik ausgebildet und studierten Geometrie, Musik und Astronomie; diese Disziplinen galten als wesentlich für ein rationales Verstehen Gottes, des Menschen oder der Natur. Pythagoras lehrte Maßhalten in allen Dingen und hielt sich – wie auch seine Schüler – an eine im wesentlichen vegetarische Diät.

Aristoteles bezieht sich auf pythagoreische »Tafel der zehn Gegensätze«, die folgendermaßen angeordnet waren:

begrenzt/grenzenlos	ungerade/gerade
eines/viele	rechts/links
männlich/weiblich	Ruhe/Bewegung
gerade/gebogen	Licht/Finsternis
gut/böse	quadratisch/rechteckig

Sie glaubten auch, daß die ungeraden und die geraden Zahlen Gegensatzpaare im Universum bildeten. Ungerade Zahlen hielt man für männlich (weil sie einen generativen Mittelteil hatten), aktiv und schöpferisch. Die geraden Zahlen hielt man für weiblich (weil sie eine rezeptive Öffnung und einen Raum im Innern besaßen), passiv und empfänglich. Die Unterteilung von ungeraden und geraden Zahlen basiert auf der antiken Methode der Darstellung durch eine entsprechende Anzahl von Punkten. Die ungeraden Zahlen wurden als dominant bezeichnet, weil bei der Zusammenfügung von ungeraden und geraden Zahlen immer eine ungerade Zahl das Ergebnis war. Sie wurden folgendermaßen dargestellt:

und die geraden:

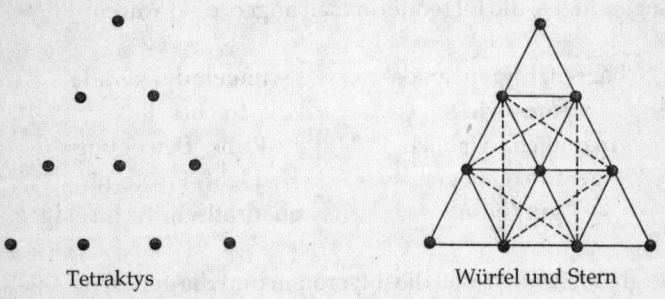

Die heilige Dekade barg bei den Pythagoreern eine besondere, kosmische Bedeutung. Sie wurde Tetraktys genannt, was, grob übersetzt, »Vierheit« bedeutet und anzeigt, daß die Summe von 1 + 2 + 3 + 4 gleich 10 ist, ein »vollendetes Dreieck«:

Tetraktys   Würfel und Stern

Eins und Zwei galten nicht als Zahlen, weil sie zwei überweltliche Sphären versinnbildlichen, den Punkt und die Linie. Addierte man sie aber zur Drei, dem Dreieck, und zur Vier, dem Quadrat, erhielt man die Zehn, den Archetypus des Universums und der Vielzahl aller Dinge. Man fand heraus, daß die ersten vier Zahlen bei der Konstruktion fester Gegenstände eine wesentliche Rolle spielen. Verband man die Punkte des Tetraktys miteinander, erhielt man neun Dreiecke, und die Sechs spielt eine Rolle beim Aufbau eines Würfels. Es zeigt sich auch ein sechseckiger Stern um einen zentralen Punkt. Die sieben Punkte machten einen Würfel aus, und der Stern steht für den Geist der sieben schöpferischen Perioden – die Elohim, und der zentrale Punkt für den Sabbat. Die drei Eckpunkte stehen für das dreifache, unsichtbare Universum.

Die Betrachtung von Zahl und Proportion führte zu einem besseren Verstehen der Harmonie (des Zusammenpassens) des Kosmos (der schönen Ordnung der Dinge), und übertrug man den Tetraktys in den Bereich der Musiktheorie, konnte man eine verborgene Ordnung im Bereich der Töne entdekken. Zu ihren Zahlenforschungen – die für jene Gruppe charakteristisch waren – verwendeten die Pythagoreer Gnomonen (griech. = Winkel) zur Darstellung von Zahlen mit Punkten oder kleinen Steinen. Winkelzahlen wurden folgendermaßen angeordnet:

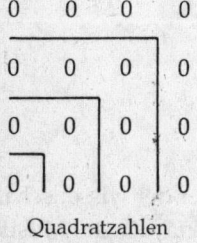

Quadratzahlen

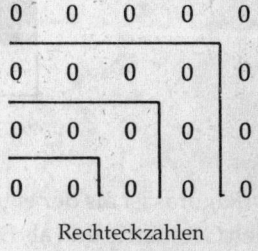

Rechteckzahlen

In dieser Weise dargestellte ungerade Zahlen waren immer auch Quadratzahlen aus der Reihe 4, 9, 16, 25, 36, 49 usw., und deshalb sind sie auch bei uns unter dem Begriff Quadrate bekannt. Rechteckzahlen sind gerade Zahlen, die als Rechteck dargestellt werden, nämlich die Zahlen aus der Reihe 2, 6, 12, 20, 30 usw. Dreieckzahlen ergeben sich aus der Erweiterung oder Verkleinerung des Tetraktys, es sind dies die Zahlen aus der Reihe 3, 6, 10 (Tetraktys), 15, 21, 28 usw. Die pythagoreische Idee von Winkelzahlen wurde von den Schülern der platonischen Akademie in deren Vorstellungen über »polygonale Zahlen« erweitert.

Abb. 4 Der 47. Lehrsatz

Pythagoras ist als der eigentliche Erfinder der wissenschaftlichen Geometrie und als Entdecker der Oktave in der Musik zu betrachten. Der berühmte »47er-Lehrsatz« (»der Satz des Pythagoras«) lautet folgendermaßen: »In einem rechtwinkligen Dreieck ist das Quadrat über der Hypotenuse gleich der Summe der Quadrate über den beiden Katheten.« Dies ist zugleich ein wichtiges Symbol der Freimaurerei und wird wegen seiner engen Verbindung mit der Baukunst auch häufig »Lehrsatz des Zimmermanns« genannt. Es besteht fernerhin eine enge Beziehung zwischen den drei Großmeistern der Freimaurerloge von Jerusalem und den drei Quadraten im 47er-Lehrsatz. Man nimmt auch an, daß die komplizierten mathematischen Details der Großen Pyramide von Gizeh auf längst in Vergessenheit geratene Anwendungsmöglichkeiten dieses Lehrsatzes zurückzuführen sind.

Das bei den Pythagoreern bekannt gewordene Symbol war vermutlich dem ägyptischen Kulturkreis entliehen. Es stand für die Macht zu wählen, und galt damit als ein Symbol für den Scheideweg, die Weggabelung. Der zentrale Stamm steht für den Jugendlichen auf dem Weg des Lebens, der an den Punkt gelangt, wo er sich entscheiden muß zwischen göttlicher Weisheit zur Rechten oder irdischer Weisheit zur Linken.

Im allgemeinen spricht man Pythagoras die Entdeckung der Beziehung zwischen Ton und Zahl zu. Die Legende erzählt, daß er, als er an einer Schmiede vorüberging, bemerkte, daß jeder der verschiedenen Ambosse einen anderen Ton von sich gab, wenn mit dem Hammer daraufgeschlagen wurde. Er ging der Sache nach und fand heraus, daß sich ihre Gewichte im Verhältnis 6 zu 8 zu 9 zu 12 unterschieden. Als er darauf vier Gewichte im gleichen Verhältnis an Saiten aufhängte, stellte er zu seiner größten Befriedigung fest, daß er die gleichen vier Töne erzeugen konnte, indem er an den Saiten zupfte, wie er sie von den Ambossen in der Schmiede gehört hatte. Als die Länge der Saiten verdoppelt wurde, entstanden Töne, die eine Oktave tiefer als die ursprünglichen erklangen. Somit ließ sich eine Oktave als das Zahlenverhältnis 2 zu 1 ausdrücken. Die anderen musikalischen Intervalle waren die Verhältnisse 3 zu 2 und 4 zu 3 – und wieder bedurfte es nur der ersten vier Zahlen, um diese Gegebenheiten auszudrücken.

Abb. 5 Pythagoras und Jubal (der biblische Urvater der Musik) experimentieren mit verschiedenen Tönen.

Pythagoras sah das Universum als ein harmonisches Ganzes und glaubte, daß alles darin einen Ton oder eine »Schwingung« aussandte. Er definierte die Erde und die Planeten als Kugeln, die sich auf Kreisbahnen um seine zentrale Lichtquelle bewegten. Infolge seiner Entdeckung, daß Saiten verschiedener Länge beim Zupfen unterschiedliche Töne erzeugten, glaubte er, daß jeder Planet seinen eigenen Ton besaß, der von seiner Entfernung zum Mittelpunkt abhing. Zusammengenommen sollten diese planetarischen Töne eine »harmonische, kosmische Oktave« bilden, besser bekannt unter dem Begriff »Musik der Sphären«. Er glaubte, wenn Töne als Zahlenverhältnisse ausdrückbar seien, wäre dies der Schlüssel zu den Geheimnissen des Universums. Die Schwingung oder der »Ton« des Universums zur genauen Zeit der Geburt eines Menschen – so nahm er an – sollte sowohl dessen Charakter als auch die Bestimmung seines Lebens beeinflussen.

Bei der Unterweisung seiner Schüler machte Pythagoras häufig Gebrauch von Aphorismen, die einen verborgenen Sinn enthielten. Iamblichus sammelte und deutete neununddreißig dieser symbolischen Aussprüche, von denen wir drei Aphorismen anführen wollen:

Empfange keine Schwalbe in deinem Haus. Dies war als eine Warnung zu verstehen, sich auf nichtige Gedanken und gedankenlose Menschen einzulassen. Ein Schüler der pythagoreischen Schule sollte immer nach der Gesellschaft gewissenhafter Arbeiter streben, die fähig waren, vernünftige Gedanken zu entwickeln.

Halte dich von den öffentlichen Straßen zurück und betrete wenig begangene Pfade. Wer Weisheit wünscht, sollte sie allein suchen.

Hilf einem Menschen eine Last zu heben, aber hilf ihm nicht, sie niederzulegen. Wie in einer Nußschale ist der Sinn hier versteckt: Hilf unter allen Umständen, aber unterstütze nie die Menschen, ihrer Verantwortung zu entgehen.

Die Goldenen Verse des Pythagoras enthielten die Essenz seiner Lehre und Philosophie. Plato soll einen hohen Preis für einige dieser Verse bezahlt haben, die die Vernichtung in Crotone überstanden hatten.

Es folgt eine kurze Zusammenstellung der Bedeutung der zehn pythagoreischen Zahlen:

1. Die Monade

Die Pythagoreer verehrten die Monade. Eine hermaphroditische Zahl, weder ganz maskulin, noch ganz feminin; addiert man sie zu einer geraden Zahl, erhält man eine ungerade, addiert man sie zu einer ungeraden Zahl, erhält man eine gerade. Sie wird auch Geist genannt, weil der Geist nicht wankt, und auch Gott, weil sie Anfang und Ende von allem ist. Ein Symbol der Weisheit. Manchmal auch bekannt unter Begriffen wie Chaos, der Vater, der Urgrund, Apollo, Prometheus, Geburt, Substanz, Jupiter, Vesta, Liebe, Frömmigkeit, Schiff, Streitwagen und Proteus.

2. Die Dyade

Häufig auch mit Wagemut in Verbindung gebracht, weil es die erste Zahl ist, die sich von der göttlichen Eins trennt. Symbol des Unwissens und von den Pythagoreern als Zeichen der Polarität geringgeschätzt. War auch bekannt als Genie, Böses, Finsternis, Materie, Trennung, Ehe, die Mutter, Isis, Lydia, Ceres, Diana (weil der Mond gegabelt ist), Maia und Juno.

3. Die Triade

Die erste ungerade Zahl. Schlüsselwörter sind Freundschaft, Frieden, Gerechtigkeit, Klugheit, Frömmigkeit, Mäßigung und Tugend. Sie wurden verbunden mit Saturn (dem Herrscher der Zeit), Ophion, Hekate, Pluto, Triton, den Parzen,

Furien und Grazien. Sie wurde Weisheit genannt, weil die Menschen Nutzen ziehen aus der Vergangenheit, die Gegenwart ordnen und die Zukunft voraussehen. Die Zahl des Wissens – Musik, Geometrie und Astronomie. Pythagoras lehrte, daß die Kubikzahl dieser Drei die Macht des Mondzyklus besitzt. Ihr Symbol ist das Dreieck. Sie stellt die Primärfarben und die Hauptplaneten dar.

4. Die Tetrade

Von den Pythagoreern für die erstgeborene Zahl gehalten, die Wurzel aller Dinge, der Urquell der Natur und die vollkommenste Zahl. Auch eine intellektuelle Zahl und der erste geometrische Körper. Die Pythagoreer glaubten, daß die Seele des Menschen aus einer Tetrade besteht – ihrer vier Kräfte seien Denken, Forschung, Meinung und Verstehen. Schlüsselwörter sind Heftigkeit, Stärke, Schlüssel zur Natur und Harmonie. Häufig assoziiert mit Herkules, Merkur, Vulkan und Bacchus, den Sekundärfarben und den kleineren Planeten.

5. Die Pentade

Das Pentagramm galt bei den Griechen als ein heiliges Symbol des Lichtes, der Gesundheit und Vitalität. Fünf war die symbolische Zahl des Äthers, des fünftes Elementes, weil dieses frei ist von den Störungen der vier niederen Elemente. Symbolisch auch für die Natur. Die Pythagoreer nannten sie auch Ausgleich, weil sie die vollkommene Zahl, die Zehn, in zwei gleiche Teile teilte. Schlüsselwörter sind Versöhnung, Veränderung, Herzlichkeit, Ton, Vorsehung, Ehe und Unsterblichkeit. Die mit dieser Zahl assoziierten Götter waren Nemesis, Bast und Venus.

6. Die Hexade

Die Pythagoreer nannten diese Zahl »die Vollendung aller

Punkte«. Sie wurde die Form der Formen genannt, die Erschaf-
ferin der Seele und die Verbindung des Universums. Ihre
Schlüsselwörter sind Zeit, Allheilmittel, die Welt, allgenügend
und unermüdlich, und die dazugehörenden Gottheiten sind
Orpheus, die Muse Thalia und die Schicksalsgöttin Lachesis.

7. Die Heptade

Die Sieben war den Pythagoreern eine anbetungswürdige
Zahl. Die Zahl der Religion, weil der Mensch kontrolliert wird
von sieben himmlischen Geistern, denen er Opfergaben dar-
zubringen habe. Die Zahl des Lebens, weil die Pythagoreer
glaubten, daß Babys, die bereits im siebten Monat geboren
wurden, häufig überlebten, während die im achten Schwan-
gerschaftsmonat Geborenen im allgemeinen starben. Schlüsselwörter sind Glück, Schutz, Kontrolle, Gelegenheit, Regie-
rung, Urteil, Träume, Stimmen und Töne. Häufig assoziiert
mit Osiris, Cleo (eine der Musen) und Mars. Pythagoreische
Zahl des Gesetzes, weil es die Anzahl der sieben Geister vor
dem Thron ist, die das kosmische Gesetz schaffen.

8. Die Ogdoade

Die erste Kubikzahl, die Zahl des Kubus, des Würfels, der acht
Ecken hat. Schlüsselwörter für diese Zahl sind Liebe, Rat,
Klugheit, Gesetz, Annehmlichkeit, und die Gottheiten, die
man mit der Acht assoziierte, waren Rhea, Cibele, Orcia, Neptun und Themis. Eine geheimnisvolle Zahl, die den Mysterien
von Eleusis und den Kabiren zugeordnet wurde. Auch die
kleine heilige Zahl genannt.

9. Die Enneade

Das erste Quadrat einer ungeraden Zahl. Weil sie die vollkommene Zehn nur um eins verfehlte, wurde sie mit Versagen,
Verfehlen assoziiert. Die Zahl des Menschen, wegen der neun-

monatigen Schwangerschaft. Eine grenzenlose Zahl, weil es nach ihr nichts mehr gibt außer der unendlichen Zehn, und deshalb wurde sie auch mit dem Ozean und dem Horizont verknüpft, den die Pythagoreer als grenzenlos betrachteten. Götter und Göttinnen, die man mit der Neun verband, waren Prometheus, Juno, Vulkan, Prosperine und Hyperion. Zuweilen wurde die Neun auch für böse gehalten, weil sie eine auf den Kopf gestellte Sechs ist.

10. Die Dekade

Die größte der pythagoreischen Zahlen, weil die Zehn zugleich der Tetraktys ist, die Summe der ersten vier Zahlen, und alle harmonischen und arithmetischen Proportionen enthält. Pythagoras sah die Zehn als die Natur der Zahl überhaupt. Schlüsselwörter sind Alter, Macht, Glauben, Notwendigkeit, Erinnerung und Unermüdlichkeit. Gottheiten, die man mit der Zehn assoziierte, waren Urania, Phanes, der Eine Gott und Atlas (weil er die Zahlen auf seiner Schulter trug).

Die Lehre der Pythagoreer bringt Rationalismus und Irrationalismus besser zusammen als jede andere griechische Philosophenschule. Es gelingt ihr, eine verstandesmäßige Zahlentheorie mit einer mystischen Numerologie und einer spekulativen Sicht der Welt zu kombinieren, und damit die tiefen, rätselhaften Bereiche der menschlichen Seele zu beleuchten.

3

Die Zahlen 1 bis 9

Pythagoras lehrte, daß Zahlen viel mehr waren als nur ein Mittel, um Maß zu nehmen; sie stellen Eigenschaften dar, nicht nur Quantitäten, wie die Ziffern. Den einstelligen Zahlen von eins bis neun wurden spezifische Charakteristika zugeschrieben, die, zusammengenommen, alle Erfahrungen des Lebens umfassen. Die mehrstelligen Zahlen ab zehn sind, wenn man sie auf ihre Quersumme reduziert, bloße Wiederholung der ersten neun. Unter universaler Sicht betrachtet, stehen die einstelligen Zahlen für Prinzipien, während sie auf persönlicherer Ebene Charakteristika und Fähigkeiten vertreten.

Abb. 6 Das Einhorn auf einer Goldmünze
von Jakob III. von Schottland (1451–1488)

Die Bedeutungen der einfachen Zahlen von eins bis neun sind folgende:

Die Zahl 1

Universale Bedeutung: Die Zahl Gottes, die erste, maskuline Zahl, das Yang, Gott/Mensch, Adam oder der paradiesische Zustand. Die Zahl des Bewußtseins, der Einheit, des Lichtes, der Genesis, der Schöpfung, des Ego, des Seins, des aktiven Prinzips, des Vaters, des Jehova im Alten Testament. Energie im Zustand dauernder Bewegung. Manchmal die Zahl des Egoismus, der Exzentrik, des Tyrannen. Sie ist der Anfang – aus dem alle anderen acht Zahlen geschaffen sind. Alle anderen Zahlen lassen sich durch eins teilen und bleiben doch unverändert; so steht sie für den Geist, der in alle Dinge eintreten kann, ohne ihre äußere Form zu verändern. Sie ist unbeweglich und unveränderlich; ob multipliziert oder dividiert mit sich selbst, bleibt sie dieselbe – das gilt für keine andere Zahl.

Symbole: die Sonne, das Einhorn.

Zeichen: der Punkt.

Personale Bedeutung: Einser sind Pioniere, Erkunder und Neuerer, machtvolle Individuen, die viel erreichen können. Ihre Zielstrebigkeit und Aggressivität ermöglichen es ihnen, in Positionen aufzusteigen, in denen sie mit ihrer Macht und Autorität respektiert und beachtet werden. Sie sind beliebt. Eins ist die Zahl des Zieles, des Ehrgeizes, der Aktion, und wenn diese Aspekte bewußt eingesetzt werden, können Einser sehr erfolgreich in ihrem Leben werden. Sie haben eine dynamische Persönlichkeit, sind bereit, hart zu arbeiten und etwas zu schaffen. Sie sind auch bereit, anderen zuzusprechen und zu raten, die weniger mutig als sie selbst sind.

Einser sind entschlußfähig, die geborenen Vorgesetzten, konzentriert und vollkommen beherrscht; sie behalten die Kontrolle in jeder Situation, in die sie geraten mögen. Selten wenden sie sich an andere um Hilfe; sie ziehen es vor, Probleme auf ihre eigene Weise zu lösen. Wenn Einser einmal eine bestimmte Vorgehensweise beschlossen haben – selbst wenn dieser Kurs im Chaos endet –, sind sie in ihrer Beharrlichkeit fast unmöglich davon abzubringen. Negative Einser können faul sein, unentschlossen und mutlos. Im anderen Extrem können sie aber auch zu zielgerichtet sein, wenn sie egoistisch, intolerant, dominierend und exzentrisch werden. Die Zahl Eins zeigt in Verbindung mit Ereignissen in der Zukunft eine Zeit an, in der es gilt, sehr entschlossen zu sein. Es ist auch eine Zeit neuer Anfänge, der Einführung neuer Projekte und Ideen, in der man die Vergangenheit hinter sich lassen sollte – falls man Erfolg haben möchte. Im persönlichen Leben haben Einser ein starkes Verantwortungsgefühl gegenüber denen, die sie lieben, aber ihren Partnern gegenüber sind sie häufig zu großzügig. Von Natur aus sind sie nicht eifersüchtig, aber wenn sie entdecken, daß ihr Partner untreu gewesen ist, können sie sehr rücksichtslos in der Handhabung dieser Situation sein. Im allgemeinen halten sie nicht viel von Streitgesprächen und sind gewöhnlich bereit, einen Kompromiß einzugehen. Einser sind treu, aufrichtig, reizend, anhänglich und eine gute Gesellschaft. Sie sind auch äußerst selbstbeherrscht.

Schlüsselwörter: positiv – Pionier, mächtig, maskulin, aggressiv, kreativ, unabhängig, originell, dominierend; negativ – intolerant, unausstehlich, tyrannisch, egoistisch.

Die Zahl 2

Universale Bedeutung: Die erste feminine Zahl, die Antithese, Polarität, Gegensätze, Paare, Ergänzung, Partner. Ein Zeichen der Dualität, der Verwandlung, weil die Eins nur Erfüllung findet, indem die Zwei die Drei schafft. Das Yin, das ewig Weibliche. Die Zahl des T'ai Chi (ein chinesisches Symbol, das

die Urbewegung aller Dinge darstellt). Passivität, Unter-
ordnung, Sehnsucht nach Frieden und Harmonie, Ver-
söhnlichkeit. Gut/Böse. Der Anfang des Intellekts, Wahrnehmung und Bewußtsein von irgendwem/-wo/-wann/etwas.
Negativ/Positiv. Männlich/Weiblich.

Symbole: der Mond, zwei von irgend etwas.

Abb. 7 Der Löwe und die Löwin, die gemeinsam die Treue in der Liebe
repräsentieren. Detail aus einer Gobelin-Reihe des 16. Jahrhunderts,
die »die Jagd nach dem Einhorn« darstellt.

Zeichen: parallele Linien.

Personale Bedeutung: Zweier sind von Natur aus sanft, künstlerisch, phantasievoll und romantisch. Ihre Qualitäten sind
mehr mentaler als körperlicher Art. Sie sind erfinderisch, aber
nicht durchsetzungsfähig genug, wenn es darum geht, ihre
Ideen zur Ausführung zu bringen. Zweier sammeln und nehmen auf. Sie sind nicht zum Führen, sondern zum Folgen
geboren, zum Mitarbeiten und Harmonisieren. Manche sind
sehr intuitiv, und viele besitzen geheime Kräfte. Zweier sind
Stimmungs- und Gefühlsschwankungen unterworfen, und sie
reagieren verletzt auf unfreundliche Bemerkungen oder Kri-

tik. Sie lieben Schönheit und Ordnung in ihrem Leben, sind gutmütig und freundlich, können aber auch scheu und sehr gehemmt sein. Negative Zweier können unter Depressionen leiden, aber auch sehr grausam, betrügerisch und zuweilen auch bösartig sein. Sie können extrem besitzergreifend, in bezug auf andere Menschen ebenso wie auf Gegenstände aller Art, werden.

Wenn die Zahl Zwei verbunden ist mit Ereignissen in der Zukunft, gilt sie als Hinweis auf notwendige Vorsicht und bedeutet, daß dies nicht die richtige Zeit ist, um eine Entscheidung zu treffen. Man sollte warten und zusehen, was sich entwickelt, bevor man irgendwie zur Tat schreitet.

Im persönlichen Leben sind Zweier hingebungsvolle Eltern, die ihren Familien ein gemütliches Zuhause bereiten wollen. Sie sind auch sehr vorsichtig mit Geld, da es Sicherheit bedeutet. Sie verausgaben sich in dieser Hinsicht praktisch nie. Sie mögen es, wenn ihre Partner ihre Liebe körperlich zeigen, und suchen ständig nach Bestätigung und Ermutigung. Zweier sind sehr zuverlässig und anhänglich, sie dürfen nicht zulassen, daß ihre überaktive Phantasie ihnen einen Vorwand zu unbegründeter Eifersucht gibt. Zweier schätzen Auseinandersetzungen nicht und sind immer die ersten, wenn es darum geht, einen Streit mit einem Kuß zu beenden und sich wieder zu versöhnen.

Schlüsselwörter: positiv – feminin, elterlich, emotional, empfänglich, unterwürfig, verständnisvoll, sanft, ausgeglichen; negativ – trügerisch, grausam, bösartig, gehemmt.

Die Zahl 3

Universale Bedeutung: Die Zahl der Zeit und des Schicksals – Vergangenheit, Gegenwart und Zukunft. Die Zahl der Familie – Vater, Mutter, Kind. Geburt, Leben, Tod. Himmel, Erde, Hölle. Alle Arten von Dreiheiten. Schöpfung und Fortpflanzung repräsentieren sowohl spirituelle als auch sexuelle Schöpferkraft. Die Antwort auf den Konflikt zwischen Eins (männlich) und Zwei (weiblich). Die Welt am siebten Tage.

Abb. 8 Die Schlange am Baum

Symbol: Jupiter.
Zeichen: das Dreieck.
Personale Bedeutung: Dreier sind ehrgeizig, strebsam und befinden sich nicht gern in untergeordneten Positionen; sie sind

immer bemüht, sicherzustellen, daß sie den anderen einen
Schritt voraus sind. Sie haben den starken Wunsch, im Leben
weiterzukommen, und erreichen dies auch im allgemeinen,
weil sie schlau, originell, aufmerksam und willens sind, hart
zu arbeiten. Sie sind bereit, Befehle anzunehmen, führen sie
aber nicht gern aus; wenn sie selbst Anweisungen geben,
verhalten sie sich oft diktatorisch. Dreier sind Menschen mit
außerordentlich viel Glück, und selbst wenn sie einmal Pech
haben, erweist sich dies am Ende für sie als ein Vorteil. Sie sind
gesprächig, schlau, ironisch und imstande, andere, bedächti-
ge, langsamere Menschen mit Leichtigkeit auszustechen.

Negative Dreier können oft zu unverblümt sein und geraten
leicht in Zorn, wenn sie den Verdacht haben, von irgend-
jemandem ausgenutzt zu werden. Sie können auch schmeich-
lerisch und unaufrichtig, verschwenderisch und leichtsinnig
sein. Die Zahl Drei verheißt in bezug auf künftige Ereignisse
Glück und zeigt grünes Licht für jegliche Pläne. Im persönlichen Leben sind Dreier weder eifersüchtig noch besitzergreifend. Sie sind großzügig, impulsiv, warmherzig und treu. Sie
sind extrem gute Gesellschafter, gewitzt, unterhaltsam und
spaßig. Wenn eine Drei jedoch einmal beschlossen hat, daß
eine Beziehung vorüber ist, dann wird sie diese auch ohne
weitere Umstände abbrechen.

Die Zahl Drei wurde schon immer als erhabene Zahl angesehen, und das zeigt sich selbst in dem griechischen Wort »Tris-
megistos«, das das dreifach Größte bedeutet. Den Pythagoreern war die Drei eine herausragende Zahl, weil sie nicht nur
einen Anfang, sondern auch eine Mitte und ein Ende besitzt.
Zaubersprüche sind oft dreimal auszusprechen, und Märchen
sind voller Gegebenheiten, bei denen die Dreizahl eine Rolle
spielt – Wünsche, Fragen, Rätsel. In der Mythologie war es
Neptun, der einen Dreizack trug. Das Orakel von Delphi wies
dem Dreifuß eine wichtige Rolle zu.

Schlüsselwörter: positiv – gesprächig, gewandt, künstlerisch, gewitzt, energisch, glücklich, brillant, gesellig, expansiv; negativ – verschwenderisch, leichtsinnig, kriecherisch, unverblümt.

Die Zahl 4

Vier wurde zu allen Zeiten für eine heilige Zahl gehalten, und viele antike Kulturen hatten vierbuchstabige Gottesnamen – Allh (arabisch), Adad (assyrisch), Amun (ägyptisch), Itga (tatarisch) und Esar (türkisch).

Abb. 9 Die vier Himmelsrichtungen

Universale Bedeutung: Die Welt, die Erde, das Establishment, die Zahl der Grundlage und festen Materie. Die Ecken des Kompaß, der Windrose, die Jahreszeiten, die Elemente (Erde, Luft, Feuer und Wasser), die Himmelsrichtungen. Eine »sichere«, feminine Zahl. Eine heilige Zahl der Pythagoreer, die Vollendung, Festigkeit, Stabilität und Gleichgewicht repräsentierte. Vier ist keine inspirierende Zahl und wird zuweilen auch als die primitivste unter den Zahlen bezeichnet. Vier

Punkte sind nötig, um einen Tetraeder zu konstruieren. Das menschliche Selbst ist charakterisiert durch vier Aspekte: stofflicher Körper, Astralkörper, Seele und Geist. Vier Funktionen der Psyche: Empfindung (sinnlich wahrnehmen), Fühlen, Denken und Intuition. Vier Aspekte der Materie: Mineral, Gas, Tier und Pflanze.

Symbole: Uranus, die Tarotkarten, die sich in der keltischen Legendenwelt mit dem unerreichbaren Schwert verbinden, dem magischen Speer, dem Kelch, aus dem das ganze Heer genährt werden kann, und dem Stein des Schicksals. Auch die Menorah (der Leuchter), die Rute Aarons, die steinernen Gesetzestafeln und das Gefäß, das das Mannah vom Himmel enthielt.

Zeichen: das Quadrat, und damit der Würfel und der Tesserakt (die vierdimensionale Entsprechung des Würfels).

Personale Bedeutung: Vierer sind Baumeister. Sie organisieren das Leben. Sie sind effizient, fleißig und äußerst praktisch. Häufig werden sie für etwas beschränkt gehalten, weil sie so erdnah, praxisbezogen, phlegmatisch und korrekt erscheinen. Vierer sind absolut vertrauenswürdig, beständig, genau und ruhig. Sie lassen sich selten von etwas aufregen und lösen ihre Probleme sorgfältig und systematisch. Negative Vierer können schwer von Begriff und sehr langweilig sein, auch stur, schwach und unachtsam. Sie entwickeln unterdrückende Züge und verdächtigen alles und jeden. Zustände tiefster Depression sind nicht außergewöhnlich bei einer negativen Vier. In bezug auf Ereignisse in der Zukunft zeigt die Vier eine Zeit an, in der es gilt, langsamer voranzuschreiten und das Leben ernster zu nehmen. Es kann auch eine Zeit harter Arbeit bedeuten, mit wenig oder keiner Möglichkeit zur Freizeitaktivität. Im persönlichen Leben sind Vierer sehr häuslich. Sie regeln ihre finanziellen Angelegenheiten gut und leben nie über ihre Verhältnisse. Sie haben auch viele Freunde, von denen sie häufig um Rat gefragt werden. Vierer sind ihrem Partner treu ergeben und würden alles auf die Beine stellen, um ihn glücklich zu machen. Sie sind nachdenklich, überlegt und zuverlässig.

Schlüsselwörter: positiv – beständig, ruhig, praktisch, fleißig, stabil, korrekt, effizient, ausdauernd, aufbauend; negativ – stumpf, freudlos, trübe, melancholisch, unachtsam, argwöhnisch, unterdrückend.

Die Zahl 5

Universale Bedeutung: Die Zahl der Chance, von manchen als die heiligste oder vorteilhafteste, von anderen als unsichere, entmutigende und riskante Zahl bezeichnet. Die fünf Sinne (Seh-, Hör-, Geruchs-, Tast- und Geschmackssinn). Die Analogie Pentagramm/Mensch: Der Mensch hat zwei Arme, zwei Beine und einen Kopf und kann so mit dem Pentagramm, dem fünfzackigen Stern verglichen werden. Die vier Kardinalpunkte und die Mitte. Die fünf Elemente der chinesischen Philosophie. Die Quintessenz (quinta essentia, ein Begriff aus der Alchimie, der die Summe der vier Elemente und das sie Umfassende bedeutet, eine fünfte Qualität des körperlichen Bewußtseins).

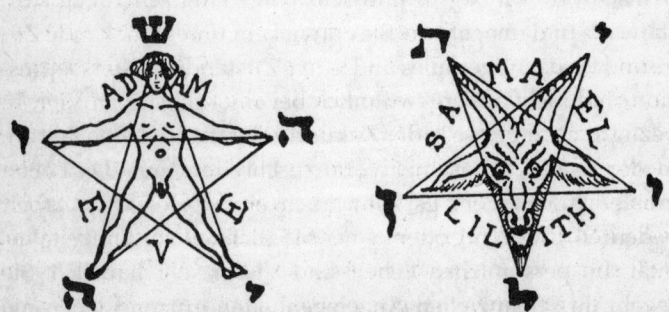

Abb. 10 Das Pentagramm des Menschen und des Ziegenkopfes

Natur/Naturmensch – der Sensualist. Auf einer höheren Ebene der Magier, der die Kräfte der Natur kontrolliert, der Adept. Die Fünf kommt häufig in der Natur vor und ist mit Sexualität verbunden. Der Zahl mangelt es an Stabilität, aber sie bringt die Gegensätze zusammen – die erste feminine Zahl, die Zwei, und die erste maskuline Zahl, die Drei. Eins ist in erster Linie die Zahl Gottes, und deshalb nicht die erste wirklich maskuline Zahl in der Reihe. Fünf ist ebenfalls eine maskuline Zahl. Die Mitte zwischen der Eins und der Neun – der Drehpunkt, in dem sowohl Vergangenheit als auch Zukunft gleichzeitig sichtbar sind.

Symbole: Merkur; Hermes, der Magier; die Hand, der Körper, das Pentagramm.

Zeichen: der Schlußstein in einem Bogen.

Personale Bedeutung: Fünfer sind Abenteurer, die am liebsten alles ausprobieren, was neu und aufregend ist. Sie haben viele Talente und sind schlau, originell, unverwüstliche und schöpferische Menschen. Sie fürchten sich insgeheim davor zu versagen, aber sie achten sehr darauf, ihre Ängste niemandem mitzuteilen. Fünfer sind fleißig und körperlich wie geistig wach. Zeitweise erscheinen sie kritisch, aber das ist nur eine Widerspiegelung ihres eigenen, inneren Kampfes um Vollkommenheit und Erfolg. Fünfer sind sinnliche, erdige Menschen. Sie besitzen eine große charakterliche Wendigkeit. Sie können sich selbst von den schwersten Schicksalsschlägen rasch wieder erholen. Sie sind die geborenen Glücksspieler und immer bereit, die Chance zu nutzen, sobald sie eine Gelegenheit sehen, schnell Geld zu machen. Negative Fünfer sind sarkastisch und verletzen oft die Gefühle anderer. Sie können auch eingebildet sein und viel Zeit damit zubringen, sich selbst zu bewundern. Aus negativer Sicht erscheinen manche von ihnen verworren und lüstern. Andere können ruhelos, launisch oder gar geistig labil sein.

Die Zahl Fünf zeigt in Verbindung mit Ereignissen in der Zukunft viele glückliche Phasen und eine Zeit an, in der man sein Glück machen kann. Sie kann auch bedeuten, daß eine Veränderung der Adresse oder Arbeitsstelle bevorsteht. Es ist dies eine Zeit der Kommunikation, der Mitteilung der eigenen Gedanken und Vorstellungen.

Im persönlichen Leben sind Fünfer liebevoll und zeigen ihre Zuneigung. Sie sind treu und sympathisch. Sie sind auch großzügig mit ihrer Zeit und ihrem Geld, obwohl es ihnen schwerfällt, in irgendeiner Form Hilfe von anderen anzunehmen. Sie können eifersüchtig und argwöhnisch sein, aber nur, wenn sie einen Anlaß dazu bekommen.

Schlüsselwörter: positiv – Abenteurer, schlau, unverwüstlich, einfallsreich, sexuell aktiv; negativ – eingebildet, sarkastisch, lüstern, instabil, ruhelos, nervös.

Die Zahl 6

Universale Bedeutung: Die menschliche Seele, weil Sechs symbolisch für die Einheit von Feuer und Wasser steht. Die Zahl der Zweiseitigkeit und der Mühe. Eine »vollkommene Zahl«, weil sie der Summe ihrer Divisoren gleich ist (1 + 2 + 3 = 6), und sowohl durch 3 (ungerade) als auch durch 2 (gerade) teilbar ist und somit beide Elemente harmonisch verbindet. Die Zahl der Schöpfungstage und damit Symbol für das Ende einer Bemühung. Die Zahl der Liebe, Ehe und des häuslichen Glücks. Eine hermaphroditische Zahl.

Symbole: Venus, Diana, Janus, das Herz.

Zeichen: ein doppeltes Dreieck oder der sechsgeteilte Kreis, symbolisch für die Einheit von Geist und Körper und die Harmonie zwischen Mensch und Gott.

Personale Bedeutung: Sechser sind romantisch veranlagt und streben in allen Herzensangelegenheiten nach dem Idealen. Ihre Sicht des Lebens betont den Aspekt der Venus, weil sie ihr Zuhause und alles Schöne in ihrer Umgebung lieben. Sie können auch viel Freude durch Kunst, Musik und Dichtung erfahren. Sechser sind phantasievoll und schöpferisch, haben einen hervorragenden Sinn für Farben und können ihrer Begabung am besten in irgendeiner künstlerischen Form Ausdruck und Gestalt geben. Diese Menschen werden mit größter Wahrscheinlichkeit als Maler, Musiker oder Schriftsteller Erfolg haben, weil sie über die doppelte Kreativität der Zahl drei verfügen (3 + 3 = 6). Sechser sind intelligent, aufgeschlossen und ausgeglichen. Sie sind auch verläßlich, friedliebend und häuslich. Sie lieben es, wenn ihr Leben reibungslos verläuft, mit dem geringstmöglichen Widerstand und Aufwand. Für eine Sechs muß alles harmonisch sein. Negative Sechser können ihr Verlangen nach angenehmer Umgebung zu weit treiben und kleinlich und oberflächlich werden. Sie können auch selbstgefällig, arrogant und egoistisch werden. Manche negativen Sechser neigen zu Indiskretionen.

Abb. 11 Das Heim der Familie

Die Zahl Sechs zeigt in bezug auf zukünftige Ereignisse eine dringende Notwendigkeit an, Dinge zu Hause ohne weitere Verzögerung in Ordnung zu bringen. Da die Zahl Sechs sowohl für Scheidung wie für Ehe steht, können die notwendigen Ordnungsmaßnahmen sich auch auf den Ehepartner beziehen.

Im persönlichen Leben sind Sechser treu, zuverlässig und sehr liebevoll. Sie sind liebende Eltern und werden alles unternehmen, was in ihrer Macht steht, um ihren Kindern beim Aufwachsen und Lernen zu helfen. Sie bevorzugen die Gesellschaft ihres Ehepartners vor der von Freunden, und verbringen einen großen Teil ihrer Freizeit damit, ihr Zuhause zu vervollkommnen. Sechser mögen Streit und Auseinandersetzungen nicht, weil sie so etwas geschmacklos und störend finden. Sie sind fair, überlegt und großzügig gegenüber denen, die sie lieben.

Schlüsselwörter: positiv – häuslich, verläßlich, harmonisch, idealistisch, treu, schöpferisch, ehrlich, elterlich; negativ – selbstgefällig, oberflächlich, egoistisch, indiskret.

Die Zahl 7

Universale Bedeutung: Die magische Zahl, die eine herrschende Rolle spielt in okkulten Mysterien, magischen Zeremonien und bei der Hellseherei. Sie ist eine heilige und geheimnisvolle Zahl in fast allen Kulturen, einschließlich der hinduistischen, ägyptischen, griechischen, jüdischen und chinesischen. Die Sieben steht für die geheimnisvolle »Gotteskraft« in der Natur. Sie ist eine unsichtbare Zahl und wird deshalb mit Gott verglichen. Sieben ist auch die einzige Zahl, die »die Zahl der Ewigkeit« teilen kann und in sich selbst so lange weiterbesteht, wie die die Ewigkeit repräsentierende Zahl besteht, und ist doch in der Lage, bei jeder Addition mit ihr die Zahl Neun zu schaffen. Das bedeutet, sie erzeugt die Grundzahlen, auf de-

nen alle materiellen Kalkulationen aufbauen, von denen der
Mensch abhängig ist und durch die er seinem Denken Ausdruck gibt. Am siebten Tage ruhte Gott, und alles ruht unter
dem Einfluß der Zahl Sieben, weil Zeit benötigt wird, um in
sich zu gehen und zu überlegen. Die Sieben repräsentiert den
letzten Schritt vor der Vollendung und steht in enger Beziehung mit der Lebenszeit des Menschen, der Zahl von siebzig
Jahren. Der achte Schritt vollendet den Zyklus mit dem Tod
und dem Unbekannten.

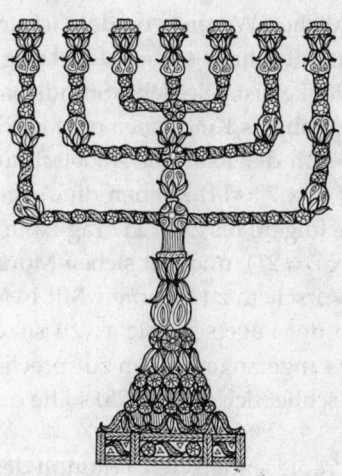

Abb. 12 Der siebenarmige Leuchter

Sieben ist die Zahl, die den Rhythmus des Lebens beherrscht.
In der Antike gab es sieben Planeten, die einen Einfluß auf die
Ereignisse auf der Erde hatten und die auch mit den sieben
Tagen der Woche in Verbindung gebracht wurden. Der Mond,
der Himmelskörper, der den stärksten Einfluß auf den Rhythmus unseres Lebens hat, zeigt sich in einem Vier-Phasen-Zy-
klus (ein Mond, ein Monat). Jede Phase dauert sieben Tage –
eine Woche.

Die Sieben kommt auch in der Bibel häufig vor, wo sie oft mit magischen Kräften in Verbindung gebracht wird. Andere Gelegenheiten, der Sieben zu begegnen, sind die sieben Farben des Spektrums, die sieben Noten der Tonleiter, die sieben Öffnungen des menschlichen Kopfes, die sieben Vokale im griechischen Alphabet, die sieben Prinzipien im Menschen. Der siebte Sohn eines siebten Sohnes soll okkulte Kräfte besitzen.

Die Sieben hat auch eine enge Verbindung mit der Entwicklung des menschlichen Wesens von der Geburt bis fast zum Alter von zweieinhalb Jahren – eine Entdeckung, die Dr. Wynn Westcott zu verdanken ist. Die siebte Stunde nach der Geburt wird entscheiden, ob das Kind leben oder sterben wird. Am siebten Tag löst sich der Rest der Nabelschnur ab, und am vierzehnten Tag ($2 \times 7 = 14$) können die Augen des Kindes einer Lichtquelle folgen. Bis zum 21. Tag kann das Baby den Kopf drehen ($3 \times 7 = 21$), und mit sieben Monaten beginnen die Zähne zum Vorschein zu kommen. Mit 14 Monaten ($2 \times 7 = 14$) sollte es in der Lage sein, sicher zu sitzen und mit 21 Monaten sollte es angefangen haben zu sprechen ($3 \times 7 = 21$). Mit 28 Monaten schließlich ($4 \times 7 = 28$) sollte das Kind richtig gehen können.

Die Zahl Sieben repräsentiert den Triumph des Geistes über die Materie, die Vereinigung der Drei und Vier, des Himmels und der Erde, des Lebens und der Substanz. Der Große Bär oder Große Wagen, ein Sternbild, das auf den Polarstern weist, ist eine Himmelserscheinung der fundamentalen Wahrheit der Zahl Sieben.

Auch in der Natur treffen wir häufig auf die Sieben. »Reinrassige« Blumen zeigen die Sieben in der Anzahl ihrer äußeren Blütenblätter. Das sind Pflanzen, die nie mit anderen Arten gekreuzt oder vermischt wurden, ob absichtlich oder unbeabsichtigt, und die immer seltener zu finden sind. Die Lotosblume ist eine solche Art, die nie ihre Individualität verliert. Buddha wird oft dargestellt, wie er im Herzen einer Lotosblüte sitzt – das Emblem der Religion, die er lehrte. Er wählte den Lotos wegen seiner sieben Blütenblätter, die, allzeit deutlich sichtbar, seine Lehren darstellen. Er glaubte, daß der schöpferische Geist der Ursprung und die Grundlage aller Dinge sei und daß die sieben Blütenblätter symbolisch den Schöpfungsakt der sieben Planeten darstellten, auf denen alle Religionen ihren Ursprung haben.

Symbole: Neptun, der siebenarmige Baum des Lebens, der siebenarmige Leuchter, die Chakras, die Zikkurat (Himmelsleiter) mit ihren sieben Stufen, das Dreieck über dem Quadrat, zusammen Darstellung des zyklischen Zeitablaufs im Kosmos und im Leben des Menschen, die Form des Schurzes der Freimaurer.

Zeichen: der siebenzackige Stern.

Personale Bedeutung: Die Siebener sind stark interessiert an allen Aspekten des Mystischen und Okkulten. Häufig sind sie hellsichtig und/oder begabt mit Kräften außersinnlicher Wahrnehmung. Gewöhnlich haben sie phantastische Träume. Sie sind Einzelgänger, die sehr viel Zeit brauchen, um allein meditieren und nachdenken zu können. Manche Siebener verwickeln sich derartig in ihre Gedanken, daß sie verträumt und unpraktisch werden und dazu neigen, in ihrer eigenen Phantasiewelt zu leben. Ihre Vorstellungen über die Religion sind häufig unorthodox, und gelegentlich zimmern sie sich ihre eigene Religion zurecht, die auf ihren mystischen Glaubensvorstellungen beruht. Siebener sind höchst intuitiv und phantasiebegabt – die Sieben ist die Zahl der Dichter, der Philosophen und Gelehrten. Um Erfüllung finden zu können, brauchen sie ein gewisses Maß an Erfolg und Anerkennung, sonst können sie vom Leben enttäuscht und frustriert werden. Siebener lieben es zu reisen, weil der ständige Wechsel der

Umgebung ihrer Rastlosigkeit entspricht und ihnen die Gelegenheit gibt, verschiedene Kulturen und Lebensweisen kennenzulernen.

Negative Siebener können depressiv oder launisch sein, andere hingegen zurückhaltend, ironisch und zur Faulheit neigend. Gelegentlich wird ihre Rede wirr und unzusammenhängend.

Die Zahl Sieben ist im Zusammenhang mit Ereignissen in der Zukunft ein Hinweis auf Selbsttäuschung. Emotional wird es eine Prüfungszeit im Leben geben, und auch finanziell ist es keine Zeit, sich in neue Verpflichtungen zu stürzen. Man muß lernen, die Tatsachen zu akzeptieren und die Verantwortung zu übernehmen für sein Verhalten in der Vergangenheit, der Gegenwart und der Zukunft.

Im persönlichen Leben sind die Siebener leidenschaftliche Menschen mit großer Gefühlstiefe. Sie sind verständnisvoll, gutmütig und aufrichtig in allem, was sie sagen und tun. Sie haben wenig oder gar kein Empfinden für den Umgang mit Geld und leben oft, zum Schrecken und Kummer ihrer Partner, weit über ihre Verhältnisse. Sie sind anziehende, sehr individuelle Menschen.

Schlüsselwörter: positiv – mystisch, intellektuell, philosophisch, geheimnisvoll, einzelgängerisch, nachdenklich; negativ – faul, zurückhaltend, verträumt, depressiv, launisch, unpraktisch, wirr.

Die Zahl 8

Universale Bedeutung: Die Zahl des materiellen Erfolges, des Lebens in der Welt und im Weltlichen. Hier herrscht vierfache Balance, weil die Acht nicht nur einmal in zwei gleiche Hälften (4 und 4) geteilt werden kann, sondern weil diese gleichen Hälften wiederum in zwei gleiche, ganzzahlige Hälften geteilt werden können.

Die Griechen nannten die Acht die Zahl der Gerechtigkeit, die sich zu gleichen, gleich großen und geradzahligen Teilen dividieren läßt. So steht die Acht für das Stabile, Vollendete. Acht steht aber auch für Zeitzyklen – die vier Jahreszeiten sind weiter unterteilt, halbiert durch die Punkte der Tagundnachtgleichen und der Sonnenwenden. In der christlichen Symbolik steht die Acht für das Leben nach dem Tode. Sie ist die Zahl der Regeneration und der Götter, die Thoth begleiteten. Die Zahl Acht soll die Verbindung der beiden Sphären von Himmel und Erde symbolisieren. Sie ist die Zahl der Kraft, die zwischen der irdischen Ordnung (dem Quadrat) und der äußeren Ordnung (dem Kreis) besteht. Verbunden mit den Schlangen des Merkurstabes, dem Gleichgewicht der Kräfte, dem Gleichgewicht verschiedener Formen der Kraft und mit der Unendlichkeit (das mathematische Symbol für die Unendlichkeit ist die auf der Seite liegende Acht). Die Acht ist auch zweifachen Wesens (wie ihre Form schon zeigt: ein Kreis über dem anderen) und steht manchmal auch für Degeneration und Regeneration. Eine vollständige Kehrtwendung ist bei dieser Zahl immer möglich.

Symbole: Saturn, Demeter, der Merkurstab, die Gestalt der Justitia mit dem aufwärts weisenden Schwert in der Rechten und der Waage in der Linken (das Symbol der menschlichen Gerechtigkeit).

Zeichen: das doppelte Quadrat.

Personale Bedeutung: Die Acht ist die Zahl des Kampfes, der Hartnäckigkeit und des Materialismus. Achter sind entweder sehr erfolgreich oder große Versager, Zwischenstufen gibt es nicht; ihr Versagen kann ebenso spektakulär sein wie ihre Erfolge. Sie sind feurig, eifrig und verfügen über die Fähigkeit, die Dinge in großen Zügen zu sehen. Diese Eigenschaften geben ihnen den Ehrgeiz und Antrieb, nach materiellen Zielen zu streben, die sie sehr oft auch erreichen.

Abb. 13 Der Merkurstab

Die Acht ist keine sehr glückliche persönliche Zahl, und Menschen, die sie tragen, müssen sich sehr häufig mit Sorgen, Verlusten und Demütigungen auseinandersetzen. Ihre Motive werden auch oft falsch verstanden, und manche Achter erfahren tiefste Einsamkeit. Wenn ihre ausgeprägte Individualität und ihre tiefsinnige, intensive Wesensart jedoch verbunden sind mit unnachgiebiger Hingabe an die Arbeit, gelingt es ihnen oft, sich Autoritäts- und Machtpositionen zu erarbeiten. Sie sind weise, anpassungsfähige, hartnäckige und außerordentlich zähe Charaktere.

Negative Achter können rücksichtslos, eigensinnig und skrupellos im Leben sein. Manche erscheinen überheblich, andere wiederum werden zu schuldbeladenen Spielbällen des Schicksals und von einem Unglück nach dem anderen verfolgt. Die Zahl Acht zeigt in Verbindung mit zukünftigen Ereignissen eine Zeitspanne an, in der große Schritte nach vorn möglich sind, jedoch nur für jene, die bereit sind, hart zu arbeiten und Verantwortung zu übernehmen. Wer sich mit dem Gedanken der Eheschließung trägt, sollte diese Veränderung seines Standes sorgfältig überdenken und ganz besonders auf den Aspekt seiner finanziellen Sicherheit achten.

Im persönlichen Leben können Achter sich vom Ehrgeiz geradezu verschlingen lassen und fordern ständig neue Treuebeweise. Häufig haben sie Schwierigkeiten, ihrer Zuneigung Ausdruck zu geben, erweisen sich jedoch im allgemeinen als treue und hingebungsvolle Partner, wenn auch ohne viel Aufhebens. Achter sind keine einfachen Menschen, wenn es darum geht, mit ihnen zusammenzuleben, da sie den Streit für einen normalen Teil des Alltagslebens halten. Sie sind Menschen, die emotionale Extreme leben – manchmal ganz spontan und unbeteiligt, dann wieder sanft, freundlich und verständnisvoll.

Schlüsselwörter: positiv – materialistisch, zäh, hartnäckig, exzentrisch, fähig zu konzentrierten Bemühungen; negativ – überheblich, rücksichtslos, skrupellos, hochmütig, voller Schuldgefühle, unglückselig.

Die Zahl 9

Universale Bedeutung: Die letzte und größte Zahl in der Reihe von eins bis neun, der Zahlen, die die Wurzel aller Dinge sind. Das hebräische Zahlensystem kennt keine Buchstabenzeichen für die Neun. In der jüdischen Mythologie wurde die Neun mit dem Begriff der Finalität verbunden, und die hebräische Schrift enthält keine Buchstabenzeichen, die der Vorstellung der Finalität entsprächen. Man glaubte, daß nichts jemals wirklich final, endgültig, sein könnte, sondern daß nur Gott allein vollendet sein kann, vollkommen, da es ihm an nichts fehlt. Als Triade der Triaden ist die Neun eine Zahl großer Macht und wird häufig mit dem Okkulten assoziiert. Man verbindet sie auch mit der dreifachen Synthese oder Veranlagung, zugleich auf den körperlichen, den intellektuellen und spirituellen Ebenen. Neun ist die größte aller Urzahlen, weil sie die Eigenschaften aller anderen in sich enthält. Sie verdoppelt die schöpferische Kraft der Drei und steht für Vollständigkeit. Multipliziert man sie mit irgendeiner anderen Zahl, ist die Quersumme des Ergebnisses immer auf neun zurückzuführen – z. B. 5 x 9 = 45 (4 + 5 = 9), 7 x 9 = 63 (6 + 3 = 9), 9 x 9 = 81 (8 + 1 = 9), 17 x 9 = 153 (1 + 5 + 3 = 9) –, ein Anzeichen für die Tendenz zum Egoismus. Neun ist die Spitze der mentalen und spirituellen Entwicklung. Eine maskuline Zahl, auch die Zahl des Bewußtseins und der Medialität.

Neun repräsentiert die acht Stufen im Zyklus des Lebens zusammen mit dem Zentrum der Ruhe. Die Ägypter definierten dieses Zentrum als Ra, den Herrn und Herrscher der neun Götter des Anu. Neun Musen gibt es, vielleicht in Übereinstimmung mit der Neun der Schwangerschaftsmonate – einer Vorbereitungszeit für innere, schöpferische Arbeit. Neun steht für den Menschen und für alles, was mit der körperlichen und materiell-physischen Ebene zu tun hat – ein Symbol der Materie an sich. In der Freimaurerei gibt es einen Orden der »Neun Gewählten Knechte«, in dem neun Rosen, neun Lichter und neun Klopfzeichen bei den Ritualen eine Rolle spielen.

Symbole: Mars, die neun weißen, geflügelten Pferde des Sonnengottes Helios der griechischen Mythologie.

Zeichen: Zepter und Weltkugel.

Personale Bedeutung: Neun ist die höchste der einstelligen Zahlen und die, die von ihr beherrscht sind, sind mutig und selbstlos, sie achten ihre Mitmenschen. Neuner sind in der Lage, spirituell und/oder mental viel zu erreichen. Ihre größten Gefahren liegen in ihrer Impulsivität in Wort und Tat, und viele Neuner erleiden leicht Unfälle. Unter der mächtigen Herrschaft des Mars sind Neuner Kämpfer, die ihr Ziel mit Mut und Entschlossenheit verfolgen. Häufig schaffen sie sich auf ihrem Weg an die Spitze viele Feinde. Neuner sind sowohl inspiriert als auch inspirierend. Manche sind künstlerisch au-ßerordentlich begabt, während andere auf anderen Gebieten glänzen. Sie sind unternehmend, phantasievoll und schnelle Denker.

Negative Neuner sind ungeduldig und achten oft nicht darauf, daß sie erst denken sollten, bevor sie zu sprechen beginnen. Sie können auch lieblos sein, intolerant und fähig zur Täuschung. Sie nehmen Kritik in jeder Form übel und sind einge-bildete, dünkelhafte Langweiler.

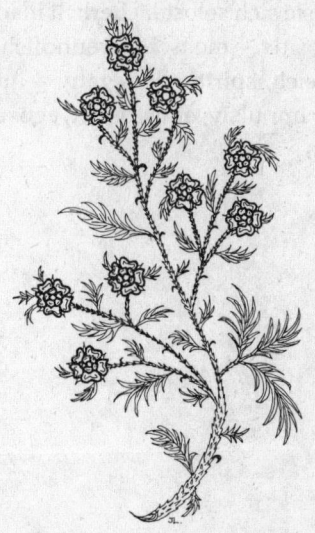

Abb. 14 Ein Zweig mit den neun Tudor-Rosen

Wenn die Zahl Neun in Verbindung mit Ereignissen in der Zukunft auftaucht, ist sie zu deuten als das Ende, der Ab-schluß eines Zyklus und als eine Zeit, in der es gilt, seine Angelegenheiten in Ordnung zu bringen als Vorbereitung für den Beginn einer völlig neuen Lebensphase. Wenn in diesem Zusammenhang die Frage nach einer Beziehung steht, dann ist die Bedeutung der Neun ein wenig anders; sie steht dann nämlich einfach für – das Ende.

Das Privatleben einer Neun ist häufig geprägt von Zank und Streit. Neuner lehnen sich ganz besonders gegen jede Art von Störung oder Einmischung auf, kommt diese von Verwandten, angeheirateten Angehörigen oder Freunden. Aber sie vertrauen, sind treu und bemühen sich gewöhnlich sehr, den Wünschen ihres Partners zu entsprechen. Manche sehnen sich nach Zuneigung und werden fast alles tun, um sie zu erlangen, auch dann, wenn sie sich selbst lächerlich machen müssen.

Schlüsselwörter: positiv – menschenfreundlich, impulsiv, unorthodox, erfolgreich, spirituell; negativ – intolerant, trügerisch, lieblos, sehr impulsiv, eingebildet, egozentrisch.

4

Weitere wichtige Zahlen

Jenseits der Neun sind alle Zahlen bloße Wiederholungen der ersten neun, deshalb nennen wir sie »zusammengesetzte« oder mehrstellige Zahlen, die Zahlen also von Zehn an aufwärts. Numerologen arbeiten im allgemeinen nur mit den Zahlen von Eins bis Neun zur Analyse; diese Regel kennt jedoch auch zwei Ausnahmen: die Zahl Elf und die Zahl Zweiundzwanzig.

In diesem Kapitel wollen wir uns eingehend mit diesen beiden besonderen Zahlen beschäftigen. Die Zahlen Zehn, Dreizehn und Null sollen auch behandelt werden, weil sie, wenngleich auch nur selten zur numerologischen Analyse verwendet, doch ebenso wichtige Zahlen sind, jede mit ihrer eigenen Bedeutung.

Die Zahl Null

Null steht für nichts, Nichtsein, Nichtigkeit, ohne Quantität, ohne Menge – Nichts. Null steht für die Leere, den leeren Abgrund vor dem Beginn der Schöpfung. Vier Aspekte, vier zusammengehörende Teile lassen sich mit negativen Elementen vergleichen: nichts, nirgends, endlos, dunkel. Die Null kann auch Unsichtbarkeit bedeuten.

Auf persönlicher Ebene kann die Null mit selbsterschöpfenden Prozessen verbunden werden, insbesondere der des Ego. Sie mag auch symbolisch für den Tod stehen. Null stellt den Punkt auf der Skala eines kalibrierten Instruments dar, mit dem eine Quantität, sei sie positiv oder negativ, gemessen wird. Null ist auch der Zeitpunkt, von dem aus jeder Augenblick in einem gemessenen Vorgang eine bestimmte zeitliche

Entfernung hat, die Entfernung von dem festgelegten An-
fangspunkt, dem Geburtspunkt gleichermaßen.

Sieht man die Null im Verhältnis zur Eins, so repräsentiert sie
die Kluft zwischen Nichtsein und Sein oder zwischen der
unbewußten Existenz eines unbeseelten Gegenstandes und
der bewußten Existenz. Symbolisch besteht eine enge Beziehung zur Unendlichkeit und zeigt so den unendlichen Wert
der Existenz vor dem Gegensatz der Nichtexistenz, dem
Nichtsein.

Null ist der Kreis der vor-bewußten Totalität, der Uroboros,
der Schlange, die sich selbst in den Schwanz beißt und sich
selbst zeugt, die in ihrem Kreis die Gesamtheit aller Dinge
umfaßt – wie das Universum. Es ist ein geschlossener Kreis,
ein geschlossenes System.

Abb. 15 Die Darstellung des Uroboros, der Weltenschlange,
in der Vorstellung eines Alchimisten der griechischen Klassik.

Symbol: die Lemniskate – das Symbol der Unendlichkeit in der
Mathematik und der Ewigkeit/Unendlichkeit in okkulten
Studien (liegende Acht).

Die Zahl Zehn

Wenn der Eins, der ersten Zahl, die für Gott steht, eine Null, Symbol der Unendlichkeit, an die Seite gestellt wird, erhalten wir nicht nur die Zahl Zehn, sondern die numerologische Aussage: »Es gibt nur einen Gott ohne Ende, der keine Grenzen kennt.«

Setzt man beliebig viele Nullen hinter die Zehn, kommt man zu Zahlen wie einer Million. Teilt man diese durch die »magische« Sieben, erhält man das Ergebnis 142857. Stellt man nun weiter beliebig viele Nullen hinter die Zehn oder die Million und teilt abermals durch sieben, erhält man nichts anderes als Wiederholungen der 142857, der »heiligen Zahl«, der »Zahl der Ewigkeit«. Reduziert man diese Zahl bis auf ihre Wurzel, erhält man 27 (1 + 4 + 2 + 8 + 5 + 7 = 27), und die Quersumme von 27 ist 9 (2 + 7 = 9). Diese heilige Zahl enthält also das vollständige Spektrum von eins bis neun, auf dem alle menschlichen Berechnungen aufbauen. (Die Zahlen Drei und Sechs sind in der letzten Neun enthalten.)

Die Zehn wird oft als die Zahl der Vollendung angesehen, aber man könnte sie ebenso auch als Zahl der Über-Vollendung ansehen, der Dekadenz, des Todes. Sie ist die erste der mehrstelligen Zahlen, ein Umstand, der ihr Leben und schöpferische Originalität verleiht. Die Zehn und alle darüberliegenden Zahlen wiederholen den 1- bis 9-Zyklus auf einer höheren Ebene des Bewußtseins. Die Zehn gilt als eine besonders glückliche Zahl, die in vielen schwierigen Situationen den Sieg verheißt. Zehn bedeutet nicht nur das Ende eines Zyklus, sondern auch den Beginn eines neuen. Es ist eine Zahl, die aus drei verschiedenen Richtungen gesehen werden kann – Vervollständigung, Anfang/Ende und Zusammenfassung aller anderen Zahlen –, und damit repräsentiert sie das Eine und die Vielen.

Die Zehn wurde oft als »heilige« Zahl betrachtet und mit

mystischen Glaubensvorstellungen bedacht. Diese Gedanken stammen aus der Antike, als man an eine Gottheit Io glaubte, die sowohl maskulin als auch feminin war. Der Name Io besteht aus zwei Buchstaben, dem I (ähnlich der Eins) und dem O (ähnlich der Null). Das I stand für den Phallus, das Zeichen des Maskulinen, und das O für die Gebärmutter, das Feminine, durch das alle Schöpfung ins Leben findet.

Symbol: die zehn Sephirot aus der Kabbala.

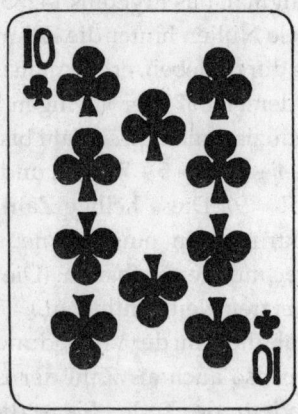

Abb. 16 Die Spielkarte Kreuz-Zehn

Die Zahl Elf

Die Zahlen Elf und Zweiundzwanzig werden von Numerologen nur unter außergewöhnlichen Umständen gebraucht, wenn die Einschätzung der Zahlen Zwei oder Vier nicht zu dem analysierenden Charakter zu passen scheinen. Menschen, für die diese höheren Zahlen zutreffen, sind immer außerordentliche Persönlichkeiten. Sowohl die Elf wie auch die Zweiundzwanzig sind genau ausbalanciert zwischen Spirituellem und Materiellem, Gutem und Bösem, Positivem und Negativem.

Universale Bedeutung: Elf ist die Zahl der Offenbarung, der transzendentalen Erleuchtung und der Märtyrerschaft. Sie steht für die Kombination von Gott (1) und der Welt (10).

Personale Bedeutung: Elfer sind geboren, um anderen durch Einsatz ihrer Begabungen und ihres Wissens zu helfen, bessere Lebensumstände und Maßstäbe zu schaffen für jene, die weniger glücklich sind. Manche werden Lehrer, Evangelisten, Missionare und Politiker, während die mehr künstlerisch Begabten große Musiker, Schriftsteller und Maler werden. Man kann in diesem Zusammenhang an die Zahl Elf der »echten« Jünger Jesu denken (Judas war der zwölfte), die alle eine wichtige Aufgabe zum Wohle der Menschheit zu vollbringen hatten. Sie sind Idealisten, die Achtung vor den Menschen haben.

Elfer sind oft so sehr darum bemüht, den Menschen weltweit Gutes zu tun, daß sie dabei vergessen, die Bedürfnisse ihrer unmittelbaren Umgebung, der eigenen Familienangehörigen wahrzunehmen, denen sie kühl und achtlos erscheinen. Sie sind energisch, empfänglich, intuitiv und sehr starke Charaktere. Die Elf ist eine behutsam ausgewogene Zahl, und die physische Manifestierung ihrer negativen Seite kann sehr störend sein. Elfer, die weder ganz gut noch völlig schlecht sind, empfinden ihre Dualität verwirrend, erschreckend und schwierig zu handhaben. Negative Elemente kanalisieren ihre unbegrenzten Energien häufig in tollkühne Pläne, aber wenn ihr Sinn für das Richtige und Falsche völlig gestört ist, können sie gefährlich werden, böswillig, verdorben und pervertiert. Im Privatleben sind Elfer emotional kühl und verhalten. Sie brauchen einen großen Teil ihrer Zeit für sich selbst und scheinen oft Abstand zu halten, entfernt zu sein von ihrer unmittelbaren Umgebung. Sie sind weder eifersüchtig, noch besitzergreifend oder streitbar. Sie können sehr verschwiegen sein.

Abb. 17 Pentagon und Hexagon – Fünfeck und Sechseck – gemeinsam stellen sie die Vereinigung der Zahlen Fünf und Sechs dar.

Schlüsselwörter: positiv – moralisch mutig, visionär, menschen-freundlich, energisch, intuitiv, kraftvoll, talentiert, inspiriert, prophetisch; negativ – gefühllos, sorglos, böswillig, verdor-ben, böse, pervertiert, satanisch.

Die Zahl Dreizehn

Die Dreizehn ist nicht immer eine Unglückszahl, wie der Aberglaube behauptet – auch wenn manche Hotels das drei-zehnte Stockwerk nicht zählen und es in ganz Italien keine Platznummer dreizehn in Opernhäusern gibt! Die dreizehnte Tarotkarte nimmt diesem Aberglauben nicht den Wind aus den Segeln, da sie den »Tod« darstellt. Adepten der Antike jedoch sagten: »Dem Verständigen gab die Dreizehn die Schlüssel zu Macht und Herrschaft in die Hand.« Dreizehn ist eine Zahl, die im Okkulten eine Rolle spielt, eine fatalistische Zahl großer Macht.

Mit der Ausbreitung der frühchristlichen Glaubenslehre wurde die Tatsache bekannt, daß dreizehn Menschen an dem letzten Passahmahl, dem Abendmahl, teilhatten, und so heißt es nun, daß es Unglück bedeute, wenn dreizehn Menschen zusammen essen, weil einer von ihnen noch vor Ende des Jahres sterben könnte. Doch schon in vorchristlichen Kulturkreisen, so weit voneinander entfernt wie Indien und Italien, wurde eine Gruppe von dreizehn Menschen um einen Tisch als ein schlechtes Omen betrachtet.

Der verhängnisvolle Ruf der Dreizehn ist geographisch begrenzt. In Japan ist Freitag, der Dreizehnte, angeblich ein außerordentlich glücksverheißender Tag, auch wenn so manche britischen Seeleute sich weigern, am dreizehnten Tag eines Monats in See zu stechen.

Abb. 18 Die dreizehnte Karte des Tarot – der Tod.

Im indischen Pantheon gibt es dreizehn Buddhas und dreizehn mystische Scheiben krönen chinesische und indische
Pagoden. Der Griff des heiligen Schwertes im Tempel von
Atsusa in Japan ist aus dreizehn geheimnisvollen Gegenstän-
den geformt, und Dreizehn ist die heilige Zahl der Mexikaner
mit ihren dreizehn Schlangengöttern.

Die Amerikaner scheinen besonders stolz auf die abergläubi-
schen Vorstellungen zu sein, die sich mit dieser Zahl verbinden – oder sie ignorieren sie einfach. Dreizehn Staaten bilden
die erste Staatenunion, und ihr Motto *E pluribus unum* zählt
dreizehn Buchstaben. Der amerikanische Adler hat dreizehn
Federn in jedem Flügel, und George Washington veranlaßte
dreizehn Salutschüsse, als er die Standarte der Republikaner
aufzog.

Schlüsselwörter: positiv – okkult, fatalistisch, flexibel, heilig,
betörend; negativ – mißverstanden, ängstlich, veränderlich.

Die Zahl Zweiundzwanzig

Universale Bedeutung: Die Zweiundzwanzig wird aus zwei
Gründen für eine erhabene Zahl gehalten. Zum ersten soll Gott
hebräisch gesprochen haben, als er die Welt ins Dasein rief;
und das hebräische Alphabet umfaßt zweiundzwanzig Buchstaben. Zum zweiten wurden Zahlen nicht einfach zufällig zu
heiligen Zahlen, und so hat auch die Zweiundzwanzig einen
geheimen Sinn. Zweiundzwanzig ist das Maß des Kreisum-
fanges, wenn der Durchmesser sieben ist (eine weitere heilige
Zahl). Dieses Verhältnis ist heute kein religiöses Geheimnis
mehr, sondern weithin bekannt und angewendet unter dem
Begriff ›Pi‹. Der mathematische Wert von Pi ist die periodische
Dezimalzahl 22/7. Die Zahl des Propheten oder Zauberers.

Personale Bedeutung: Die Zweiundzwanzig ist das Symbol des
Leuchters. Diese Menschen sind kraftvoll und werden im
Laufe ihres Lebens zweifellos Großes erreichen. Sie besitzen

einen brillanten Geist und machen oft den Eindruck, als seien sie ihrer Zeit voraus. Sie sind mutig, eindringlich und arbeiten hart. Die Zweiundzwanzig ist an allem und jedem interessiert, was neu oder revolutionär ist, sie ist weit vorausschauend und schnell bei der Sache. Diese Menschen brauchen nur wenig Schlaf und gelten oft als arbeitssüchtig. Manche unter ihnen fühlen sich eher zum Okkulten und Mystischen hingezogen. Eine negative Zweiundzwanzig kann ihr brillantes Denkvermögen für kriminelle Aktivitäten einsetzen, und als Kopf bei einem ausgeklügelten Verbrechen die Fäden in Händen halten. Sie kann aber auch fanatisch, böswillig und von den schwarzmagischen Künsten gefangen sein.

Abb. 19 Der Leuchter

Im Privatleben mag die Zweiundzwanzig wohl eifersüchtig sein, aber sie wird es sich nie anmerken lassen. Die Zweiundzwanzig ist ein aufrichtiger und eher romantischer Mensch. Sie wählt sich mit Vorliebe einen Partner, der die gleiche intellektuelle Kapazität hat, jemanden, den sie anregend findet. Sie ist freundlich, humorvoll und immer zu einem Kompromiß bereit.

Schlüsselwörter: positiv – schöpferisch, weise, erfolgreich, gebieterisch, verständnisvoll, spirituell; negativ – kriminell, fanatisch, böswillig, von schwarzmagischen Künsten gefangen.

5

Astrologische Verbindungen

Und wieder sprach die Allmacht: »Lichter seien
Hoch an des Himmels Feste, Tag und Nacht
Zu scheiden; mögen sie als Zeichen dienen
Für Jahreszeiten, Tag und Jahresumlauf,
Und laßt sie Lichter sein, wie ich bestimme,
Daß es ihr Amt sei, an des Himmels Feste,
Der Erde Licht zu geben.« So geschah's.
Milton, Das verlorene Paradies (Buch 7)

ZAHLEN DER PLANETEN

Numerologie und Astrologie sind zweifelsohne eng miteinander verbunden, wenngleich niemand weiß, wann den Planeten, die unsere Welt mit ihren Einflüssen beherrschen, zum ersten Mal Zahlen zugesprochen wurden. Mit Gewißheit läßt sich jedoch sagen, daß die Chaldäer, Hindus, Ägypter und Juden den Gedanken hatten und befolgten, einem Planeten eine Zahl zuzuschreiben, die seine Charakteristika symbolisierte. Es gibt Hinweise darauf, daß bereits die Astrologen der Antike um die Existenz der Planeten Uranus (1781 entdeckt) und Neptun (1846 entdeckt) wußten, weil sie in ihre Berechnungen die Umlaufbahnen zweier Planeten einbezogen, die eher die mentalen als die körperlich-physischen Aspekte des Lebens beherrschten, zu den sieben »schöpferischen Planeten« dazu, die damals bereits bekannt waren. Pluto (1930 von Percival Lowell entdeckt) war nicht dabei. Die am weitesten verbreiteten Assoziationen von Zahlen und Planeten sollen im folgenden besprochen werden, was jedoch nicht heißt, daß es nicht auch andere Kombinationen gäbe.

Eins – die Sonne
In der Astrologie beherrscht die Sonne den Geist, den Willen, die Energie, Vitalität, Ganzheit, Selbstintegration, Führerschaft, Organisation und Macht. Sie steht auch für den Willen zu leben.

Zwei – der Mond
Der Mond beherrscht den femininen Wesensaspekt, das Unbewußte, das Empfinden und Fühlen, den Rhythmus, die instinkthaften Verhaltensweisen, Nachdenken, Passivität, die Seele, Mütterlichkeit, Familie und Vererbung. Er steht auch für Wandlungsfähigkeit.

Drei – Jupiter
Jupiter steht für die Fähigkeit, sich durch Wachstum und Verstehen auszubreiten.

Vier – Uranus
Uranus ist zuständig für Exzentrik, Erfindung, Unabhängigkeit, Intuition, Beweglichkeit, Eigentümlichkeit, Impulsivität und drastische Veränderung.

Fünf – Merkur
Der Planet Merkur wird assoziiert mit dem Intellekt, der Kommunikation, mit mentalen und nervlichen Vorgängen, Geschicklichkeit, Zweideutigkeit, Schreiben und Diplomatie. Negativ zeigt er Unaufrichtigkeit, Unzuverlässigkeit und Schwäche im Mentalen an.

Sechs – Venus
Venus beherrscht die Liebe, Harmonie, Schauspielerei, weibliche Sexualität, Anziehungskraft, Zuneigung, physische Schönheit und Kunst.

Abb. 20 Sonne, Mond und Sterne

Sieben – Neptun
Neptun verbindet sich mit psychischer Aktivität, mit Medialität, Träumen, Phantasien, Illusionen, extremer Sensitivität, durch Drogen hervorgerufenen Zuständen, Alkoholismus, Vergeistigung und der immateriellen Welt.

Acht – Saturn
Saturn beherrscht die Melancholie, die Zurückhaltung, die Begrenzung, den Ernst, die Wirtschaftlichkeit, Autorität und die Fähigkeit, die Begrenzungen des Lebens zu akzeptieren und mit ihnen zu arbeiten.

Neun – Mars
In der Mythologie ist Mars immer mit Krieg verbunden. Er ist das Zeichen für die Unfähigkeit, die gegebenen Umstände zu akzeptieren und mit ihnen zu arbeiten – und das Verlangen nach Veränderung schafft Konflikt.

In dem Buch »Die Weisheit Salomons«, das inzwischen zu den Apographen zählt (Bücher des Alten Testaments, die von den Juden für Kopien gehalten wurden und während der Reformationszeit aus der Reihe der kanonisierten Schriften – die von der Kirche anerkannten Bücher der Bibel – entfernt wurden) sagt Salomon:

> »Denn Gott selbst hat mir gegeben sichere Erkenntnis aller Dinge, daß ich weiß, wie die Erde gemacht ist, und die Kraft der Elemente; der Zeit Anfang, Ende und Mitte; wie der Tag zu- und abnimmt; wie die Zeit des Jahres sich ändert, und wie das Jahr herumläuft; wie die Sterne stehen; die Art der zahmen und der wilden Tiere; wie der Wind so stürmt; und was die Leute im Sinn haben; mancherlei Art der Pflanzen und Kraft der Wurzeln. Ich weiß alles, was verborgen und offenbar ist; denn die Weisheit, so aller Kunst Meister ist, lehrte mich's.« (Weisheit Salomos, 7,17–21)

In diesem Absatz spricht Salomon von sicherer Erkenntnis über viele Dinge. Der siebenzackige Stern im Heptagon enthält die neun Zahlen, die die Grundlage all unserer Berechnungen sind. Liest man um das Siebeneck herum, entdeckt man die (magische) Ordnung der sieben heiligen Planeten, und folgt man der Linie, die die Zacken des Sterns miteinander verbindet, stößt man der Reihe nach auf die Planeten, die die Wochentage regieren (eine Entdeckung, die dem inzwischen verstorbenen G. H. Frater D. D. C. F. zu verdanken ist).
Die Randlinie des Sterns erzählt uns die Geschichte von Leben, Tod und Auferstehung oder, ganz einfach, das rhythmische Geschehen in der Natur. Während sich die Geschichte entfaltet, entsteht allmählich der Stern, und das können Sie selbst nachvollziehen, indem Sie mit Finger oder Bleistift den Linien des Sterns folgen.

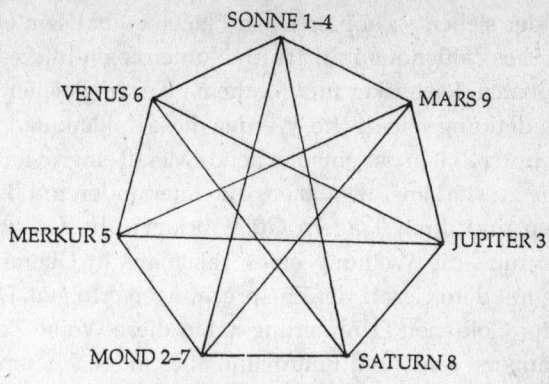

Abb. 21 Der siebenzackige Stern

Das Leben beginnt mit der Sonne, einem sehr positiven, maskulinen Himmelskörper, geht dann weiter zum Mond, in dessen Sphäre der feminine Einfluß spürbar wird. Vom Mond aus geht die Reise weiter zum Mars, wo maskuline und feminine Einflüsse einen Konflikt erleben können. Merkur fördert die Kommunikation und gibt die Gelegenheit, intelligent und harmonisch zu leben. Der nächste Planet auf unserer Reise ist Jupiter, der durch tieferes Verstehen des Lebens Wachstum bringt, und wenn wir danach Venus erreichen, beherrschen Liebe und Zuneigung die Szene. Von Venus zu Saturn geht der Weg durch das Alter und den Tod, bis die Seele zur Sonne zurückkehrt, um einen neuen Zyklus zu beginnen.

Sonne und Mond teilen ihren Platz auf dieser Sternenreise mit einem anderen Planeten – die Sonne mit Uranus, der Mond mit Neptun. Im ersten Fall wird die männliche Qualität der Schöpfung, repräsentiert durch die Sonne, ausgeglichen durch die femininen Eigenschaften des Uranus auf der mentalen oder spirituellen Ebene. Der Mond, feminin und irdisch, wird durch Neptun ausgeglichen, einem maskulinen und spirituellen Planeten.

Jeder der sieben »schöpferischen Planeten« hat sein eigenes
magisches Zahlenquadrat, das für Numerologie-Interessierte,
Okkultisten, Esoteriker und Mathematiker in gleicher Weise
von Bedeutung sein dürfte. Werden diese Zahlenquadrate zu
bestimmter Zeit in das entsprechende Metall eingraviert, werden sie zu starken Talismanen, die unter anderem Böses ab-
wehren und ihren Trägern Gutes bringen. In der rituellen
Magie muß die Weihung eines Talismans in Übereinstimmung mit dem Gesetz der Entsprechungen erfolgen. Der Orden der Goldenen Dämmerung nahm diese Weihe-Zeremo-
nien äußerst ernst und unternahm alles mögliche, um ihren
Erfolg sicherzustellen. Magische Zahlenquadrate müssen folgenden Regeln entsprechen:

1. Jede Zahl zwischen eins und der höchsten vertretenen Zahl
   darf nur einmal erscheinen, und
2. die Vertikalen, Horizontalen und die beiden langen Diagonalen müssen addiert dieselbe Summe ergeben.

Den Quadraten können auch noch geometrische Bedeutungen
gegeben werden, wie die Übersicht am Beispiel des Mars-Quadrats zeigt.
Mathematiker der Antike wußten magische Zahlenquadrate
sehr hoch zu schätzen und verstanden sie als Paradigmen, als
Musterbeispiele universaler Gesetze (die Abwandlungen eines Wortes sind als Beispiel angeführt). Rituelle Zentren und
Tempel wurden errichtet nach Maßgabe eines geometrischen
Musters, das im wesentlichen auf diesen Quadraten aufbaute;
jeder der sieben Weltwunder der Antike wurde nach einem
solchen Plan gebaut. Diese Weltwunder seien im folgenden
genannt; nach Eliphas Levi wurden sie nach dem Vorbild der
Quadrate der jeweils danebenaufgeführten Himmelskörper
errichtet:

Weltwunder der Antike	Quadrat
Koloß von Rhodos	Sonne
Artemis-Tempel von Ephesus	Mond
Mausoleum von Halikarnassos	Venus
Pyramiden von Giseh	Merkur
Hängende Gärten von Babylon	Mars
Zeus-Statue von Olympia	Jupiter
Tempel Salomons	Saturn

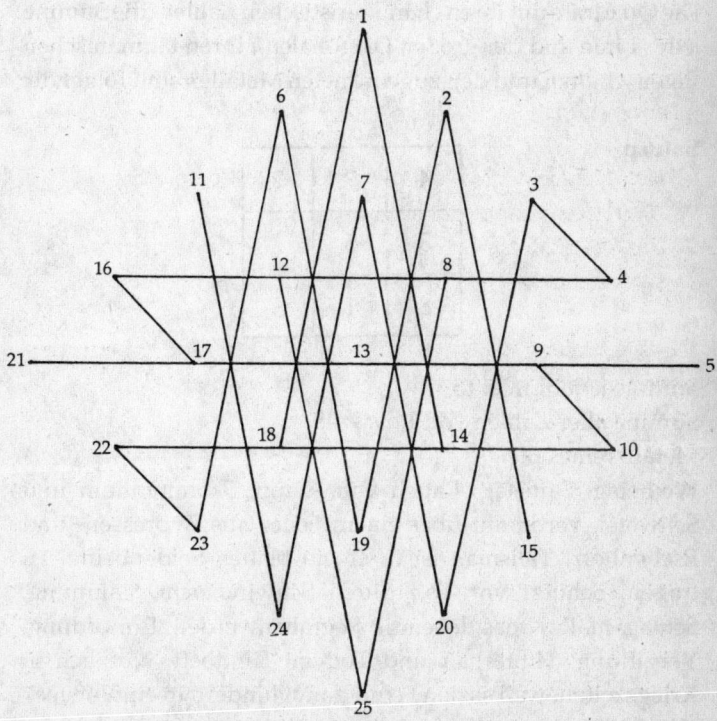

Abb. 22 Die geometrische Entwicklung des Mars-Quadrats.
Die Zahlen 1–25 sind in der Reihenfolge miteinander verbunden,
in der sie in dem magischen Quadrat erscheinen.

Zahlen, die Ausdruck fanden in den Plänen antiker Gebäude und Heiligtümer, bezogen sich auf die Dimensionen und die musikalischen Töne des Bauwerks. Die Muster zeigten geometrische Formen und bedeuteten ebenfalls Töne, die in Verbindung standen mit der Gottheit, der ein Tempel geweiht war.

DIE MAGISCHEN QUADRATE

Die Quadrate mit ihren charakteristischen Zahlen (die Summe jeder Linie und der großen Diagonalen), ihren talimanischen Eigenschaften und den zugeordneten Metallen sind folgende:

Saturn

4	9	2
3	5	7
8	1	6

Summe jeder Linie: 15
Summe aller Zahlen von 1 bis 9: 45
Metall: reines Blei
Weihetag: Samstag; Rauch von Alaun, Skammonium und Schwefel, verbrannt über einem Feuer aus Zypressen- und Eschenholz. Talisman ist in einem blauen Seidenbeutel zu tragen. Schützt vor Tod durch Schwindsucht, Lähmung, Schlaganfall, Krebs, lebendig Begrabenwerden, Ermordung, Vergiftung, Hinterhalt und Tod im Kindbett. Nützlich in Kriegszeiten, weil es den Feind daran hindert, in ein Versteck einzudringen.

Jupiter

4	14	15	1
9	7	6	12
5	11	10	8
16	2	3	13

Summe jeder Linie: 34
Summe aller Zahlen von 1 bis 16: 136
Metall: reines Zinn
Weihetag: Donnerstag; Rauch von Weihrauch, Ambra, Balsam, Kardamom und Safran über einem Feuer aus Eichen-, Pappel- und Feigenholz.
Talisman ist in einem himmelblauen Seidenbeutel zu tragen. Er schützt vor Tod durch unvorhergesehene Unfälle und Krankheiten der Lungen oder Leber. Er zieht Sympathie und guten Willen an.

Mars

11	24	7	20	3
4	12	25	8	16
17	5	13	21	9
10	18	1	14	22
23	6	19	2	15

Summe jeder Linie: 65
Summe aller Zahlen von 1 bis 25: 325

Metall: reines Eisen

Weihetag: Dienstag; Rauch von Wermut und Gartenraute über einem Feuer aus den getrockneten Wurzeln aus schwarzer und weißer Nieswurz.

Talisman ist in einem roten Seidenbeutel zu tragen. Er schützt vor Tod durch Feinde, seuchenartige oder bösartige Geschwüre. Ist man versteckt in einer belagerten Stadt, so stellt er sicher, daß den Angreifern kein Erfolg beschieden sein wird.

Sonne

6	32	3	34	35	1
7	11	27	28	8	30
19	14	16	15	23	24
18	20	22	21	17	13
25	29	10	9	26	12
36	5	33	4	2	31

Summe jeder Linie: 111

Summe aller Zahlen von 1 bis 63: 666

Metall: reines Gold

Weihetag: Sonntag; Rauch von Zimt, Safran und rotem Sandelholz über einem Feuer aus Lorbeer und getrockneten Heliotropenstengeln.

Talisman ist in einem gelben Seidenbeutel zu tragen. Er schützt vor Tod durch Feuer, Herzkrankheit und Seuche. Er zieht Glück und guten Willen von Menschen in hohen Positionen an.

Venus

22	47	16	41	10	35	4
5	23	48	17	42	11	29
30	6	24	49	18	36	12
13	31	7	25	43	19	37
38	14	32	1	26	44	20
21	39	8	33	2	27	45
46	15	40	9	34	3	28

Summe jeder Linie: 175
Summe aller Zahlen von 1 bis 49: 1225
Metall: reines Kupfer
Weihetag: Freitag; Rauch von Veilchen und Rosen über einem Feuer aus Olivenholz.
Talisman ist in einem grünen Seidenbeutel zu tragen. Er schützt vor Tod durch Krebs (besonders bei Frauen) und Vergiftung. Er bringt Harmonie in die Ehe und wird einen Feind zum Freund verwandeln, wenn man ihm den Talisman ins Trinkglas taucht.

Merkur
Summe jeder Linie: 260
Summe aller Zahlen von 1 bis 64: 2080
Metall: eine Legierung aus Quecksilber, Silber und Zinn
Weihetag: Mittwoch; Rauch von Benzoe, Muskat und Styrax über einem Feuer aus den getrockneten Stengeln von Lilien, Narzissen und Majoran.

8	58	59	5	4	62	63	1
49	15	14	52	53	11	10	56
41	23	22	44	45	19	18	48
32	34	35	29	28	38	39	25
40	26	27	37	36	30	31	33
17	47	46	20	21	43	42	24
9	55	54	12	13	51	50	16
64	2	3	61	60	6	7	57

Talisman ist in einem purpurnen Seidenbeutel zu tragen. Er schützt vor Tod durch Ermordung, Gift, Wahnsinn oder Epilepsie. Vergräbt man ihn unter Geschäftsräumen, sichert er Wohlstand; legt man ihn unters Kopfkissen, bringt er prophetische Träume.

Mond

Summe jeder Linie: 369

Summe aller Zahlen von 1 bis 81: 3321

Metall: reines Silber

Weihetag: Montag; Rauch von weißem Sandelholz, Kampfer, Aloe, Bernstein und Gurkensamen über einem Feuer aus den getrockneten Stengeln von Beifuß, Selenthrope und Hahnenfuß.

Talisman ist in einem weißen Seidenbeutel zu tragen. Er schützt vor Tod durch Ertrinken, Wahnsinn, Wassersucht und Schlaganfall. Er hilft auch als Schutz für Reisende.

37	78	29	70	21	62	13	54	5
6	38	79	30	71	22	63	14	46
47	7	39	80	31	72	23	55	15
16	48	8	40	81	32	64	24	56
57	17	49	9	41	73	33	65	25
26	58	18	50	1	42	74	34	66
67	27	59	10	51	2	43	75	35
36	68	19	60	11	52	3	44	76
77	28	69	20	61	12	53	4	45

DIE ZAHLEN DER ZWÖLF ZEICHEN DES TIERKREISES

Um zu verstehen, warum auch jedes der zwölf Zeichen des Zodiak eine numerologische Zahl erhalten hat, ist es notwendig, ein wenig über die Astrologie zu wissen.

Das Sonnenjahr beginnt – im Gegensatz zum Kalenderjahr, das am 1. Januar anfängt – zwischen dem 21. und 23. März, zum Zeitpunkt der Frühlings-Tagundnachtgleiche, wenn die Sonne in das Zeichen Widder vorrückt. Sie bewegt sich dann weiter durch alle zwölf Tierkreiszeichen hindurch und braucht dazu rund 365 Tage. Die Erde dreht sich in 24 Stunden einmal um die eigene Achse, und somit bewegt sich jedes der zwölf Sternzeichen innerhalb von 24 Stunden einmal über die

Erde. Der Mond dreht sich in rund 28 Tagen einmal um die Erde, und somit erhalten wir 13 Mondmonate im Jahr.

Die ersten und letzten sieben Tage, die Woche zu Beginn und am Ende eines jeden Sternzeichens, seien von unserer nun folgenden Charakterisierung ausgenommen. Während dieser Zeit sind die Zahlencharakteristika und sonstigen Eigenschaften nicht so stark ausgeprägt spürbar, weil die Sonne von einem Zeichen ins nächste weitergeht, und so haben wir oft die Eigenschaften zweier aufeinanderfolgender Zeichen zur gleichen Zeit.

Es sollte auch in Erinnerung gebracht werden, daß die Planeten sowohl negative als auch positive Eigenschaften besitzen, je nachdem, welchen Abschnitt des Zodiaks sie regieren. Die positiven Aspekte sind kraftvoller und eher körperlich, während die negativen mentaler, spiritueller Natur sind.

Die Zeichen des Tierkreises und ihre numerologischen und anderen Entsprechungen sind folgende:

Widder (21. März–20. April)
Herrscher: Mars, positiver Aspekt
Zahl: 9 (positiv)
Element: Feuer
Schlüsselwort: Ich bin
Zeigt eine sachliche Einstellung, die Dringlichkeit ausdrückt, zusammen mit einem Bedürfnis, sich selbst energisch und aktiv ins Leben zu versetzen.

Stier (21. April–20. Mai)
Herrscher: Venus, positiver Aspekt
Zahl: 6 (positiv)
Element: Erde
Schlüsselwort: Ich habe
Zeigt eine produktive Einstellung, die Ausdauer beweist, zu-

sammen mit einem Bedürfnis nach organischer Verwandtschaft, Sicherheit und materieller Unterstützung.

Zwillinge (21. Mai–20. Juni) ♊
Herrscher: Merkur, positiver Aspekt
Zahl: 5 (positiv)
Element: Luft
Schlüsselwort: Ich denke
Zeigt eine anpassungsfähige Einstellung, die Variabilität aus-
drückt, zusammen mit einem Bedürfnis, sich der Umwelt
anzupassen und mit anderen zu kommunizieren.

Krebs (21. Juni–20. Juli) ♋
Herrscher: Mond
Zahl: 2
Element: Wasser
Schlüsselwort: Ich fühle
Zeigt eine defensive Einstellung, die Sensitivität ausdrückt,
zusammen mit einem Bedürfnis, zu schützen und zu nähren.

Löwe (21. Juli–20. August) ♌
Herrscher: Sonne
Zahl: 1
Element: Feuer
Schlüsselwort: Ich will
Zeigt eine machtvolle Einstellung, die Eindrucksvolles aus-
drückt, zusammen mit einem Bedürfnis nach Autorität.

Jungfrau (21. August–20. September) ♍
Herrscher: Merkur, negativer Aspekt
Zahl: 5 (negativ)
Element: Erde
Schlüsselwort: Ich analysiere

Zeigt eine analytische Einstellung, die Kritik ausdrückt, zusammen mit einem Bedürfnis nach Leistungsfähigkeit und Perfektion.

Waage (21. September–20. Oktober)
Herrscher: Venus, negativer Aspekt
Zahl: 6 (negativ)
Element: Luft
Schlüsselwort: Ich gleiche aus
Zeigt eine Einstellung der Verbundenheit, die Harmonie ausdrückt, zusammen mit einem Bedürfnis zur Einheit mit anderen.

Skorpion (21. Oktober–20. November)
Herrscher: Mars, negativer Aspekt
Zahl: 9 (negativ)
Element: Wasser
Schlüsselwort: Ich begehre
Zeigt eine durchdringende Haltung, die Intensität ausdrückt, zusammen mit einem Bedürfnis, sich mit seinen Ursprüngen zu identifizieren.

Schütze (21. November–20. Dezember)
Herrscher: Jupiter, positiver Aspekt
Zahl: 3 (positiv)
Element: Feuer
Schlüsselwort: Ich sehe
Zeigt eine umfassende Haltung, die Freiheit ausdrückt, zusammen mit einem Bedürfnis, jenseits seiner bekannten Umgebung zu forschen.

Steinbock (21. Dezember–20. Januar)
Herrscher: Saturn, positiver Aspekt

Zahl: 8 (positiv)
Element: Erde
Schlüsselwort: Ich gebrauche
Zeigt eine rationale Einstellung, die Klugheit ausdrückt, zusammen mit einem Bedürfnis, sich Verhaltensdisziplin zu unterwerfen.

Wassermann (21. Januar–20. Februar)
Herrscher: Saturn, negativer Aspekt, und Uranus
Zahl: 8 (negativ) und 4
Element: Luft
Schlüsselwort: Ich weiß
Zeigt eine distanzierte Haltung, die Unkonventionalität ausdrückt, zusammen mit einem Bedürfnis, sich mit den progressiven Zielen der Gemeinschaft zu identifizieren.

Fische (21. Februar–20. März)
Herrscher: Jupiter, negativer Aspekt, und Neptun
Zahl: 3 (negativ) und 7
Element: Wasser
Schlüsselwort: Ich glaube
Zeigt eine nebulöse Einstellung, die Beeindruckbarkeit ausdrückt, zusammen mit einem Bedürfnis, das Materielle zu überwinden.

ZAHLEN FÜR DIE TAGE DER WOCHE

Eine Verbindung zwischen den sieben »schöpferischen Planeten« und den sieben Tagen der Woche läßt sich in vielen Sprachen und Kulturkreisen finden, wenn man nur die Namen studiert, die den einzelnen Tagen gegeben wurden, und die Beziehung zu den herrschenden Planeten feststellt. Daß der Sonntag von der Sonne beherrscht wird, liegt auf der Hand. Der gleiche Zusammenhang ist auch in den anderen germanischen Sprachen offensichtlich (engl. Sunday, schwed. söndag). Montag ist der Tag des Mondes (engl. Monday, moon = Mond; frz. lundi, lune = Mond; span. lunes, luna = Mond usw.). Der Donnerstag enthält den Namen des germanischen Gottes Donar (auch Thor genannt, engl. Thursday!), der in seinem Rang dem römischen Jupiter (frz. jeudi, span, jueves) entspricht. Dienstag geht auf die althochdeutsche Form »Ziu« des Namens des germanischen Kriegsgottes zurück (altnord. Tyr, daher engl. Tuesday); der römische Kriegsgott hieß Mars, entsprechend heißt der Dienstag mardi (frz.), martedi (ital.) oder martes (span.). Der deutsche Mittwoch tanzt etwas aus der Reihe: er wurde von der Kirche gegenüber der Bezeichnung Wodanstag (engl. Wednesday) durchgesetzt. Wodan war dem römischen Gott Merkur vergleichbar, der wiederum im französischen mercredi zu finden ist. Der Freitag (engl. Friday) ist zurückzuführen auf die germanische Göttin Frija; bei den Römern war dieser Tag der Venus gewidmet (frz. vendredi, ital. venerdi). Der für den Samstag bzw. Sonnabend zuständige Saturn ist im englischen Saturday noch gut zu erkennen; im Nordwesten des deutschen Sprachraums gibt es jedoch in Dialekten noch den »Saterdag«, der mit der Christianisierung in den Sonnabend, den Vorabend des Sonntags, umgetauft wurde. Viele Völker haben am Samstag ihren Ruhetag, insbesondere die Juden (Sabbat), was ganz dem Charakter des Saturn entspricht: die Niederlegung der Arbeit am Ende einer Phase. Die Entsprechungen der Wochentage sind folgende:

Tag	Zahl	Planet
Sonntag – Tag der Werke des Lichts	1, 4	Sonne, Uranus
Montag – Tag der Werke der Weissagung und des Mysteriums	2, 7	Mond, Neptun
Dienstag – Tag der Werke des Zorns	9	Mars
Mittwoch – Tag der Werke der Wissenschaft	5	Merkur
Donnerstag – Tag der Werke der Politik oder Religion	3	Jupiter
Freitag – Tag der Werke der Liebe	6	Venus
Samstag – Tag der Werke der Trauer	8	Saturn

Wie bereits erklärt, ist die Sonne mit Uranus verbunden, deshalb sind dem Sonntag die Zahlen Eins und Vier zugeordnet; der Mond gibt in Verbindung mit Neptun dem Montag die Zahlen Zwei und Sieben.

ZAHLEN FÜR DIE STUNDEN DES TAGES

Es ist möglich, wenn auch etwas kompliziert, den Gedanken, Planeten, Tierkreiszeichen und Wochentage mit Zahlen zu verbinden, noch weiterzuspinnen, einen Schritt weiter zu gehen und einen Planeten und eine Zahl jeder einzelnen Stunde jedes Tages der Woche, von Sonntag bis Samstag zuzuschreiben. Um dies zu bewerkstelligen, muß man sich auf zwei Tabellen beziehen. Die erste (Abb. 23) zeigt die Zeiten des Sonnenaufganges und des Sonnenunterganges im Laufe des Jahres an, was sich am besten anhand eines Beispiels erklären läßt. Aus der nächsten Tabelle (Abb. 24) läßt sich ablesen, daß der Sonnenaufgang am 15. April annähernd um 5.10 Uhr sein wird, am 1. Oktober um 6 Uhr, am 3. Juli um 3.30 Uhr usw.

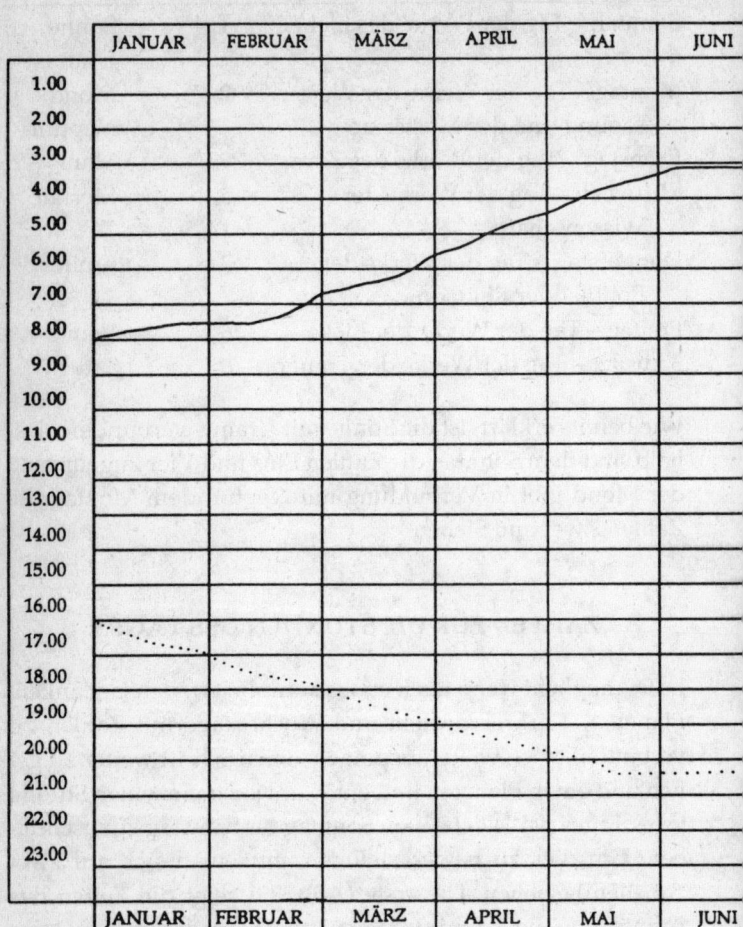

Sonnenaufgang _____

Sonnenuntergang ·················

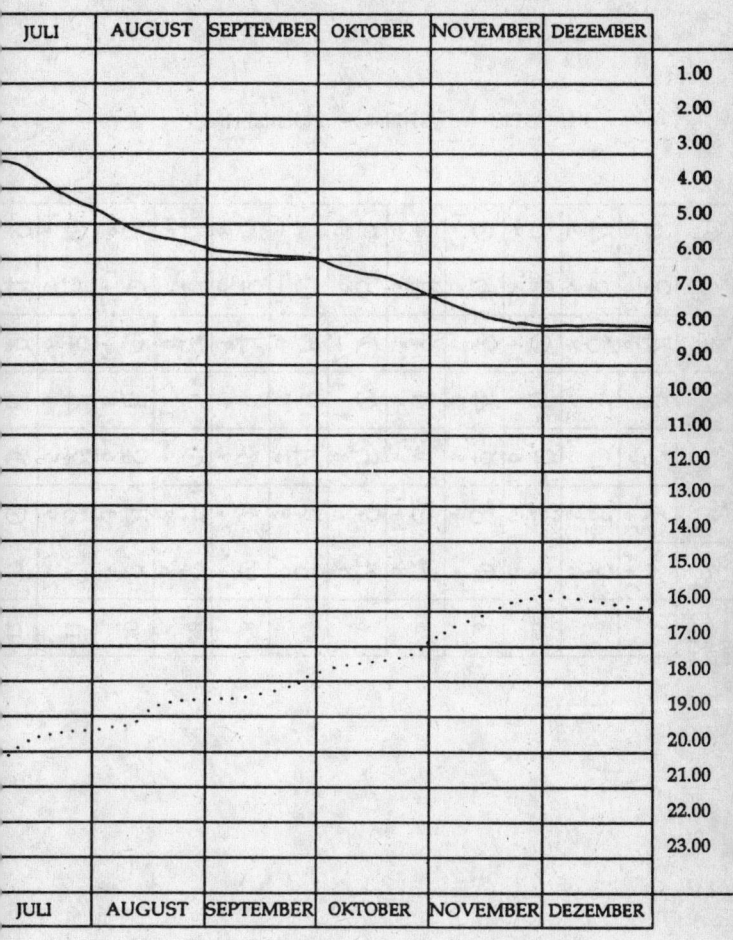

Abb. 23 Sonnenaufgang und Sonnenuntergang

Abb. 24 Planeten/Zahlen/Stundentabelle

Stunden nach Sonnenaufgang	SONNTAG	MONTAG	DIENSTAG	MITTWOCH	DONNERSTAG	FREITAG	SAMSTAG
1.	☉ 1+4	☽ 2+7	♂ 9	☿ 5	♃ 3	♀ 6	♄ 8
2.	♀ 6	♄ 8	☉ 1+4	☽ 2+7	♂ 9	☿ 5	♃ 3
3.	☿ 5	♃ 3	♀ 6	♄ 8	☉ 1+4	☽ 2+7	♂ 9
4.	☽ 2+7	♂ 9	☿ 5	♃ 3	♀ 6	♄ 8	☉ 1+4
5.	♄ 8	☉ 1+4	☽ 2+7	♂ 9	☿ 5	♃ 3	♀ 6
6.	♃ 3	♀ 6	♄ 8	☉ 1+4	☽ 2+7	♂ 9	☿ 5
7.	♂ 9	☿ 5	♃ 3	♀ 6	♄ 8	☉ 1+4	☽ 2+7
8.	☉ 1+4	☽ 2+7	♂ 9	☿ 5	♃ 3	♀ 6	♄ 8
9.	♀ 6	♄ 8	☉ 1+4	☽ 2+7	♂ 9	☿ 5	♃ 3
10.	☿ 5	♃ 3	♀ 6	♄ 8	☉ 1+4	☽ 2+7	♂ 9
11.	☽ 2+7	♂ 9	☿ 5	♃ 3	♀ 6	♄ 8	☉ 1+4
12.	♄ 8	☉ 1+4	☽ 2+7	♂ 9	☿ 5	♃ 3	♀ 6

13.	♃ 3	♀ 6	♄ 8	☉ 1+4	☽ 2+7	♂ 9	☿ 5
14.	♂ 9	☿ 5	♃ 3	♀ 6	♄ 8	☉ 1+4	☽ 2+7
15.	☉ 1+4	☽ 2+7	♂ 9	☿ 5	♃ 3	♀ 6	♄ 8
16.	♀ 6	♄ 8	☉ 1+4	☽ 2+7	♂ 9	☿ 5	♃ 3
17.	☿ 5	♃ 3	♀ 6	♄ 8	☉ 1+4	☽ 2+7	♂ 9
18.	☽ 2+7	♂ 9	☿ 5	♃ 3	♀ 6	♄ 8	☉ 1+4
19.	♄ 8	☉ 1+4	☽ 2+7	♂ 9	☿ 5	♃ 3	♀ 6
20.	♃ 3	♀ 6	♄ 8	☉ 1+4	☽ 2+7	♂ 9	☿ 5
21.	♂ 9	☿ 5	♃ 3	♀ 6	♄ 8	☉ 1+4	☽ 2+7
22.	☉ 1+4	☽ 2+7	♂ 9	☿ 5	♃ 3	♀ 6	♄ 8
23.	♀ 6	♄ 8	☉ 1+4	☽ 2+7	♂ 9	☿ 5	♃ 3
24.	☿ 5	♃ 3	♀ 6	♄ 8	☉ 1+4	☽ 2+7	♂ 9

☉ Sonne
☽ Mond
☿ Merkur
♀ Venus
♂ Mars
♃ Jupiter
♄ Saturn

Daten im ersten Drittel des Monats findet man im ersten
Drittel des diesem Monat zugeteilten Abschnittes auf der horizontalen Achse, die Monatsmitte in der Mitte des Monats-
abschnittes usw. Das gleiche gilt für das Ablesen der Sonnen-
auf- und -untergangstermine auf der senkrechten Zeitachse,
wobei man die Minuten innerhalb der Stundenabschnitte ab-
schätzt.

Wenn die Zeit des Sonnenaufgangs einmal festgestellt ist,
wird es notwendig, sich der Planeten/Stundentabelle zu widmen, die auf der Seite danach folgt. Hier wird jeder Tag in 24
Abschnitte zu je einer Stunde eingeteilt, beginnend bei Sonnenaufgang. Dieses System war bei den Weisen der biblischen
Zeit gebräuchlich, und Salomon selbst soll für seine magische
Arbeit damit gerechnet haben.

Wir bleiben bei unseren oben genannten drei Datumsbeispie-
len und werden im folgenden zeigen, wie die notwendigen
Berechnungen durchgeführt werden. Wir gehen davon aus,
daß der 15. April auf einen Dienstag fällt und daß berechnet
werden muß, welcher Planet und welche Zahl in der Zeit um
7 Uhr vormittags beherrschend war.

Datum: 15. April, Sonnenaufgang 5.10 Uhr
Wochentag: Dienstag
Tageszeit: 7.00 Uhr
7.00 Uhr fällt in die Stunde 2 (6.10 – 7.10 Uhr), die zweite
Stunde also nach dem Sonnenaufgang (5.10 Uhr). Wir lesen in
der Tabelle in der Reihe 2. unter »Dienstag«: Sonne und die
Zahlen 1 und 4

Datum: 1. Oktober, Sonnenaufgang 6.00 Uhr
Wochentag: Freitag
Tageszeit: 20.15 Uhr

20.15 Uhr fällt in die Stunde 15 (20.00 – 20.59 Uhr), die fünfzehnte Stunde also nach dem Sonnenaufgang (6.00 Uhr). Wir
lesen in der Tabelle in der Reihe 15. unter »Freitag«: Venus und
die Zahl 6.

Datum: 3. Juli, Sonnenaufgang 3.30 Uhr
Wochentag: Sonntag
Tageszeit: 1.45 Uhr
1.45 Uhr fällt in die Stunde 23 (1.30 – 2.29 Uhr) des Vortages,
des Samstages, in die zweite Stunde vor dem Sonnenaufgang
also. Wir lesen in der Tabelle in der Reihe 23 unter »Samstag«
(der Vortag): Jupiter und die Zahl 3.

Obgleich es zu Beginn vielleicht etwas kompliziert erscheint,
mit diesen Tabellen umzugehen, so lohnt es sich doch, dies zu
üben, um die herrschenden Planeten und Zahlen für bestimmte, beliebige Tage und Tageszeiten ablesen zu können.

Persönliches Beispiel:

Datum: _____ Sonnenaufgang: _____

Wochentag: _____ Tageszeit: _____

_____ Uhr fällt in die _____ Stunde vor/nach Sonnenaufgang.

Ich lese in der Reihe _____ unter _____tag den

Planeten _____ und die Zahl(en) _____

6

Das Geburtsdatum

Das Geburtsdatum ist für jeden eine Zahl, die unveränderlich bleibt. Die wohl am weitesten verbreitete Methode, ein Geburtsdatum zu analysieren, ist die Quersummenbildung. Dabei wird das Datum voll ausgeschrieben (Monate also in Zahlenform), und die so zusammenkommenden Ziffern werden addiert, zum Beispiel:

27.	Dezember	1963		
$2 + 7$ +	$1 + 2$	+	$1 + 9 + 6 + 3$ =	31; $3 + 1 = 4$
Tag	Monat		Jahr	
24 +	5	+	$1 + 9 + 62$ =	29 $= 11$

Einige amerikanische Numerologen gebrauchen eine etwas andere Methode; sie bilden die Quersumme folgendermaßen:

27.		Dezember		1963
27	+	12	+	1963
27	+	12	+	19 $(1 + 9 + 6 + 3)$
27	+	12	+	19 = 58; $5 + 8 = 13$; $1 + 3 = 4$

Das zweistellige Ergebnis scheint wohl verschieden zu sein, aber wenn man weiterhin die Quersumme bildet, erhält man am Ende das gleiche Resultat.

Die so errechnete einstellige Zahl (11 und 22 sind die einzigen zweistelligen Ausnahmen) stellt die Lektionen dar, die in dem zu analysierenden Leben zu lernen sind und zeigt auch den Weg, der zu beschreiten ist, um ein bestimmtes Ziel zu erreichen.

Das Geburtsdatum ist auch von Bedeutung, wenn es darum geht, sich für einen Berufsweg zu entscheiden. In diesem Zusammenhang sprechen Numerologen von der »Schicksalszahl«, der »Lebenszahl«, der »Geburtszahl« oder »Charakterzahl«. In diesem Kapitel wollen wir sie einfach die Geburtstagszahl nennen, um Mißverständnisse zu vermeiden. Die Geburtstagszahl erhalten wir, indem wir zunächst eine zweistellige Quersumme des Geburtsdatums bilden, und dann diese Quersumme – außer, es sei 11 oder 22 – weiter reduzieren zu einer einstelligen Zahl. In diesem Kapitel haben wir es also nur mit den einstelligen Geburtstagszahlen von 1 bis 9 sowie mit den Zahlen 11 und 22 zu tun. Die Bedeutung zweistelliger Zahlen wird später erklärt werden.

Geburtstagszahl – 1

Lektion: Hindernisse durch persönliche Kreativität überwinden.

Weg: Sei originell, unabhängig, übernimm Verantwortung, triff deine Entscheidungen selbst; konzentriere dich, sei empfänglich, erneuernd, vertrauensvoll; hab keine Angst vor anderen Bereichen des Ausdrucks; geh weiter voran und sieh dich nicht um, sei tatkräftig und ordentlich; versuche, nach Möglichkeit allein zu arbeiten.

Negative Züge: Egoistisch, faul, unentschieden, auch stur und diktatorisch, weil du Einschränkungen nicht magst und dich nicht von anderen kommandieren lassen willst.

Ziel: Ausdruck deiner einzigartigen Individualität durch Kreativität; ein Pionier oder Entdecker, der jede Art von Unternehmen ins Leben ruft.

Berufsempfehlung: Schöpferische Arbeit aller Arten, Erfinder, Designer, Ingenieur, Forscher.

Geburtstagszahl – 2

Lektion: Sich unter die anderen mischen und verstehen, wie wichtig das Geben und Nehmen im Leben ist.

Weg: Sei taktvoll, wenn notwendig diplomatisch, gesellig, denke auch an andere, sei freundlich und geduldig, überzeuge statt zu zwingen; unterstütze andere (und du wirst vielleicht selbst von ihrem Erfolg profitieren); versuche, in einer Gruppe mit einem gemeinsamen Ziel zu arbeiten.

Negative Züge: launisch und überemotional, kann kein Geheimnis bewahren, neigt zum Klatschen.

Ziel: Kooperativ zu sein und als Teil eines Teams mit anderen gemeinsam arbeiten zu können.

Berufsempfehlung: Verkäufer, Vertreter, Büroangestellter, Politiker, Diplomat, Lehrer.

Geburtstagszahl – 3

Lektion: Fähigkeit, sich selbst frei auszudrücken.

Weg: Ergreife jede Gelegenheit zum Selbstausdruck, wann und wie immer sie sich bietet; vergeude nicht deine potentielle Kreativität, sondern entwickle sie; halte Abstand von geschäftlichen Beziehungen, wenn diese zu sehr einschränken würden; versuche, dich mit schönen Dingen zu umgeben, die dir Freude machen.

Negative Züge: Kritisch, zynisch, prahlerisch, pessimistisch. Routinearbeit ist nichts für dich. Werde kein Hansdampf-in-allen-Gassen, sondern spezialisiere dich.

Ziel: Erfolg zu erreichen durch die Entwicklung deiner schöpferischen Talente, persönliche Freiheit zu finden durch deine Arbeit.

Berufsempfehlung: Journalistik, Schriftstellerei, Kunst, Musiker, Unterhalter.

Geburtstagszahl – 4

Lektion: Verantwortlich zu sein für sein Tun.

Weg: Sei bereit, hart zu arbeiten und achte auf das Detail; nimm keine unnötigen Risiken auf dich, sei geduldig und ausdauernd, lerne aus deinen Fehlern, sei tüchtig; gib nicht auf, wenn es schwierig wird; sei fähig, der Realität ins Auge zu blicken; sei sparsam (Ersparnisse sind eine Sicherheit vor möglichen Verlusten).

Negative Züge: Mangel an Verantwortungsgefühl; Neigung, Pflichten und Verpflichtungen auszuweichen.

Ziel: Solide Grundlagen zu bauen, auf denen das Leben basiert, praktisch und ein guter Organisator zu sein.

Berufsempfehlung: Landwirt, Buchhalter, Bauunternehmer, leitender Angestellter, Ingenieur, Chemiker.

Geburtstagszahl – 5

Lektion: Der rechte Gebrauch der Freiheit.

Weg: Sei progressiv, sei offen für neue Ideen und löse Probleme mit Findigkeit; meide Monotonie und bleibe nicht stecken; lerne durch Reisen und persönliche Erfahrung; geh weise mit Geld um; erlebe soviel wie möglich im Leben; strebe nach Abwechslung.

Negative Züge: Bequem, leichtsinnig im Umgang mit Geld.

Ziel: Die Freiheit richtig einzuschätzen und zu erkennen, daß nichts im Leben von Dauer ist.

Berufsempfehlung: Kommunikation, literarische Arbeit, Arbeit mit Menschen, Linguistik; alles, was mit Reisen zu tun hat.

Geburtstagszahl – 6

Lektion: Verantwortlichkeit für Mitglieder der Familie und der Gemeinschaft.

Weg: Gehe auf die sozialen Bedürfnisse der anderen ein; zeige Mitgefühl und Verständnis, sei liebevoll und tröstend; zeige

Sympathie, wenn es notwendig ist, und versuche, Ungerechtigkeit durch dein eigenes, gutes Urteil auszugleichen.

Negative Züge: Andere zu dominieren und zu versuchen, ihnen deine Meinung und Ansichten aufzuzwingen; Menschen emotional von dir abhängig zu machen.

Ziel: Anderen zu dienen und Hilfe und Unterstützung zu geben, wenn sie gefragt sind.

Berufsempfehlung: Jeder Beruf, der anderen einen notwendigen Dienst anbietet: Krankenpflege, Sozialarbeit, Medizin, Veterinärmedizin, geistliche Ämter, Eheberatung, Haushaltshilfe.

Geburtstagszahl – 7

Lektion: Entwicklung des Denkens, um Weisheit und Verständnis zu gewinnen.

Weg: Studieren, lernen, nach Wahrheit suchen; versuchen, die Antworten auf die Probleme und Fragen des Lebens zu finden; beim Sprechen darauf achten, daß es etwas ist, was sich lohnt, zuzuhören; Zeit für sich selbst nehmen (das ist wichtig für das innere Wachstum); Beschäftigung mit der Vergangenheit, der Esoterik; Lesen, Denken, Meditieren.

Negative Züge: Zu hastig, unvernünftig, unwillig zu lernen, Versagensangst und Einsamkeit.

Ziel: Fähig zu sein, deine Weisheit und dein Wissen einzusetzen, um anderen den Weg zu weisen.

Berufsempfehlung: Forschungs- oder Bibliotheksarbeit, Studium, Archäologe, Astrologe, Philosoph.

Geburtstagszahl – 8

Lektion: Materiell erfolgreich zu sein und Autorität zu besitzen.

Weg: Harte Arbeit, Organisation, vernünftiges Urteil; gebrauche deine Energie konstruktiv und arbeite auf ein bestimmtes Ziel zu; sei strebsam, lerne Gelassenheit, Sicherheit und Selbstkontrolle.

Negative Züge: Zu aggressiv, außer Materiellem keine anderen
Wertmaßstäbe im Leben.
Ziel: Erfolg und Führerschaft beispielhaft vorzuleben.
Berufsempfehlung: Geschäftsführer, Finanzier, Bankier, Börsen-
makler, Rechtsanwalt, Aufseher, Organisator.

Geburtstagszahl – 9
Lektion: Eine großzügige Einstellung zum Leben entwickeln.
Weg: Sei anderen zu Diensten, zeige Mitgefühl und Verständnis; pflege ein Verständnis für die Angelegenheiten der Welt;
lerne, in Übereinstimmung mit deinen Idealen zu leben; sei
geduldig, gib nichts auf halbem Wege auf; behandle jeden so,
wie du gern behandelt werden würdest.
Negative Züge: Kleinlichkeit, Vorurteile.
Ziel: Anderen den rechten Weg zu zeigen durch deine Großzügigkeit und Toleranz; universale Liebe und Harmonie zu
fördern.
Berufsempfehlung: Lehrer, Referent, Arzt, Politiker, Diplomat,
Staatsmann.

Geburtstagszahl – 11
Lektion: Deiner Intuition zu vertrauen und dein Denken auf
praktische Wege zu leiten, um Weisheit zu gewinnen.
Weg: Erforsche das Ungewöhnliche und Mystische, entwickle
eine philosophische Einstellung zum Leben; laß dich von deinen Empfindungen leiten; strebe nach Ausgeglichenheit, sei
originell, schöpferisch; zeige Mut und lerne, mit Opposition
umzugehen; sei altruistisch und entwickle Achtung vor dem
anderen, die deinem Handeln Maßstab sein soll.
Negative Züge: Kritisch, überängstlich, exzentrisch, unpraktisch, Erfolg steigt dir zu leicht zu Kopf.
Ziel: Zu entdecken, daß die wahre Meisterschaft im Leben
darin liegt, anderen zu dienen.

Berufsempfehlung: Lehrer, Vorgesetzter in öffentlichen Ämtern, Arbeit im öffentlichen Dienst oder in einer beratenden Funktion.

Geburtstagszahl – 22

Lektion: Einen Weg zu finden, deine Fähigkeit zum geistigen Wachstum herauszufordern.

Weg: Indem du deine Geschicklichkeit und Ideale in einen weiten, universalen Rahmen fügst; durch geistiges Heilen, durch Gründung neuer Bewegungen und Beobachtung ihres Wachstums; durch Aufbauarbeit und Lernen, wie du mit Hindernissen und Problemen umgehen kannst.

Negative Züge: Leicht abzulenken durch geringfügige Einzelheiten; Neigung, zu rasch von einer Sache abzulassen.

Ziel: Die Verantwortung für eine große Sache zu übernehmen und sie erfolgreich und profitabel werden zu lassen.

Berufsempfehlung: Botschafter, Regierungsvertreter, Vermittler, Industriemagnat; jede Arbeit, die nicht nur beratend, sondern auch ein Dienst an der Öffentlichkeit ist.

Cheiro glaubte, daß das Geburtsdatum in seine drei Bestandteile zerlegt und folgendermaßen analysiert werden sollte:

Geburtstag	=	offenbart individuelle/persönliche Dinge
Geburtsmonat	=	offenbart allgemeine Dinge
Geburtsjahr	=	offenbart die Kraftrichtung des Schicksals und weitere Strömungen

Er dachte auch, daß die erste Quersumme des Geburtsjahres, zu diesem addiert, ein besonders wichtiges Jahr im Leben des zu Analysierenden anzeige.

Beispiel: *Persönliche Berechnung:*

$1939 = 1 + 9 + 3 + 9 = 22$ _____

$1939 + 22 = 1961$ _____

Er hielt Geburtsmonat und -jahr für nicht so »intim« wie den eigentlichen Geburtstag und stützte deshalb einen großen Teil seiner Arbeit auf den reinen Geburs**tag**, der »seinen Einfluß hat auf die Handlungen in unserem Leben von der Wiege bis zum Grab«. Monat und Jahr der Geburt werden jedoch an einer späteren Stelle dieses Kapitels ebenfalls in die Berechnungen mit einbezogen werden.

Die Schlüsselworte für Geburtstage – sowohl positive als auch negative – sind folgende:

Tag *Schlüsselworte*

1. positiv   unabhängig, entschlossen, schöpferisch, erneuernd;

    negativ   anmaßend, eifersüchtig;

2. positiv   liebt Schönheit, Musik und die Gesellschaft anderer, leicht von der Umgebung zu beeinflussen;

    negativ   mangelndes Vertrauen, leicht verletzbar;

3. positiv   begabt, gute Gesellschaft, schlagfertig;

    negativ   übermäßig phantasievoll, leicht gelangweilt;

4. positiv   wohl organisiert, hart arbeitend, zuverlässig;

    negativ   störrisch, taktlos, zurückhaltend;

5. positiv   enthusiastisch, schlagfertig, vielseitig;

    negativ   leichtgläubig, leichtsinnig, halsstarrig;

6. positiv   häuslich, liebevoll, unterstützend;

    negativ   unzufrieden, scheu, schüchtern;

7. positiv   analytisch, perfektionistisch, medial, rätselhaft;

    negativ   unhöflich, kritisch, in sich selbst vertieft;

8. positiv   starker Charakter, guter Umgang mit Geld, gutes Urteilsvermögen;

     negativ   leicht zu entmutigen, beherrschend, überlegen;

9. positiv   schöpferisch, intelligent, wohlwollend, liebt Reisen;

     negativ   leicht verführbar, leichtsinnig mit Besitz, bevorzugt die falsche Gesellschaft;

10. positiv   selbstsicher, Einzelgänger, künstlerisch, individuell;

     negativ   mangelndes Vertrauen, abhängig von anderen;

11. positiv   intuitiv, medial, intellektuell, menschenfreundlich;

     negativ   überemotional, leicht verletzt, überempfindlich;

12. positiv   hilfreich, freundlich, leichtlebig, anziehend;

     negativ   leicht entmutigt, zurückgezogen, exzentrisch;

13. positiv   enthusiastisch, talentiert, ehrgeizig, hart arbeitend;

     negativ   mißverstanden, emotionslos, kühl;

14. positiv   gesprächig, vielseitig, phantasievoll, fleißig;

     negativ   unvorsichtig, labil, gedankenlos;

15. positiv   willig, generös, kooperativ, dankbar;

     negativ   störend, unwillig zu helfen, egozentrisch;

16. positiv   spirituell, mystisch, nachdenklich, Philosoph;

     negativ   umständlich, reizbar, nie zufrieden;

17. positiv   konservativ, häuslich, bedächtig, zieht Geld an;

     negativ   launisch, wechselhaft, empfindlich;

18. positiv   fähig, ein Organisator, ein geborener Führer, aktiv;

     negativ   streitsüchtig, schwer zufriedenzustellen, kritisch;

19.   positiv   unverwüstlich, einfallsreich, gesprächig, zäh;
      negativ   depressiv, pedantisch, immer im Wege;
20.   positiv   gesellig, übergenau, künstlerisch,
                 musikalisch;
      negativ   unsicher, emotional, introvertiert;
21.   positiv   ausdrucksvoll, diplomatisch, charmant,
                 graziös;
      negativ   geizig, habgierig, neidisch;
22.   positiv   ausgeglichen, realistisch, fürsorglich,
                 beschützend;
      negativ   egoistisch, habgierig, konfus;
23.   positiv   vielseitig, vertrauenswürdig, verantwortlich,
                 stolz;
      negativ   besserwisserisch, schwer von Begriff,
                 zurückgezogen;
24.   positiv   aktiv, energisch, verantwortlich,
                 gewissenhaft;
      negativ   eifersüchtig, verdrießlich, gegen Routine;
25.   positiv   perfektionistisch, grüblerisch, nachdenklich;
      negativ   unstet, launisch, nervös;
26.   positiv   hausverbunden, elterlich, bereit zu Opfern für
                 anderen, besonders die Familienmitglieder;
      negativ   schwer begeisterungsfähig, wenig Ausdauer,
                 gibt zu rasch auf;
27.   positiv   ehrgeizig, liebevoll, gute Gesellschaft, voller
                 Ideen;
      negativ   unangenehm, zänkisch, störend;
28.   positiv   unabhängig, unkonventionell, willensstark,
                 temperamentvoll;
      negativ   tagträumerisch, unmotiviert, unrealistisch;
29.   positiv   erfolgreich, schöpferisch, machtvoller
                 Charakter;
      negativ   schwierig, wechselhaft, launisch;

30. positiv   begabt, ausdrucksvoll, dramatisch, gutmütig,
               treu;
    negativ   eigensinnig, unstet, ungeduldig, übellaunig;
31. positiv   aufbauend, konstruktiv, nicht aufgebend,
               unermüdlich;
    negativ   unsicher, leicht zu enttäuschen, ohne Ehrgeiz.

DAS GEBURTSTAGSRASTER

Wenn wir ein Geburtsdatum numerologisch deuten, benötigen wir das volle Datum, das wir folgendermaßen in ein Raster eintragen:

1. Zuerst notieren wir das Geburtsdatum – dabei soll das Geburtsjahr immer ausgeschrieben werden, also vierstellig angegeben sein.
2. Diese Ziffern sollten dann in ein bestimmtes Raster eingetragen werden, so daß jede Ziffer an ihren jeweiligen Platz gelangt. Das hier gezeigte Raster A zeigt, in welches Feld welche Ziffern kommen, das Raster B zeigt am Beispiel des Geburtsdatums 14. 4. 1926, wie ein bestimmtes Datum in das Raster eingetragen wird.

Raster A   *Raster B*

3	6	9	obere Zeile			6	9
2	5	8	mittlere Zeile		2		
1	4	7	untere Zeile			11	44

Falls in einem Geburtsdatum die Ziffer Null vorkommt, wird sie einfach ignoriert, da Nullen in diesem Fall keinen numerologischen Wert besitzen. Alle anderen Ziffern von 1 bis 9

jedoch müssen in ihre jeweiligen Felder eingetragen werden,
ganz gleich, wie häufig sie in einem Geburtsdatum erscheinen.
Die Ziffern 3, 6 und 9 auf der oberen Zeile haben zu tun mit
dem Denken, Bewußtsein, mit Phantasie, Gedanken, schöpferischen Ideen – mit mentalen Vorgängen. Die Ziffern 2, 5 und
8 auf der mittleren Zeile haben mit Gefühlen wie Liebe, Haß,
Angst, Sehnsucht, Schmerz und so weiter zu tun – allem also,
das mit Emotionen verbunden ist. Die Ziffern 1, 4 und 7 auf
der unteren Zeile haben mit dem »Tun« zu tun – mit Verhalten,
Organisation, Lernen usw., mit praktischen Angelegenheiten.
Diese Methode der Analyse wird Pythagoras zugeschrieben,
der ein System von sechzehn »Pfeilen« verwendete, um ein
Geburtsdatum zu interpretieren. Er glaubte, wenn eine diago-
nale, eine vertikale oder horizontale Linie des Geburtsdatums-
Rasters vollständig war (das heißt, wenn alle Ziffern einer
solchen Linie vorhanden waren), daß dies ein Anzeichen für
besondere Charakterstärke sei. Wenn jedoch eine Linie leer
blieb, deutete dies auf einen charakterlichen Mangel hin. Die
»Pfeile des Pythagoras« und ihre Deutung sollen im folgenden
gezeigt werden, zusammen mit einem leeren Raster, in das Sie
Ihr persönliches Beispiel eintragen können.

Geburtstagsdatum:_____

Die Pfeile des Pythagoras

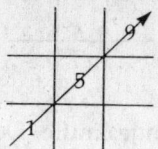

Nr. 1, Feste Absicht: Geduld, Ausdauer, Beharrlichkeit, Bestimmtheit, Entschlossenheit, Zielgewißheit, Konzentration, Hingabe.

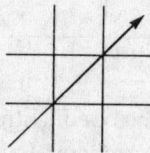

Nr. 2, Widerstreben: Abgeneigtheit, Widerwille, Zögern, Unentschlossenheit.

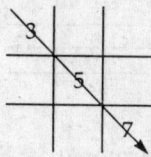

Nr. 3, Geistiges Bewußtsein: Verständnis, Bewußtheit seiner selbst, Kenntnis, Wahrnehmung des Denkens, Einsicht in das innere Selbst, eine praktische Lebensphilosophie.

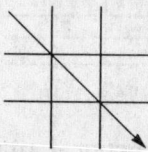

Nr. 4, Unglaube: Skeptizismus, Zweifel, Ungewißheit, kein Vertrauen mehr, Argwohn, Mißtrauen gegenüber allem Metaphysischen, oberflächliche Sicht des menschlichen Wesens.

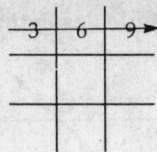

Nr. 5, Verstehen: Verstandeskräfte, Denken, Intellekt, Erfassungsvermögen, Denkvermögen, Unterscheidungsgabe, Urteilsfähigkeit.

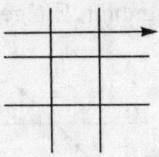

Nr. 6, Dummheit: Schwaches Gedächtnis, Geistesabwesenheit, nicht sehr aktives Denkvermögen, Langweiligkeit, Farblosigkeit, ermüdend, nicht unterhaltsam.

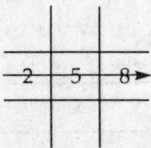

Nr. 7, Ausgeglichenheit: Harmonie der Emotionen, unvoreingenommen, ausgeglichen, »im Lot«, Regelmäßigkeit, ruhig, unverzerrt.

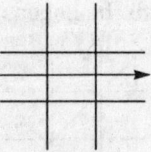

Nr. 8, Sensitivität: Überemotional, rührselig, dünnhäutig, erregbar, leicht verletzt, scheu, Minderwertigkeitsgefühle, unausgeglichen, der Situation nicht gewachsen.

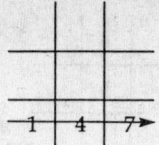

Nr. 9, Manuelle Geschicklichkeit: Praktisch, geschickte Hände, nützlich, fähig, handwerklich; Mensch der Tat, nicht der vieler Worte.

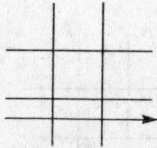

Nr. 10, Zufall: Unvorhersehbar, wahllos, beiläufig, zufällig, unsicher, ohne ersichtliche Gründe, planlos, spontan.

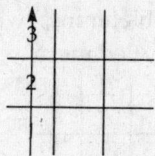

Nr. 11, Organisation: Liebe zur Ordnung, Sammlung, Einrichtung, Methode, Verwaltung, Planung, Konstruktion, persönlicher Ausdruck, Intuition und Denken führen zu inspirierten Plänen.

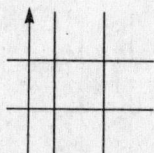

Nr. 12, Verwirrung: Chaos, Unordnung, Durcheinander, Komplikation, Unruhe, unordentlich, unzusammenhängend, konfus.

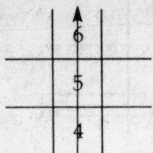

Nr. 13, Wünschen: Hoffnungen und Träume, Wollen, Sehnsucht, Wünschen, besitzen wollen, Bedürfnis, Flehen, Begehren; eine Schwäche für etwas haben, an etwas hängen, brauchen.

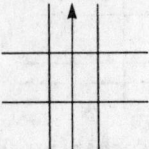

Nr. 14, Enttäuschung: Frustration, Desillusionierung, Umschwung, Fehlschlag, Ablehnung; wird den Erwartungen nicht gerecht, Täuschung, Bedauern.

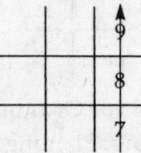

Nr. 15, Energie: Aktivität, Teilnahme; viel zu tun, Begeisterung, Wachheit, Unternehmung, Eifer, Fleiß, Leidenschaft.

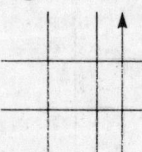

Nr. 16, Trägheit: Faulheit, Verschlafenheit, Passivität, Inaktivität, Lässigkeit, Lethargie, Apathie, Nachgiebigkeit, leblos, matt, gleichgültig, unproduktiv.

Interpretation einzeln und mehrfach vorkommender Ziffern im Geburtstagsraster

Eins – Persönlichkeit und wie sie ausgedrückt wird.

Einmal 1: Menschen mit nur einer Eins in ihrem Geburtstagsraster fällt es manchmal schwer, ihre Gefühle zu zeigen, und deswegen hält man sie oft für kalt und gefühllos.

Zweimal 1: Können sich leicht ausdrücken und haben eine ausgeglichene Einstellung zum Leben.

Dreimal 1: Haben manchmal sehr viel zu sagen, obwohl man sie nicht als langweilige Schwätzer bezeichnen könnte. Sie sind interessiert und beteiligt an einer Vielzahl von Aktivitäten und geben unterhaltsame Gesellschafter ab.

Viermal 1: Haben ein sehr tiefes Gefühl für die Dinge, aber auch Schwierigkeiten, ihre Empfindungen anderen mitzuteilen. Sind leicht verletzt und oft scheu und zurückgezogen.

Fünfmal und häufiger 1: Haben so große Schwierigkeiten, sich anderen Menschen mitzuteilen, daß sie sich manchmal ganz verschließen und von der Welt zurückziehen. Gelegentlich erscheint es ihnen unmöglich, mit dem Leben zurechtzukommen, so daß sie geistig aus dem Gleichgewicht geraten.

Zwei – Sensitivität, intuitive Gedanken und Empfindungen.

Einmal 2: Menschen mit nur einer Zwei in ihrem Geburtstagsraster sind einer Konkurrenzsituation nicht gut gewachsen. Sie sind leicht zu demoralisieren und nehmen sich jede Art von Kritik zu sehr zu Herzen.

Zweimal 2: Sind sehr empfänglich, und ihre Einschätzungen von anderen ist im allgemeinen zuverlässig.

Dreimal 2: Die Krebse der Numerologie. Bauen einen schützenden Panzer um sich herum, weil sie es schwierig finden, mit anderen Menschen zurechtzukommen. Leider werden sie oft als unsensibel mißverstanden.

Viermal 2: Neigt zu Überreaktionen in gefühlsbeladenen oder schwierigen Situationen. Wegen ihrer Ungeduld, ihres Sarkasmus und Ausbrüche schlechter Laune nur schwer zu ertragen.

Fünfmal 2: ist zum Glück nur selten in einem Geburtstagsraster zu finden. Menschen mit fünf Zweier sind verbittert darüber, wie das Leben ihnen mitgespielt hat, und ihre Enttäuschung ist oft mit Frustration und Desillusionierung verbunden.

Drei – Die Ziffer des Denkens: Intelligenz, Imagination und Gedächtnis.

Einmal 3: Menschen mit einer Drei in ihrem Geburtstagsraster besitzen ein gutes Gedächtnis und sind im allgemeinen wach und klar im Denken.

Zweimal 3: Sollten ihre lebhafte Imagination auf ein schöpferisches Ziel ausrichten, wie zum Beispiel die Schriftstellerei, sonst laufen sie Gefahr, zu Tagträumern zu werden.

Dreimal 3: Sind häufig derart in ihren eigenen Gedanken und Vorstellungen gefangen, daß sie den Kontakt mit ihrer Familie und ihren Freunden verlieren. Sie pflegen viel von ihrer Zeit allein zu verbringen.

Viermal 3: Mental zu aktiv, als daß es gut für sie wäre. Oft macht ihnen ihre exzessive Phantasie angst oder schafft Verwirrung.

Vier – Kontrolle, System, Ordnung.

Einmal 4: Menschen mit einer Vier im Geburtstagsraster sind von Natur aus manuell geschickt und fühlen sich am wohlsten, wenn sie etwas herstellen können und nicht viel theoretisch denken müssen.

Zweimal 4: Sollten darauf achten, sich nicht so sehr in körperliche Aktivität zu stürzen, daß sie darüber vergessen, sich gelegentlich Zeit zum Nachdenken zu nehmen. Sie könnten

sonst geistig träge werden, wenn sie nicht lernen, etwas mehr
Phantasie zuzulassen.

Dreimal 4: Rohe Menschenwesen, die nur zu harter, schwerster
manueller oder körperlicher Arbeit fähig sind und selten über
etwas nachdenken. Sie leben für ihre Arbeit.

Viermal 4: Diese Konstellation kommt nur dreimal in einem
Jahrhundert vor. Solche Menschen sind gedankenlose Auto-
maten, die ihren Körper durch schwere Überbelastung ruinie-
ren können.

Fünf – Hat ihren Platz in der Mitte des Geburtstagsrasters und
bezeichnet den Aufwand, der betrieben wird, um Gedanken
in Taten umzusetzen.

Einmal 5: Menschen mit nur einer Fünf im Geburtstagsraster
sind äußerst selbstbeherrscht und verfügen über große charakterliche Stärke.

Zweimal 5: Wenn sie auch Schwierigkeiten bei der Bewälti-
gung problematischer oder emotionaler Situationen haben
können, sind diese Menschen doch gewöhnlich ausgeglichen
und vertrauensvoll. Gelegentlich zeigen sie zuviel Vertrauen
und sollten sich davor hüten.

Dreimal 5: Können taktlos und verletzend sein, weil sie sich
nicht die Mühe machen zu denken, bevor sie etwas sagen.

Viermal 5: Dies sind die »Stuntmen« des Lebens, die von einer
gefährlichen Situation zum nächsten Risiko weitergehen –
und dies häufig auf eigene Kosten.

Sechs – Entscheidung, gut oder schlecht, wenn die fünf Sinne
(Riechen, Schmecken, Tasten, Sehen und Hören) mit der Fähigkeit zum vernünftigen Denken verbunden sind.

Einmal 6: Menschen mit einer Sechs in ihrem Geburtstagsraster
sind die geborenen Nestbauer. Sie sind am glücklichsten,
wenn sie eine harmonische Atmosphäre zum Leben schaffen.

Zweimal 6: Kümmern sich ebenfalls ums glückliche Heim, treiben es mit ihrem Eifer jedoch ins Extrem von Kleinlichkeit und Sorge. Sie können sich nicht wohl fühlen, wenn sie von ihrem »Nest« getrennt sind, und sind ständig in Sorge, daß dort etwas passieren könnte.

Dreimal 6: Leben in vollkommenem Chaos und scheinen unfähig zu sein, ihrem Leben auch nur eine Spur von Ordnung angedeihen zu lassen. Sie machen sich über die geringste Kleinigkeit Sorgen und sind übertrieben auf das Wohl derer bedacht, die sie lieben.

Viermal 6: Diese Kombination gibt es nur dreimal im Laufe eines Jahrhunderts. Sie ist ein Hinweis auf ein Genie, begabt, mit allen dazugehörigen emotionalen Problemen.

Sieben – Verstehen, erworben durch Opfer.

Einmal 7: Zeigt an, daß Weisheit und Verstehen nur durch persönliches Leid zu erlangen ist.

Zweimal 7: Wird kein Verständnis des Lebens erreichen, weil viele seiner Lektionen nur auf dem harten Weg erlernbar sind. Opfer in bezug auf Liebe, Geld oder Gesundheit sind zu erwarten.

Dreimal 7: Weisheit und Reife kosten einen hohen, persönlichen Preis. Für Wissen und Verstehen wird sehr viel bezahlt werden müssen.

Viermal 7: Wird große Charakterstärke entwickeln müssen, um den Problemen, die das Leben mit sich bringt, fertig werden zu können.

Acht – Hat weitgehend die gleiche Bedeutung wie die Vier, drückt sich aber viel mehr auf der emotionalen als auf der körperlichen Ebene aus. Verlangt Organisation und Kontrolle.

Einmal 8: Zeigt einen ordentlichen, tüchtigen Menschen, der dem Detail große Aufmerksamkeit schenkt. Seine positive

Einstellung sollte ihn davor bewahren, denkfaul zu werden.

Zweimal 8: Ihre Einschätzung von Menschen und Situationen ist so treffend, daß sie anderen zuweilen auf die Nerven geht. Das könnte zu emotionalen Konflikten führen. Sehr tüchtig bei der Arbeit und sich dessen bewußt. Könnten über ein Zuviel an Vertrauen stolpern.

Dreimal 8: Finden selten ihre wirkliche Berufung, solange sie jung an Jahren sind. Erst dann, wenn sie alles ausprobiert haben, was ihnen in den Sinn kommt, werden sie erwachsen und lassen sich nieder.

Viermal 8: Emotionale Zigeuner. Ihre Rastlosigkeit und mangelnde Konzentration läßt sie oft Gelegenheiten verpassen.

Neun – Ehrgeiz, hohe Maßstäbe, Sorge ums Wohl der Menschheit.

Einmal 9: Menschen mit einer Neun in ihrem Geburtstagsraster müssen erkennen, daß das Leben nie »vollkommen« sein kann. Sie sollten lernen, ihren Teil anzunehmen und sich dessen zu erfreuen, was sie bereits erreicht haben.

Zweimal 9: Diese Menschen setzen sich selbst sehr hohe Maßstäbe, die sie manchmal zur Kritik an anderen verleiten. Sie sind ernste, bedachte Leute mit wenig oder gar keinem Sinn für Humor.

Dreimal 9: Sie wissen nie, wo sie die Grenze ziehen sollten. Ihr Kampf um Perfektion kann sie zuweilen übellaunig und unberechenbar werden lassen.

Viermal 9: Ständig im Widerstreit mit sich selbst und ihrer Umgebung. Nichts, aber auch gar nichts, kann ihren Erwartungen gerecht werden, und deshalb werden sie distanziert und unbeständig.

DIE PYRAMIDEN DER REIFE

Die Reife folgt der Adoleszenz und ist der Zeitabschnitt, in dem emotionale Kontrolle, Verantwortlichkeit und Selbstbewußtsein entwickelt werden. Das in dieser Hinsicht und Zeit erlangte Maß an Erfolg bestimmt die Qualität des späteren Lebens. Die Jahre der Reife dauern eine Spanne von 27 Jahren und beginnen bei den Menschen an einem unterschiedlichen Zeitpunkt: abhängig von ihrer Geburtstagszahl im Alter zwischen 27 und 35 Jahren. Das Alter zur Zeit des Beginns der Reifejahre läßt sich errechnen, indem man seine Geburtstagszahl von der Zahl 36 abzieht:

36 – *M* = 25 (Beginn der Reife)

Die Zahl 36 war den Ägyptern bei der Konstruktion ihrer Pyramiden von großer esoterischer Bedeutung. Es ist interessant anzumerken, daß 9 die Quersumme von 36 ist. Zählt man die Summe aller Zahlen jeder Linie des Merkur-Quadrates (auf dessen geometrischem Muster die Pyramiden erbaut wurden – siehe Kapitel 5), also 260, der Summe all seiner Zahlen von 1 bis 64 (= 2080) hinzu, weist das Ergebnis ebenfalls die Quersumme 9 auf (2080 + 260 = 2340; 2 + 3 + 4 + 0 = 9).

Konstruktion

Die Pyramiden werden folgendermaßen konstruiert:

1. Bilden Sie aus jeder Zahl Ihres Geburtstages eine einstellige Quersumme, und zwar in der Reihenfolge: Monat – Tag – Jahr. Tragen Sie diese Ziffern in die hierfür vorgesehenen Felder im Pyramidenschema (Abb. 25) ein. Diese drei Zahlen bilden das Fundament Ihrer Pyramide, und es ist unbedingt notwendig, sie in der richtigen Reihenfolge einzutragen.

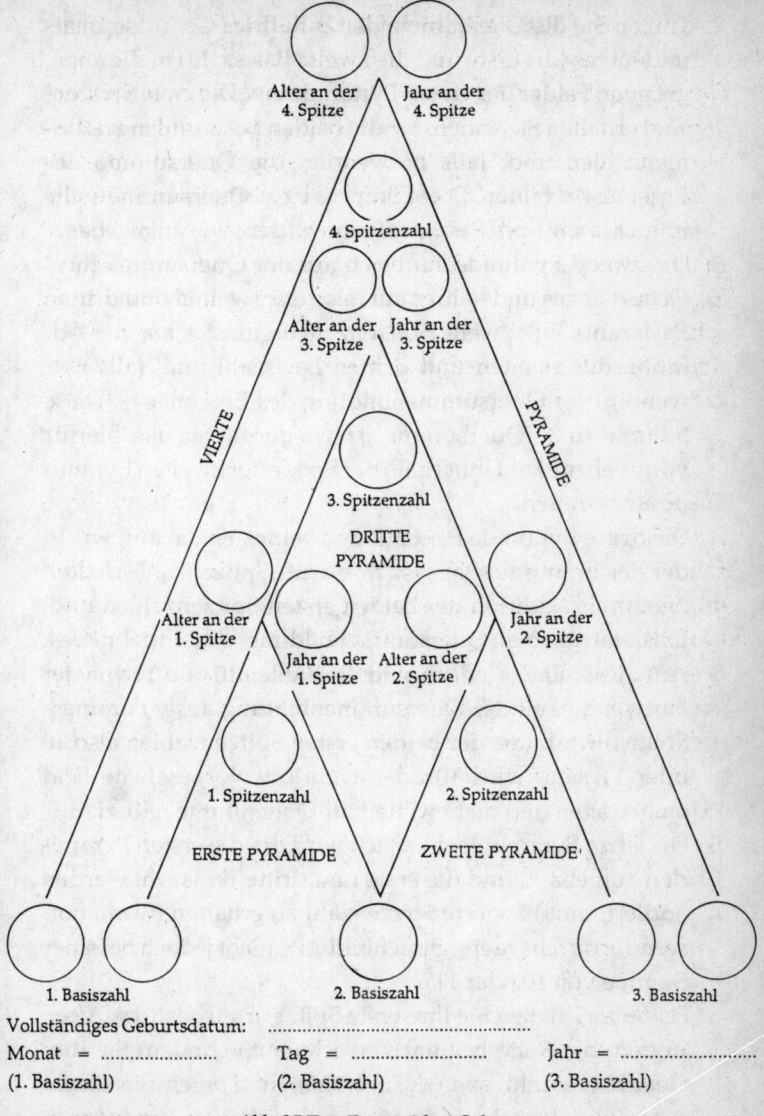

Alter an der
4. Spitze

Jahr an der
4. Spitze

4. Spitzenzahl

Alter an der
3. Spitze

Jahr an der
3. Spitze

VIERTE

PYRAMIDE

3. Spitzenzahl

DRITTE
PYRAMIDE

Alter an der
1. Spitze

Jahr an der
1. Spitze

Alter an der
2. Spitze

Jahr an der
2. Spitze

1. Spitzenzahl

2. Spitzenzahl

ERSTE PYRAMIDE

ZWEITE PYRAMIDE

1. Basiszahl

2. Basiszahl

3. Basiszahl

Vollständiges Geburtsdatum: ....

Monat = ...   Tag = ...   Jahr = ...

(1. Basiszahl)   (2. Basiszahl)   (3. Basiszahl)

Abb. 25 Das Pyramiden-Schema

2. Tragen Sie die Quersumme der Zahl Ihres Geburtsmonats und -tages (die erste und die zweite Basiszahl) in die angegebenen Felder der ersten Pyramide ein. Die erste Spitzenzahl erhalten Sie, indem Sie die beiden Basiszahlen zusammenzählen und, falls notwendig, die Quersumme des Ergebnisses bilden. Diese Summe bzw. Quersumme sollte immer *in* die Spitze eingetragen werden, wie angegeben.

3. Die zweite Pyramide baut sich auf der Quersumme Ihres Geburtstages und -jahres auf (also der zweiten und dritten Basiszahl). Ihre zweite Spitzenzahl ergibt sich aus der Addition der zweiten und dritten Basiszahl und, falls notwendig, der Quersummenbildung des Ergebnisses. Diese Summe bzw. Quersumme ist wiederum in das hierfür vorgesehene Feld innerhalb der Spitze der zweiten Pyramide einzutragen.

4. Die dritte Pyramide baut auf den beiden ersten auf, wie in der Zeichnung zu sehen ist. Ihre dritte Spitzenzahl erhalten Sie durch Addition der beiden ersten Spitzenzahlen und, falls notwendig, Quersummenbildung des Ergebnisses. Auf dieser Ebene jedoch sind die Zahlen 10 und 11 von der Notwendigkeit der Quersummenbildung ausgenommen. Sollte die Summe der beiden ersten Spitzenzahlen also 10 oder 11 sein, wird 10 oder 11 in das vorgesehene Feld eingetragen und nicht weiter zur Quersumme reduziert.

5. Die letzte Pyramide schließlich wird um die ersten Pyramiden aufgebaut, und die erste und dritte Basiszahl werden addiert, um die vierte Spitzenzahl zu erhalten (wenn notwendig durch Quersummenbildung, nicht jedoch bei einer Summe von 10 oder 11).

6. Das Alter, in dem Sie Ihre erste Spitze erreichen (das Alter, in dem die Reife beginnt), errechnen Sie, indem Sie Ihre Geburtstagszahl von 36 subtrahieren. Tragen Sie dieses Alter (und das Jahr, indem Sie es erreichen) in die entspre-

chenden Felder über der ersten Spitze (der Spitze der ersten Pyramide) ein.

7. Ihre zweite, dritte und vierte Spitze folgen der ersten im Abstand von 9, 18 und 27 Jahren. Die folgende Tabelle wird Ihnen eine Hilfe sein, wenn Sie die entsprechenden Jahre nicht selbst ausrechnen, sondern lieber ablesen wollen. Tragen Sie das jeweilige Alter (und das Jahr, in dem Sie es erreichen) an die entsprechenden Stellen des Pyramidenschemas (über die Spitzen der zweiten bis vierten Pyramide) ein.

Geburtstagszahl

Alter an der	1	2	3	4	5	6	7	8	9
1. Spitze	35	34	33	32	31	30	29	28	27
2. Spitze	44	43	42	41	40	39	38	37	36
3. Spitze	53	52	51	50	49	48	47	46	45
4. Spitze	62	61	60	59	58	57	56	55	54

Spitzenzahlen

Die Spitzenzahlen lassen ihren Einfluß gegen Ende des Jahres vor der eigentlichen Spitze spürbar werden. Ihre größte Kraft erfährt man im Laufe des Spitzenjahres, und im darauffolgenden Jahr nimmt sie allmählich wieder ab. Ihr Ziel ist es, mit zusätzlicher Kraft und Motivation jeden Wechsel der 9-Jahres-Perioden in der Reifezeit zu unterstützen.

Spitzenzahl **Eins**

Die Spitzenzahl Eins ist nur in den beiden ersten Pyramiden möglich. Sie zeigt eine Zeit an, die große persönliche Anstrengung verlangt, nachdem die Seele viel zu erforschen hatte. Für manche könnte dies eine Trennung von früheren Verpflichtungen bedeuten, die einschränkend wirkten und emotional beladen waren, sei es durch einen Wechsel der Arbeitsstelle, durch neue Freunde oder Beendigung einer Ehe.

Spitzenzahl **Zwei**

Dies ist keine Zeit rascher materieller Fortschritte, und Menschen mit einer Zwei als Spitzenzahl werden feststellen, daß sie nur langsam und unter Mühen vorankommen. Versuche, die Angelegenheiten zu beschleunigen, werden nur mit Streit oder Enttäuschung enden. Während dieses Spitzenjahres sollten Sie versuchen, Ihren Empfindungen mehr Ausdruck zu geben, Ihre Emotionen gut unter Kontrolle zu bringen und zu lernen, Ihre Instinkte zur besten Nutzanwendung einzusetzen. Kooperation und Diplomatie sind Schlüsselwörter.

Spitzenzahl **Drei**

Ein Jahr für Lernen und Entwicklung. Reisen sind angezeigt, wenn die Spitzenzahl Drei auftaucht, und Sie sollten jede Gelegenheit nützen, dies zu tun. Die Erfahrung wird es Ihnen ermöglichen, wertvolle Einsicht in andere Kulturen, Lebensstile und Weltanschauungen zu gewinnen. Wenn Reisen jedoch nicht möglich sind, sollte jeder Versuch unternommen werden, dazuzulernen; erweitern Sie Ihren Horizont und entfalten Sie Ihre literarischen, schöpferischen oder gesellschaftlichen Fähigkeiten.

Spitzenzahl **Vier**

Wenn Ihre Motive ehrenwert sind, dann ist dies eine Zeit des Weiterkommens. Materieller Erfolg ist in Reichweite für jene, die bereit sind, hart zu arbeiten, um ihn zu erlangen. Habgierige, geizige und gewinnsüchtige Menschen werden jedoch feststellen, daß sich das Gegenteil als wahr erweist; sie werden in diesem Jahr unter Umständen schwere finanzielle Verluste hinnehmen müssen. Ein praktischer Zeitabschnitt.

Spitzenzahl **Fünf**

Ein Spitzenjahr mit der Zahl Fünf wird zu größerer persönlicher Freiheit führen. Sie werden in der Vergangenheit bereits gelernt haben, wie negativ Emotionen wie Eifersucht oder Neid sein können, und wenn Sie diese Gefühle erst einmal hinter sich bringen können, gibt es viel für Sie zu gewinnen. Verstehen wird zu geistigem Wachsen führen. Ein lebendiger, interessanter Zeitabschnitt.

Spitzenzahl **Sechs**

Ehe, Nestbau, Elternschaft – all dies ist jetzt möglich. Es ist eine Zeit, seine Wurzeln in die Erde zu senken und sich um das Heim und seine Aspekte zu kümmern. Es kann auch ein sehr schöpferisches Jahr sein, in dem Ideen beginnen, Gestalt anzunehmen, in dem Pläne in die Tat umgesetzt werden und in dem Sie nach langer Vorbereitung einige Resultate zu sehen bekommen können.

Spitzenzahl **Sieben**

Veränderung ist das Schlüsselwort der Spitzenzahl Sieben, aber die Veränderung ist auf höchst unwahrscheinliche Weise zu erleben – nicht so, daß man sich darauf einrichten, sie planen kann. Inmitten aller Veränderung wird sich die Gelegenheit bieten, anderen zu helfen durch Vermittlung einer Fertigkeit, die Sie bereits erworben haben. Dieser Akt der Nächstenliebe sollte Ihnen selbst auch einen gewissen vorteilhaften Aspekt bereiten.

Spitzenzahl **Acht**

Jetzt ist die Zeit gekommen, daß Sie auf Ihren eigenen Füßen stehen. Sie müssen unabhängiger werden und aufhören, sich zu sehr von anderen abhängig zu halten. Falls Ihre Geburtstagszahl gerade ist, könnten Sie in diesem Spitzenjahr gar mit einem finanziellen Vorteil rechnen, aber bei einer ungeraden Geburtstagszahl wird sich der Lohn in theoretischen Grenzen halten. Dieses Jahr darf nicht vergeudet werden.

Spitzenzahl **Neun**
Wenn Neun als Spitzenzahl steht, sollten Sie darauf vorbereitet sein, daß fast alles eintreffen kann. Es ist dies ein Zeitabschnitt der Gelegenheiten. Reisen ist wahrscheinlich, aber auch eine Veränderung in beruflicher Hinsicht oder/und in bezug auf die Wohnung. Es mag auch gefordert sein, daß Sie einen Teil Ihrer Zeit opfern, um anderen zu helfen, die weniger glücklich sind als Sie selbst.

Die beiden letzten, folgenden Spitzenzahlen können nur an der Spitze der dritten und vierten Pyramide vorkommen, wenn die Zeit der Reife also ihren Höhepunkt erreicht.

Spitzenzahl **Zehn**
Ihre innere Kraft, die sich entfaltet, sollte in dieser Zeit zur Nutzanwendung gelangen, wenn die Bedürfnisse anderer Menschen wichtiger sind als Ihre eigenen. Haben Sie keine Angst, die zusätzliche Verantwortung zu übernehmen, andere anzuleiten in einem schwierigen Abschnitt ihres Lebens.

Spitzenzahl **Elf**
Elf ist eine sehr starke Spitzenzahl, der es gerecht zu werden gilt. In dieser Zeit werden Sie zu zeigen haben, daß Sie eine hohe Ebene der Reife erlangt haben, um diesen Anforderungen zu genügen. Doch die Anforderungen, die an Sie gestellt werden, werden nie Ihre Fähigkeiten zum Geben überschreiten. Eine Zeit, visionäre Ideen zu entfalten.

7

Namenszahlen

Was ist ein Name? Was uns Rose heißt,
Wie es auch hieße, würde lieblich duften.
Shakespeare, Romeo und Julia

Was liegt wirklich in einem Namen? Numerologen glauben, daß er die Essenz des Wesens eines Menschen enthält, und daß alle Eigenschaften und Charakteristika, die zusammen seine Identität ausmachen, in den Buchstaben des Namens verborgen sind. Einen Namen zu geben, zu nennen, steht symbolisch dafür, sich bewußt zu werden über das wahre Wesen dessen, dem man einen Namen gibt – ein Glaube, der im Märchen vom Rumpelstilzchen verdeutlicht wird.

In früherer Zeit wurden wichtige Namen, insbesondere die Namen der Gottheiten, immer geheimgehalten. Die Ägypter wählten Namen, die buchstäblich unaussprechlich waren, in dem Versuch, ihre Feinde daran zu hindern, sie zu frevelhaftem Tun zu mißbrauchen. In anderen Kulturen sprach man von seiner Gottheit als von »dem, dessen Name unbekannt« oder »dessen Namen nie ausgesprochen worden« ist.

Es gab eine Zeit, in der man weithin glaubte, daß ein geheimer Name existierte, der die Macht birgt, dem Universum zu befehlen. Die Juden glaubten, dieses Wort sei das Tetragrammaton (das Vier-Buchstaben-Wort) – der unaussprechliche Name Gottes. Seine Buchstaben sind Y H V H, und heute im allgemeinen als Jahwe oder Jehova ausgesprochen, obschon die korrekte Aussprache unbekannt ist, weil die hebräische Schrift keine ausdrücklichen Buchstabenzeichen für die Vokale kennt. Obwohl das Tetragrammaton der geheime Name Gottes war, gibt es ein noch längeres und noch machtvolleres

Wort, das Sein »höchster Name« ist, das Shemhamphorasch
oder der »Name der zweiundsiebzig Silben«. Die Quelle dieser
Kunde ist im Alten Testament zu finden (2. Buch Mose 14,
19–21). Jeder Vers umfaßt 72 hebräische Buchstaben, die in
Vers 19 von rechts nach links geschrieben werden, im Vers 20
von links nach rechts und im Vers 21 wieder von rechts nach
links. Beginnt man also in der rechten oberen Ecke des Textes
und liest die Zeilen von oben nach unten, hat man 72 dreibuch-
stabige Silben vor sich. Die erste Silbe besteht aus dem ersten
Buchstaben von Vers 19, dem letzten Buchstaben von Vers 20
und dem ersten Buchstaben von Vers 21 – und so weiter, bis
der Name vollständig ist.

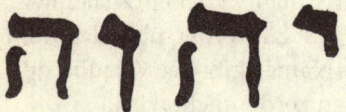

Abb. 26 Das Tetragrammaton

Man glaubte, daß Moses von dem Shemhamphorasch Gebrauch machte, um das Rote Meer zu teilen, als das Volk von
Israel aus Ägypten floh. Im Zohar heißt es, daß Gottes Name
in den zehn Sephirot des Lebensbaumes verborgen sei, weil er
das Universum schuf, indem er seine eigene Wesensart aus-
dehnte, während laut Sepher Yetzerah Gott das Universum
schuf, indem er seinen Namen einprägte. Im »Buch der Weisen« schrieb Francis Barret: »Gott selbst, sei er auch im Wesen
eins, hat doch verschiedene Namen, die nicht seine verschiedenen Wesensarten oder Göttlichkeiten entdecken, sondern
gewisse Eigenschaften, die von ihm ausgehen; durch diese
Namen ergießt er über uns und all seine Schöpfung viele
Wohltaten.«
Johannes Reuchlin, der Kabbalist der Renaissance, verband
das Tetragrammaton und das Shemhamphorasch durch die

Gematrie miteinander. Mit Hilfe der Buchstaben/Zahlen-Entsprechungen Y = 10, H = 5, V = 6 und H = 5 für die Buchstaben des Tetragrammaton stellte er folgende Tabelle auf, die insgesamt 72 ergibt – die Zahl der Silben des Shemhamphorasch:

Y	=	10
YH	=	15
YHV	=	21
YHVH	=	26
		72

Zu allen Zeiten wurden machtgeladene Wörter als Talismane verwendet. Ein Beispiel ist das Wort Abracadabra, das von dem Namen des Abraxas, eines dickbäuchigen Dämonen, abgeleitet sein soll. Es wurde gewöhnlich auf Pergament geschrieben oder in ein Metallplättchen eingraviert und wie ein Skapulier um den Hals getragen. Die Dreiecksform, die die Buchstaben bilden, soll zu seiner Wirksamkeit beigetragen haben.

```
A   B   R   A   C   A   D   A   B   R   A
    B   R   A   C   A   D   A   B   R
        R   A   C   A   D   A   B
            A   C   A   D   A
                C   A   D
                    A
```

Palindrome gelten als besonders machtgeladene Wörter, weil sie ihren Sinn behalten, ganz gleich, ob man sie rückwärts oder vorwärts liest; auch sie wurden als Talismane verwendet. Häufig wurden sie darüber hinaus in Quadratform aufgeschrieben, um die Kraft noch zu steigern. Das am häufigsten verwendete Talisman-Palindrom – manche halten es auch für

das mächtigste – ist das SATOR-Quadrat – ein Anagramm des
Pater Noster, des Vaterunsers also. Die Buchstaben A und O
werden zweimal wiederholt, so daß die beiden ersten Wörter
des Herrengebets (»Pater noster – Vater unser«) ebenfalls
enthalten sind.

S	A	T	O	R
A	R	E	P	O
T	E	N	E	T
O	P	E	R	A
R	O	T	A	S

Adepten vieler antiker Zivilisationen sprachen den Namen
große Bedeutung zu, und selbst heute noch glauben Menschen, daß die Namen, die man bei der Geburt erhält, nicht
nur rein zufällige Bezeichnungen sind. Es gibt zwei Theorien
zur Ursache für die offenbar unterbewußte Wahl eines bestimmten Namens. Die erste meint, daß äußere Kräfte, die die
Persönlichkeit und das Schicksal des Kindes beeinflussen,
auch imstande sind, das unterbewußte Denken seiner Eltern
zu beeinflussen, die für die Namensgebung des Kindes verantwortlich sind. Die zweite Theorie meint, daß eine Seele, die
den Körper eines Neugeborenen übernimmt, einen Namen
auswählt, der harmonisiert mit der Lebensaufgabe, die ihr
bevorsteht.

Eine Frage, die man häufig aus numerologisch interessierten
Kreisen hört, ist: »Wie kann man denn einen Namen analysieren?« Es gibt keine festen Regeln zu befolgen, obgleich der
Name, den wir gewöhnlich analysieren, jener ist, unter dem
der betreffende Mensch den meisten bekannt ist – das könnte
unter Umständen auch ein Ruf- oder Spitzname oder gar ein
Pseudonym sein.

Der Name, der einem Menschen bei seiner Geburt gegeben

wird, repräsentiert seinen Grundcharakter und seine Anlagen, während der Nachname, wenn man ihn separat analysiert, Informationen über genetische Aspekte liefert. Jeder Wechsel des Namens im Laufe des Lebens ist als bedeutsam zu werten. Wenn eine Frau heiratet, ändert sie in der Regel ihren Nachnamen. Ihr Mädchenname zeigt Charakter und Schicksal vor ihrer Ehe an, während die Zahl ihres Ehenamens andeutet, welche Wirkung die Ehe auf sie haben wird. Jeder Name, den man zu irgendeinem Zeitpunkt im Laufe des Lebens annimmt oder übernimmt, der anders ist als der Geburtsname, gibt, wenn man seine Quersumme bildet, das preis, was man die »Entwicklungszahl« nennt. Manche Menschen verändern bewußt die Schreibweise, in einigen Fällen auch den ganzen Namen, um unter günstigeren numerologischen Einflüssen zu leben.

DIE VOKALZAHL

In der hebräischen Sprache gibt es keine Buchstaben für die Vokale (Selbstlaute), und deshalb stehen diese in der Numerologie für das »verborgene Selbst«, oder »die Seele«. Die Vokalzahl wurde schon mit vielen verschiedenen Namen und Bezeichnungen bedacht – z. B. mit »Seelenzahl«, »Geheime Selbstzahl« usw. In diesem Kapitel werden wir sie schlicht die Vokalzahl nennen, um jede mögliche Verwirrung zu vermeiden. Die Vokalzahl stellt das innere Selbst eines Menschen dar, die Seite seiner Persönlichkeit, die im allgemeinen vor allen anderen Menschen – bis auf wenige enge Freunde und geliebte Menschen – verborgen wird. Dies ist das wahre Du, wie man sich insgeheim selbst sieht und das man eigentlich immer zu sein anstrebt.

Für Numerologen, die an die Reinkarnation glauben, gibt diese Zahl auch Aufschluß über den Charakter, den man in früheren Leben erworben hat, und über das Maß an Weisheit und Bildung, das man im Laufe der Zeit erlangt und behalten hat. Die Vergangenheit – entschlüsselt durch die Vokalzahl – kann das Handeln im gegenwärtigen Leben stark beeinflussen.

Um Ihre Vokalzahl herauszufinden, schreiben Sie Ihren Namen – oder den Namen, den Sie analysieren möchten – auf die leere Zeile unter dem nun folgenden Beispiel, und notieren Sie über jedem Vokal die dazugehörende Ziffer, die Sie der Tabelle entnehmen können. Als Vokale gelten die Buchstaben A, E, I, O und U. Als Anleitung kann Ihnen dieses Beispiel dienen (Ä = AE, Ö = OE, Ü = UE – Anm. d. Ü.):

1	2	3	4	5	6	7	8	9
A	B	C	D	E	F	G	H	I
J	K	L	M	N	O	P	Q	R
S	T	U	V	W	X	Y	Z	

Vokale: 6   +6   +1   +6 +5   +6 = 30/3
Name: J O N O T H A N   R O B E R T S O N =

Vokale: = /

Name: _____

Zählen Sie die Ziffern sämtlicher Vokale von links nach rechts zusammen. Die Vokalzahl ist zuerst (meist) eine zweistellige Zahl, die dann zu ihrer Quersumme reduziert wird; Ausnahme sind die Vokalzahlen 11 und 22, die nicht weiter reduziert werden. Zahlen mit zwei Ziffern werden im Detail in einem späteren Kapitel noch erklärt werden.

Vokalzahl **Eins**

In früheren Leben haben Sie vermutlich hart gekämpft, um die Führung und Kontrolle über andere zu gewinnen. Dieser starke Charakterzug erstreckt sich bis ins gegenwärtige Leben, aber jetzt scheinen Sie eher um ein höheres Bewußtsein als um Macht über andere zu kämpfen. Die Freiheit des Denkens ist es, was Sie zu erlangen hoffen, aber Sie sollten diesen Wunsch nicht alle materiellen Ziele, die Sie ebenfalls zu erreichen suchen, in den Hintergrund drängen lassen. Menschen mit der Vokalzahl Eins nehmen nicht gern Befehle an oder arbeiten in untergeordneten Positionen – sie möchten gern die Leitung innehaben.

Aus negativer Sicht könnten Sie einen so mächtigen, überstarken Charakter entwickeln, daß sie versuchen, andere zu dominieren und so riskieren, als »herrisch« oder gar »tyrannisch« empfunden und bezeichnet zu werden. Etwas, worauf Sie sich jedoch immer verlassen können, ist Ihre große innere Stärke in schweren Zeiten – Ihre Freunde können sich auch um Inspiration an Sie wenden, wenn diese schwierige Perioden erleben.

Vokalzahl **Zwei**

Einser sind die Führer, aber Zweier würden eher in den Tag hineinleben. Sie brauchen keinen Trubel des Alltagslebens, um an die Spitze aufzusteigen – Zweier brauchen Frieden und Harmonie in jedem Winkel ihres Lebens. Ihre Rolle im Leben ist es, Ausgeglichenheit und Frieden zwischen rivalisierenden Seiten zu bewahren, wofür Sie in Ihren früheren Leben mit Verständnis und dem notwendigen Taktgefühl ausgerüstet wurden, um diese Mission erfüllen zu können. Das bedeutet nicht, daß Sie jedermanns Fußabtreter werden sollten, auf dem man herumtrampeln kann; es gibt Zeiten, in denen es notwendig ist, die Gefühle anderer zu verletzen, um die eigene Iden-

tität zu bewahren oder wiederzuerlangen. Sie müssen bereit
sein, ohne Zögern zu nehmen, was Sie verdient haben, weil es
auch andere gibt, die nicht lange fackeln würden, die von
Ihnen nicht ergriffenen Gelegenheiten zu ergreifen.

Vokalzahl **Drei**

Ein angeborenes Pflichtbewußtsein besitzen Sie noch aus Ihren früheren Inkarnationen, und Sie sollten nur zu gut wissen,
daß Sie, indem Sie anderen Hilfe geben, auch sich selbst helfen.
Für eine Drei steckt viel Wahrheit in dem Wort: »Lache, und
die Welt lacht mit dir.« Um Ihre Lebensaufgabe zu erfüllen,
müssen Sie bereit sein, viel Ihrer Zeit dem Ziel zu widmen,
andere Menschen glücklich zu machen; Ihre Phantasie führen
Sie dem besten Nutzen zu, wenn Sie sie in den Dienst Ihrer
Mitmenschen stellen. Wenn Sie eine negative Drei sind, könnten Sie sich so sehr darin verwickeln, anderen zu Gefallen zu
sein, daß Sie darüber solche Kleinigkeiten, wie Ihren Lebensunterhalt zu verdienen oder Rechnungen zu bezahlen usw.,
vergessen.

Vokalzahl **Vier**

Menschen mit der Vokalzahl Vier sind solide und praktisch;
ihr Lebensstil ist ordentlich, sauber, wohlorganisiert und geplant, um ein Höchstmaß an Effektivität zu gewährleisten.
Sie sind so wohlorganisiert, daß Sie ein Maßstab für die Menschen in Ihrer Umgebung sind, die sich auf Sie verlassen und
zu Ihnen aufblicken können. Die Leute wissen einfach, woran
sie mit Ihnen sind, und das ist tröstlich in dieser schnellebigen,
sich dauernd verändernden Welt, in der wir leben. Ihre Schlüsselbegriffe sind Verläßlichkeit und Ordentlichkeit. Sie sollten
mit allem Erfolg haben, was Sie sich im Herzen vornehmen,
weil Sie es mit Methode, guter Planung und ordentlichem
Handeln in Angriff nehmen. Falls Sie eine negative Vier sind,

neigen Sie vielleicht dazu, das Leben zu ernst zu nehmen; Sie gönnen sich nicht genug Zeit zum Entspannen und Vergnügen. Vielleicht sind Sie auch derartig besessen von Methodik und Ordnung, daß Sie am Ende leicht aus dem Gleichgewicht geraten.

Vokalzahl **Fünf**

Freiheit, Veränderung und Reisen sind die drei Aspekte des Lebens, nach denen Ihre Seele sich sehnt, aber die Freiheit ist das wichtigste – ohne diese sind Ihre anderen Wünsche unmöglich.

Es gibt nichts Unglücklicheres und Elenderes als eine Fünf, die sich gefangen fühlt, weil sie unfähig ist, neue Situationen zu erkunden und neue Ideen zu formulieren, die für ihr Wohlbefinden sehr wichtig sind. Fünfer brauchen ständig Anregungen zum Denken und Reisen, immer wieder Tapetenwechsel und eine andere Umgebung, Veränderungen in der Lebensweise, weil alle ihre Sehnsucht der Vielfalt und Abwechslung gilt. Fünfer können keine Menschen tolerieren, die engstirnig und borniert sind, und sie glauben, daß das Leben in all seiner Fülle gelebt und erfahren werden sollte. Negative Fünfer sind gleichgültig und lustlos. Sie brauchen größere Veränderungen in ihrer Lebensweise, um sich aus ihrer Trägheit aufrütteln zu lassen.

Vokalzahl **Sechs**

Die drei wichtigsten Begriffe im Zusammenhang mit dieser Vokalzahl sind Schönheit, Harmonie und vor allem Frieden. Sechsen sind auf der Welt, um das Verständnis, das sie in früheren Leben gelernt haben, durch Mitgefühl weiterzuvermitteln, auch durch Treue und Zuneigung. Diese Menschen kümmern sich mit all ihrer Zuwendung um das Wohl und Glück ihrer Familie, ihres Zuhauses.

Negative Sechser neigen dazu, ihre Angehörigen mit ihrem Schutz zu erdrücken, und sie lassen ihren Kindern nicht genügend Freiraum zum emotionalen Wachstum oder Ausdruck ihrer Wünsche, wenn diese nicht mit ihren eigenen übereinstimmen oder vereinbar sind. Sie können damit geradezu hemmend und erdrückend wirken; ihre negative Art von Freundlichkeit kann emotional töten.

Vokalzahl **Sieben**
Die Sieben ist ein emotionaler Einsiedler, der nur selten seine Gefühle zeigt. Viele bleiben ihr Leben lang unverheiratet und ziehen ihre eigenen Gedanken und Gesellschaft denen anderer Menschen vor.
Menschen mit der Vokalzahl Sieben können tatsächlich in früheren Leben Einsiedler oder Priester in einer geschlossenen Ordensgemeinschaft gewesen sein, weil sie auch im gegenwärtigen Leben noch Frieden und Ruhe brauchen, um meditieren zu können. Sie sind Denker, sie sind sensitiv, und einige sind auch medial veranlagt und zeigen Kräfte und Fähigkeiten wie Hellseher und außersinnliche Wahrnehmungen.
Die Siebener sind hier, um eine noch größere Charaktertiefe zu entfalten, die sie zum Wohle anderer durch das Mittel ihrer Philosophie einsetzen sollten. Negative Siebener laufen Gefahr, sich derart in ihre eigenen Gedanken und geheimen Glaubensvorstellungen zu verwickeln, daß sie sich völlig von der Realität entfernen und den Kontakt zum Leben verlieren, wie es die meisten auf dieser materiell-physischen Ebene dann erleben.

Vokalzahl **Acht**
Dies ist keine einfache Vokalzahl zum Leben, weil Sie damit in diesem Leben aufgerufen sind, Probleme zu lösen und

Ereignisse zu organisieren, und dies in sehr großem Maßstab. Wenn Sie jedoch aufgrund früherer Erfahrungen genügend Ehrgeiz besitzen und fähig sind, Ihre zielstrebigen Bemühungen damit zu unterstützen, dann gibt es keinen Grund, warum Sie keinen Erfolg haben sollten. Sie können nicht nur die Spitze erreichen – sondern auch dort bleiben.

Eine Lektion werden Sie in diesem Leben auf jeden Fall zu lernen haben, und das ist, die Bedürfnisse und Gefühle anderer Menschen zu verstehen. Wenn Sie diesen wichtigen Schritt einmal gemeistert haben, werden Sie in der Lage sein, das Beste der anderen zum Vorschein zu bringen und es zum beiderseitigen Wohl und Vorteil zu unterstützen.

Negative Achter stellen vielleicht fest, daß sie aufgerufen sind, mehr zu geben, als sie zu geben bereit und willens sind, und, weil ihre Einstellung zum Leben nur eine halbherzige ist, werden Ehren und Lohn, die sie hätten erreichen können, ihnen immer entgehen.

Vokalzahl **Neun**

Wessen Vokalzahl die Neun ist, der könnte möglicherweise in einem früheren Leben ein Meister oder Eingeweihter gewesen sein. Die Neun ist eine mächtige Zahl und jene, die unter ihren Einfluß geraten, sind intuitiv, sensitiv und im Besitz lebhafter Phantasie.

Obgleich Neuner zuweilen recht abwesend und mit sich selbst beschäftigt scheinen, sind sie doch, tief im Innern, sehr warmherzige Menschen, die lieben und geliebt werden wollen. Die Neun muß daran denken, beide Füße auf der Erde zu lassen und der Versuchung zu widerstehen, nur in Gedanken zu leben, statt vielmehr auf der irdischen Lebensebene. Unter der Voraussetzung, daß sie ein funktionierendes Gleichgewicht zwischen den spirituellen und materiellen Seiten des Lebens bewahren, kann die Menschheit sehr viel aus der Hinwendung und Zuwendung lernen, die sie jenen geben, die weniger glücklich sind als sie selbst.

Vokalzahl **Elf**

Menschen mit der Vokalzahl Elf sind auf jeden Fall schon einmal auf Erden gewesen, und das nicht nur einmal, sondern mehrere Male, um ein so tiefes Verständnis des Lebens und all seiner Geheimnisse zu entwickeln. Sie sind durch und durch weise und verständnisvoll und haben eine starke Ausstrahlung. Es gibt nur wenig, womit das Leben eine Elf konfrontieren könnte, was diese nicht bewältigen oder gar zu ihrem Vorteil wenden kann.

Die Elf ist überaus sensitiv, ein spiritueller Mensch, und viele von ihnen sind hellsichtig oder besitzen außersinnliche Wahrnehmungsfähigkeiten.

Negative Elfer sind gelegentlich zu mutig, als daß es noch gut für sie wäre, und weil sie glauben, alle Antworten zu kennen, nehmen sie oft Risiken auf sich, die andere Menschen abschrecken. Manche unter ihnen neigen auch dazu, diktatorisches Verhalten zu zeigen und von ihrer eigenen Wichtigkeit zu überzeugt zu sein, so daß sie die Bedürfnisse jener, die in ihrer Umgebung leben, vergessen.

Vokalzahl **Zweiundzwanzig**

Die Zweiundzwanzig hat eine wichtige Sendung in diesem Leben zu erfüllen, die auf Erfahrungen aufbaut, die in früheren Leben gesammelt worden sind. Um sich selbst zu entsprechen, müssen sie etwas Greifbares bauen, was der Menschheit nützen wird, was aber auch weiter leben und Bestand haben wird, wenn sie nicht mehr da sind, als Andenken an das, was sie erreicht haben.

Die Zweiundzwanzig hat ein schwieriges Ziel im Leben zu erreichen, aber sie ist wohlausgestattet, sowohl geistig als auch körperlich, um es zu erlangen. Sie muß ihren Blick fest auf das Ziel gerichtet halten und darf sich nie erlauben, auch nur einen Augenblick vom eingeschlagenen Kurs abzuweichen.

Die negative Zweiundzwanzig ist ständig voller herrlicher Ideen für welterschütternde Reformen, aber sie scheint diese nie in aller Konsequenz durchzudenken.

DIE KONSONANTENZAHL

Die Konsonantenzahl, die von Numerologen manchmal auch als das »äußerliche Bild« oder die »Zahl der äußeren Persönlichkeit« bezeichnet wird, erhalten wir durch Addition der Zahlenwerte aller Konsonanten eines Namens. Um Ihre eigene Konsonantenzahl zu errechnen, können Sie dem folgenden Beispiel folgen. Denken Sie daran, die Konsonantenwerte praktischerweise *unter* die einzelnen Buchstaben zu schreiben, um nicht mit den bereits über dem Namen stehenden Vokalwerten durcheinander zu geraten. Reduzieren Sie dann die Summe der Konsonantenwerte zuerst zu der zweistelligen und dann zu der einstelligen Quersumme. Von letzterem Rechenschritt ausgenommen sind wieder die Zahlen 11 und 22. Die Zahlenwerte der Konsonanten finden Sie in der Tabelle auf Seite 136.

Name: J O N O T H A N   R O B E R T S O N
Konso-
nanten: 1   +5   +2+8   +5   +9   +2   +9 +2 +1   +5 = 49/4

Name: _____

Konso-

nanten: _____ = /

Konsonanten repräsentieren die äußere Persönlichkeit, und
die Analyse der Konsonantenzahl wird das Gesicht enthüllen,
das Sie – oder der Träger des analysierten Namens – der Welt
zeigen. Mit anderen Worten, durch die Analyse Ihrer Konsonantenzahl werden Sie in die Lage gebracht, sich selbst so zu
sehen, wie andere Sie sehen – auch wenn das nicht unbedingt
ein getreues Abbild dessen ist, was oder wer Sie wirklich sind.
Die Analyse der Konsonantenzahl wird Ihnen helfen zu verstehen, was von Ihnen aufgrund des Eindrucks erwartet wird,
den Sie nach außen machen.

Konsonantenzahl **Eins**

Einser erscheinen kühl, ruhig, gesammelt und irgendwie anders als alle anderen. Sie machen einen fähigen Eindruck und
sollten auch in der Lage sein, jede Situation gelassen und mit
äußerster Tüchtigkeit zu meistern. Einser sind Individuen mit
Stil, die oft das stereotype Bild des leitenden Angestellten oder
Vertreters vermitteln, der seinen guten Anzug trägt, der schon
geschneidert und unauffällig gefärbt ist. Gelegentlich erscheinen sie so makellos gekleidet und erhaben, daß sie anderen
durch die Vollendung ihrer äußeren Erscheinung auf die Nerven gehen und keiner es wagt, sich ihnen zu nähern. Sie lieben
es, sich gut zu kleiden, würden aber weniger gern von der
Stange kaufen oder dem allgemeinen Modetrend entsprechen.
Negative Einser haben eine Tendenz, ihren Sinn für die Mode
ins Extrem zu steigern und erscheinen dann exzentrisch, auffällig und übertrieben.

Einser sind hervorragende Anführer – tüchtig, fähig, individuell und voller neuer Ideen.

Konsonantenzahl **Zwei**

Zweier sind unscheinbare Geschöpfe. Sie sind immer sorgfältig darauf bedacht, sich im Hintergrund zu halten, und sie sind kaum wahrzunehmen oder gar zu hören. Sie sind sauber und ordentlich gekleidet, manchmal bis zur Perfektion der Kleinlichkeit, so daß auch kein Haar in der falschen Richtung liegen darf. Die Zwei bevorzugt einen klassischen Bekleidungsstil, der in einer größeren Gruppe nicht auffallen würde.

Zweier sind aber auch selten ohne Gesellschaft von Angehörigen des anderen Geschlechts, denn sie machen den Eindruck, gute Zuhörer zu sein. Sie scheinen auch den Schutz von jemandem zu brauchen, der selbstsicherer und weltgewandter ist als sie selbst. Negative Zweier sind so trübsinnig anzusehen, daß keiner sich darum kümmern würde, herauszufinden, wie sie wirklich sind.

Von einer Zwei erwartet man, daß sie still ist – unscheinbar, gleichmütig, kooperativ, ordentlich und arbeitseifrig.

Konsonantenzahl **Drei**

Menschen, deren Konsonantenzahl sich auf die Quersumme Drei reduzieren läßt, haben viel Spaß übrig. Sie verfügen über eine starke Anziehungskraft und Ausstrahlung und zeigen ein freundliches, lebhaftes Verhalten. Sie sind der Mittelpunkt jeder Party und ziehen die Aufmerksamkeit aller auf sich. Dreier verstehen sich auf ihre eigene Art darzustellen und haben die besondere Gabe, gewöhnlicher Kleidung durch die richtigen Accessoires den nötigen Pfiff und Schwung zu geben.

Diese Menschen sind große Redner und haben gewöhnlich auch etwas Interessantes zu sagen, sofern es keine negativen Dreier sind, denn in diesem Fall greifen sie gern auf Klatsch und Übertreibung zurück, um ihren Mitteilungen ein wenig Würze zu geben. Negative Dreier sind oberflächliche, recht eingebildete Leute, die auf den Erfolg und die Popularität anderer neidisch sind. Von einer Drei erwartet man, daß sie interessant ist – unterhaltsam, spaßig, charmant, gesellig, extrovertiert, attraktiv und voller Ideen für interessante Unternehmungen.

Konsonantenzahl **Vier**

Vierer sehen aus wie landliebende Menschen, sind aber sonst recht langweilig und träge. Ihr Gesicht gönnt einem nicht den geringsten Hinweis auf Witz, auch kein waghalsiges Funkeln in den Augen. Vierer erscheinen als solide, ehrbare, unscheinbare Bürger, die alles tun, um den Buchstaben des Gesetzes zu erfüllen und sich nie eine Abkürzung erlauben aus Angst, damit irgendwie das Endergebnis zu verderben.

Sie neigen dazu, sich in praktische, gut geschnittene Textilien zu kleiden, die unter dem Gesichtspunkt ausgewählt wurden, daß sie eher lange Jahre halten, als unbedingt modisch aussehen sollten. Auch ihr Verhalten ist so konservativ wie ihre Kleidung.

Negative Vierer sind geizig und raffgierig, und reizt man ihr Temperament, so neigen sie zu recht unangenehmen Ausbrüchen. Manche sind faul und äußerst nachlässig in bezug auf ihr Äußeres, wieder andere werden arbeitssüchtig und nehmen sich nie die Zeit für Privatleben oder Spaß. Von Vierer erwartet man harte Arbeit – sie sind fleißig, praktisch, konservativ, nicht allzu schlau, ehrlich, zuverlässig und konventionsgebunden; sie interessieren sich für die Umwelt und ihre Erhaltung.

Konsonantenzahl **Fünf**

Fünfer sind sprühende, witzige und oft auch sexuell attraktive Menschen. Sie sind die geborenen Verkäufer, denen es auch bei einer nur geringen Chance gelänge, jemandem irgend etwas zu verkaufen. Sie wissen auch genau, wie Ideen oder Produkte unters Volk zu bringen und zu verkaufen sind. Fünfer möchten nicht allzulange an einem Ort oder in einer

Situation bleiben; ständig suchen sie nach Abwechslung und Veränderung. Sie müssen frei sein, zu tun, was immer sie wünschen, und zu gehen, wohin immer sie wollen.

Fünfer kleiden sich modisch und gut. Sie haben eine Art von Persönlichkeit, die sich gut mit leuchtenden Farben verträgt, ohne daß sie grell oder auffällig wirken.

Negative Fünfer sind recht unangenehme Leute – rastlos, wechselhaft und völlig unzuverlässig. Sie reden zu viel und verlieren sich oft auch in übermäßigem Essen, Trinken, in Drogenmißbrauch und oberflächlichen sexuellen Abenteuern.

Von Fünfer kann man Sinnlichkeit erwarten – sie sind wohlbewandert, ungebunden, neugierig, sprühend, gewitzt und dynamische Verkäufer, die wissen, was sie tun sollen und wie sie es bekommen.

Konsonantenzahl **Sechs**

Sechser sind mütterlich/väterlich aussehende Leute, die einem als verantwortungsbewußter Beschützer erscheinen. Menschen, die Hilfe und Rat suchen, wenden sich instinktiv an Sechser. Sechser sind gemütliche Menschen mit künstlerischem Instinkt und Sinn für Farben. Sie ziehen gern bequeme Kleider an, die hübsch anzusehen sind – niemals tragen sie etwas Grelles oder Kontrastfarben.

Negative Sechser können in ihrem Äußeren recht schlampig sein und in unordentlichen, verkommenen Wohnungen leben. Ihr Wunsch, anderen zu helfen, gerät zuweilen außer Kontrolle, und wie wirken dann störend oder erdrückend.

Von Sechser erwartet man Verantwortung – sie sind hilfreich, mütterlich/väterlich, gemütlich, häuslich, künstlerisch und haben einen Sinn für das Schöne.

Konsonantenzahl **Sieben**

Menschen mit der Konsonantenzahl Sieben haben häufig etwas Geheimnisvolles, Mysteriöses an sich. Sie scheinen einsiedlerisch und völlig in ihren Gedanken aufzugehen – als ob sie ihre unmittelbare Umgebung nicht wirklich wahrnehmen. Sie machen einen klaren, empfänglichen, intelligenten und würdevollen Eindruck.

Sie kleiden sich unauffällig und geschmackvoll, wenn sie nicht gerade negativem, gleichgültigem Denken nachhängen, das sich dann in ihrer allgemeinen Art widerspiegelt. Negative Siebener sind trübsinnig und enttäuscht und leben zurückgezogen.

Die Sieben sollte philosophisch sein – geheimnisvoll, heimlichtuerisch, nachdenklich, beobachtend, würdevoll und kultiviert.

Konsonantenzahl **Acht**

Achter strahlen Kraft und Macht aus. Oft erscheinen sie größer, als sie tatsächlich sind und gleichen dem erfolgreichen großen Geschäftsmann oder Wirtschaftsboß in der Karikatur – bis hin zur dicken Zigarre! Ihre Erscheinung assoziiert Handel, Autorität, Macht und materiellen Erfolg. Achter pflegen ihr erfolgreiches, materielles Image auch in ihrer Kleidung; sie tragen immer teure und exklusive Kleidungsstücke und Accessoires.

Negative Achter neigen dazu, es mit ihrem Wunsch, Eindruck zu machen, zu übertreiben – und wirken dann grell, übertrieben und vulgär.

Achter sind es gewohnt, das Kommando innezuhaben, aber wenn sie in negativer Stimmung sind, können sie dieses Privileg auch mißbrauchen. Sie können auch bösartig und gehässig sein, wenn ihre Pläne vereitelt werden. Von einer Acht erwartet man den großen Geschäftsmann oder die Geschäftsfrau – stark, mächtig, wohlhabend, erfolgreich und geachtet.

Konsonantenzahl **Neun**

Neuner sehen freundlich und sympathisch aus. Sie haben breite Schultern zum Anlehnen und viele Ideen, um Probleme zu lösen. Hinter ihrem ruhigen, höflichen Äußeren besitzen sie ein großes, weiches Herz – sie sind so emotional und romantisch wie alle anderen. Menschen fühlen sich zu Neunern hingezogen. Sie werden sehr geliebt und geachtet von jedem, der mit ihnen in Kontakt gekommen ist.

Ihre Kleidung ist auffallend und oft anschmiegsam. Gewöhnlich ist etwas recht Dramatisches an ihrer äußeren Erscheinung, und, wie Dorian Gray, behalten viele Neuner ihr jugendliches Aussehen noch, wenn sie bereits die mittleren Jahre erreicht haben.

Negative Neuner haben manchmal nicht die emotionale Charakterstärke, die erforderlich ist, um die Probleme, die andere Menschen ihnen vortragen, zu bewältigen. Sie verwickeln sich zu sehr in das Leben anderer und geraten unter der emotionalen Spannung, in der sie stehen, aus dem Gleichgewicht.

Von Neunern ist Verständnis zu erwarten – sie sind freundlich, voller Mitgefühl, Vergebung, Toleranz, und sie sind künstlerisch begabt.

Konsonantenzahl **Elf**

Die Elf erscheint als Visionär, weil sie dauernd darum kämpft, ein System der Chancengleichheit für alle – unabhängig von ihrer Zugehörigkeit zu Geschlecht, Rasse, Glaubensbekenntnis oder Hautfarbe – zu errichten.

Die Elf ist den anderen Menschen eine Inspiration, und sie zeigt oft eine Spur von Genialität. Sie scheint auf einer höheren, spirituellen Ebene zu leben als alle anderen, die um sie herum sind. Sie kleidet sich künstlerisch, erfinderisch und immer originell.

Die negative Elf setzt ihr unzweifelhaft brillantes Denken

zuweilen auch für die falschen Ziele ein, und hin und wieder werden ihre ruchlosen Taten auch bekannt.

Von der Elf ist Brillanz zu erwarten – sie ist menschenfreundlich, künstlerisch, spirituell, individuell und eine Quelle der Inspiration.

Konsonantenzahl **Zweiundzwanzig**

Menschen mit der Konsonantenzahl Zweiundzwanzig machen den Eindruck, als könnten sie die Welt kontrollieren und all ihre Fehler mit größter Leichtigkeit geraderücken. Sie erscheinen meisterlich, diplomatisch und sehr tüchtig. Die Zweiundzwanzig kleidet sich konservativ und trägt häufig Maßgeschneidertes.

In negativen Gedanken gefangen, ist die Zweiundzwanzig fähig, das in sie gesetzte Vertrauen zu mißbrauchen, um privates Vermögen anzuhäufen und persönliche, ehrgeizige Ziele zu erreichen, die außerhalb ihres Arbeitsbereiches liegen.

Von der Zweiundzwanzig ist höchste Menschlichkeit zu erwarten – sie ist meisterlich, tüchtig, taktvoll, ehrlich und widmet sich völlig dem Wohlbefinden der Menschheit.

DIE NAMENSZAHL

Die Namenszahl, die Zahl des ganzen Namens also, ergibt sich durch Addition der ungekürzten Vokal- und Konsonantenzahlen, also der Summe der Zifferentsprechungen sämtlicher Buchstaben des Namens. Manchmal spricht man von ihr auch als der »Schicksals-« oder »Lebensaufgaben-Zahl«.

Die Analyse dieser Zahl wird zeigen, was wir in diesem Leben erreichen müssen und wie es zu bewerkstelligen ist. Mit anderen Worten, sie macht uns bewußt, welchem Weg wir durchs

Leben zu folgen haben und was für eine Art von Mensch wir werden müssen, um unserer Mission erfolgreich gerecht zu werden.

Vokale: 6   +6   +1   +6   +5   +6 = 30/3

Name: J O N O T H A N   R O B E R T S O N
Konso-
nanten: 1   +5   +2 +8   +5   +9   +2   +9 +2 +1   +5 = 49/4

Vokalzahl 30/3 + Konsonantenzahl 49/4 = Namenszahl 16/7. (Wenn wir 30 und 49 addieren, erhalten wir zunächst 79. Da wir aber mit den zweistelligen Zahlen nur bis 78 gehen, ist es notwendig, die 79 auf 7 + 9 =16, 1 + 6 = 7, also auf 16/7 zu reduzieren.)

Vokale: _____ = /

Name: _____
Konso-
nanten: _____ = /

Vokalzahl___/___+ Konsonantenzahl___/___= Namenszahl___/___

Namenszahl **Eins**
Mission: Ein Führer zu werden und »das Selbst« zu entfalten.
Lektion: Sie müssen lernen, Ihre Quellen voll auszuschöpfen; nach Möglichkeit die erste Person Singular zu verwenden, Ihr Schicksal anzunehmen, Ihre Initiative in allen Situationen anzuwenden, selbstbewußt zu sein und an sich selbst zu glauben.
Gefahren: Zu sehr in sich selbst vertieft und auf sich selbst konzentriert zu sein. Es wird nötig sein, daß Sie in schwierigen

Situationen Entschlossenheit zeigen und der Versuchung widerstehen, beim ersten Anzeichen eines Problems, Hindernisses oder Widerstandes aufzugeben.

Schlüsselwort: Führerschaft.

Namenszahl **Zwei**

Mission: Eine bessere Welt zum Leben schaffen.

Lektion: Diplomatisch und taktvoll zu sein, Ihre angeborene Kreativität zu entfalten, zuzuhören und Mitgefühl zu zeigen, nach Möglichkeit den Frieden zu bewahren, Ihr Bewußtsein zu erweitern.

Gefahren: Sie könnten sich in die Rolle des Vermittlers gedrängt finden in einer verzwickten Situation, die Sie nur mit Glacéhandschuhen anfassen dürfen.

Schlüsselwort: Friedensstifter.

Namenszahl **Drei**

Mission: Andere zu erheben und zu inspirieren.

Lektion: Auf allen Ebenen zu kommunizieren, Ihr Wissen über die Welt um sich zu verbessern, Ihre Zeit weise zu nutzen, sich immer nur auf eine Sache zu konzentrieren, die Bedeutung echter Freundschaft zu verstehen.

Gefahren: Mangels persönlicher Organisation wird zu viel Zeit vergeudet; Sie belasten Ihre Energiequelle zu sehr, weil Sie zu viel Eisen zur gleichen Zeit im Feuer liegen haben.

Schlüsselwort: Heiterer Optimismus.

Namenszahl **Vier**

Mission: Etwas Greifbares und Lohnendes bauen.

Lektion: Sich zu organisieren und mit größter Tüchtigkeit zu arbeiten; Beweis von Ihrer Zuverlässigkeit zu geben und das Vertrauen in anderen zu fördern; mit Geld weise umzugehen; zu wissen, wann und wie ein Geheimnis zu bewahren ist.

Gefahren: Ihre Ungeduld, Dinge schnell hinter sich zu bringen, könnte Sie in Versuchung führen, mit verheerenden Folgen Abkürzungen zu wagen; Ihr Streben nach Perfektion läßt sich nicht immer mit dem Menschenmöglichen vereinbaren.
Schlüsselwort: Aufbau.

Namenszahl **Fünf**   α. ℍ.

Mission: Voranzukommen durch die Fähigkeit, sich anzupassen und zu wandeln.
Lektion: Anpassungsfähig zu sein; es mit neuen Gedanken zu versuchen und neue Theorien und Ideen zu verstehen; Ihre eigenen Ideen in annehmbarer Form zu präsentieren; sich Veränderungen zunutze zu machen; alles zu versuchen und aus jeder neuen Erfahrung etwas Positives zu gewinnen.
Gefahren: Wenn Sie in Ihrer Art zu denken zu revolutionär werden, könnten Sie leicht als Verrückter oder Exzentriker abgelehnt werden. Seien Sie dazu bereit, die Vergangenheit loszulassen, da sie Ihr Weiterkommen nur behindern und Ihren Blick trüben wird.
Schlüsselwort: Veränderung.

Namenszahl **Sechs**
Mission: Ihren guten Geschmack und Ihren Sinn für Schönes mit anderen zu teilen.
Lektion: Auf Ihre Familie stolz zu sein und für sie zu sorgen; Ihr Heim zu einem gemütlichen, angenehmen Ort zu machen; sich unter andere Menschen mischen; ein guter Gastgeber zu sein und Ihre Gäste zu verwöhnen; Ihren Sinn fürs Künstlerische durch Ihr eigenes gutes Beispiel weiter zu vermitteln.
Gefahren: Sie müssen immer ehrlich sein und dürfen nie versuchen, Schönes durch zweifelhafte Mittel in Ihren Besitz zu bringen. Denken Sie daran, daß es wohl zulässig ist, auf das stolz zu sein, was Sie erreicht haben, aber Sie sollten sich vor

der Versuchung hüten, mit dem, was Sie erworben haben, anzugeben oder es zur Schau zu stellen, auch wenn die Versuchung noch so groß ist.

Schlüsselwort: Häuslichkeit.

Namenszahl **Sieben**

Mission: Ihre mentalen Kräfte zu entwickeln zum Nutzen anderer.

Lektion: Wahres vom Falschen unterscheiden zu lernen; die verborgenen Geheimnisse des Lebens herauszufinden; zu denken, zu beobachten und zu verstehen suchen; die Einsamkeit und Stille zu genießen; anderen Ihre Moralphilosophie nahezubringen, so daß sie von Ihrer Weisheit profitieren können.

Gefahren: Sie müssen daran denken, immer mit beiden Füßen fest auf der Erde zu stehen. Es besteht die Gefahr, daß Sie sich derart in spirituelle Dinge verwickeln, daß Sie den Kontakt mit der Realität verlieren.

Schlüsselwort: Gedankenkraft.

Namenszahl **Acht**

Mission: Die Meisterschaft über das Selbst zu erlangen, bevor Sie sich an Ihre Lebensaufgabe machen.

Lektion: Erfolg durch eigene Bemühungen zu erreichen; Ihr Schicksal demütig zu akzeptieren; hart zu arbeiten, Ausdauer zu zeigen und nie aufzugeben, wenn die Dinge schwierig werden.

Gefahren: Widerstehen Sie immer der Versuchung, sich mit Zweitbestem oder Mittelmäßigem zufriedenzugeben – streben Sie nach der Spitze. Wenn Sie keine Disziplin lernen, werden Sie nie organisiert genug sein, um die nächste Stufe zu erreichen.

Schlüsselwort: Materieller Erfolg.

Namenszahl **Neun**

Mission: Ein ideales Leben zu führen und andere zu inspirieren, Ihrem Beispiel zu folgen.

Lektion: Nächstenliebe, Vergebung und Mäßigung; sich dem Leben zu stellen und bereit zu sein, alles in Angriff zu nehmen, was es Ihnen bringt; sich in weiteren Kreisen zu bewegen und seinen Horizont, sein Wissen zu vergrößern, wann immer dies möglich ist.

Gefahren: Ungeduld könnte Ihnen zur Falle werden, und Sie müssen lernen zu akzeptieren, daß manche Dinge Zeit brauchen und nicht sofort erreicht werden können.

Schlüsselwort: Vollendung.

Namenszahl **Elf**

Mission: Der Menschheit selbstlosen Dienst zu schenken.

Lektion: Ihr Schicksal zu akzeptieren und zu leben; die Führung in öffentlichen Angelegenheiten zu übernehmen; bessere Lebensstandards für weniger Begünstigte in der Gemeinschaft zu fördern; Ihre Kreativität und psychischen Fähigkeiten einzusetzen, um Ihre Arbeit zu verbessern.

Gefahren: Sie dürfen nicht zulassen, daß Ihnen die Anerkennung, die man Ihnen für Ihre Dienste an der Menschheit zukommen läßt, zu Kopfe steigt. Bleiben Sie bescheiden.

Schlüsselwort: ›Öffentlicher Dienst‹.

Namenszahl **Zweiundzwanzig**

Mission: Verantwortlich zu sein für wichtige, greifbare Projekte, die eines Tages der Menschheit helfen werden.

Lektion: Vertrauen zu haben in Ihre Entscheidungen; große Verantwortung anzunehmen; an öffentlichen Projekten (wie z. B. dem Bau neuer Straßen, Gesundheitszentren und öffentlicher Bibliotheken) mitzuarbeiten; der Gemeinschaft mit Liebe und Ehrlichkeit zu dienen.

Gefahren: Sie werden im Laufe Ihres Lebens an vielen großen, teuren Projekten mitwirken – geben Sie nie der Versuchung nach, unehrlich oder hinterlistig zu arbeiten. Sie haben eine Vertrauensposition inne.

Schlüsselwort: Macht und Verantwortung.

DAS NAMENSRASTER

Namen lassen sich ebenfalls nach einem Raster analysieren und zeigen so weitere Aspekte ihres Einflusses auf die Entwicklung des Charakters eines Menschen. Die Analyse des Namens ist eine große Hilfe bei der Einschätzung der Persönlichkeit. Das Namensraster entspricht genau dem Geburtstagsraster, wobei der numerische Wert – die entsprechende Ziffer – eines jeden Buchstabens in das Raster eingetragen wird. Zur Illustration werden hier zwei Beispiele angegeben, dann folgen zwei leere Raster, in die Sie Ihre eigenen Berechnungen eintragen können.

Raster-Ebenen

3	6	9	Mental
2	5	8	Emotional
1	4	7	Physisch

Beispiele:

```
      1           5                    3     1
C  H  A  R  L  E  S              S  U  S  A  N
3  8     9  3     1              1     1     5

  33        9                      3
  _____                      _____
        5   8                            5

  11                             111
```

Namensraster   *Geburtstagsraster*

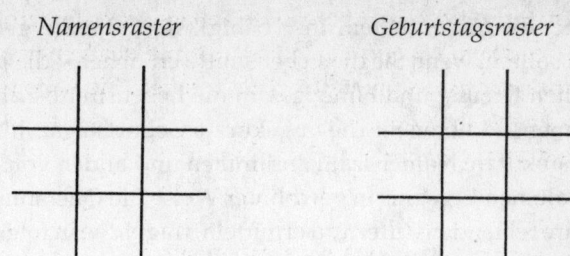

Wenn Sie Ihre Namensraster ausgefüllt haben, dann übertragen Sie die Eintragungen Ihres Geburtstagsrasters (das wir in einem früheren Kapitel besprochen haben – siehe Seite 113) in das rechts daneben gezeichnete, leere Raster.

Jetzt können Sie beide Raster miteinander vergleichen. Auf zwei Punkte sollten Sie dabei achten:

1. Gibt es stark besetzte Felder im Namensraster, die schwachbesetzte auf seiten des Geburtstagsrasters ausgleichen können?

2. Werden Stärken im Geburtstagsraster durch die Eintragungen im Namensraster noch weiter hervorgehoben?

Ein »Übergewicht« in einem bestimmten Feld ist nicht wünschenswert, weil es Schwächen in anderen Gebieten bedeuten würde. Eine solche Verwundbarkeit muß ausgeglichen werden. Die »Pfeile des Pythagoras« (besprochen im Kapitel 6, Seite 115) sind auch bei der Analyse des Namensrasters von großer Hilfe.

FEHLENDE ZIFFERN

Es ist wichtig, Ihre fehlenden oder »karmischen« Ziffern, wie sie auch manchmal genannt werden, festzustellen, denn sie stehen für jene Charakteristika, die Sie in diesem Leben zu entfalten versuchen müssen. Ihre Lebensmitte-Zahl zeigt die

Talente, die Sie entfalten, Ihre Fähigkeiten, die Sie gelernt
haben sollten, wenn Sie die Lebensmitte erreichen – die Jahre
zwischen Dreißig und Fünfzig. Um die Lebensmitte-Zahl zu
errechnen, addieren Sie die ungekürzte Geburtstagszahl und
die ungekürzte Namenszahl zusammen und bilden von dem
so erhaltenen Ergebnis in gewohnter Weise die Quersumme.
Um Ihre fehlenden Ziffern zu ermitteln, tragen Sie in folgende
Tabelle die entsprechenden Zahlen ein:

Geburtstagszahl   =   /

Vokalzahl   =   /

Konsonantenzahl   =   /

Namenszahl   =   /

Lebensmitte-Zahl   =   /

1   2   3   4   5   6   7   8   9

Wenn Sie all diese Zahlen einmal vor sich haben – sowohl
zweistellig als auch in der Quersumme –, betrachten Sie sie
sorgfältig. Haken Sie jede Zahl in der Reihe der Ziffern 1 bis 9
ab (und streichen Sie sie oben in der Tabelle durch), so oft sie
dort vorkommt. Wenn Sie diesen Schritt getan haben, können
Sie leicht feststellen, welche Ziffern von 1 bis 9 nicht in der
Tabelle vorkommen, dies sind Ihre fehlenden Ziffern.

Fehlende Ziffer **Eins**

Sie müssen lernen, die Kontrolle zu übernehmen und anderen
den Weg zu weisen. Behaupten Sie sich mehr, und sorgen Sie
dafür, daß die anderen auf das hören, was Sie zu sagen haben.
Versuchen Sie, sich durch irgend etwas auszuzeichnen. Wagen Sie mehr, und trauen Sie sich, ein dynamischeres Leben
zu führen.

Fehlende Ziffer **Zwei**

Sie müssen lernen, daß es manchmal auch klug ist, gesehen, aber nicht gehört zu werden. Versuchen Sie, mit anderen zusammenzuarbeiten, und lernen Sie, mehr als Mitglied in einem Team als allein zu arbeiten. Bemühen Sie sich, mehr Verständnis und Mitgefühl zu entwickeln.

Fehlende Ziffer **Drei**

Sie müssen lernen, sich mit anderen auszutauschen und fähig zu werden, Ihre Gefühle klar auszudrücken, damit die Leute Sie verstehen können. Versuchen Sie, eine freudigere, positive Einstellung zum Leben anzunehmen – von einem traurigen Gesicht wenden die Menschen sich ab. Richten Sie Ihr Augenmerk auch auf Ihre äußere Erscheinung, denn häufig kommt es auf den ersten Eindruck an.

Fehlende Ziffer **Vier**

Sie müssen sich wirklich in den Griff bekommen und Ihr Leben unter Kontrolle bringen. Wenn Sie erst einmal ein Fundament in Gestalt fester und ordentlicher Grundsteine besitzen, sollte der Rest verhältnismäßig einfach sein. Es wird notwendig sein, daß Sie weise mit Geld umgehen, Disziplin lernen und bereit sind, hart zu arbeiten, wenn Sie in diesem Leben einen materiellen Lohn erhalten wollen.

Fehlende Ziffer **Fünf**

Sie müssen Ihr ausgefahrenes Geleis verlassen und mehr vom Leben und der Welt um Sie herum sehen und kennenlernen. Sie sollten reisen, Veränderung und Wechsel erfahren, um Ihr Denken zu aktivieren und Ihren Körper gesund zu erhalten. Sie müssen lernen, sich jeder wie auch immer gearteten Situation oder Arbeit anzupassen, wo und wann auch immer dies von Ihnen verlangt wird. Veränderung ist Stabilität.

Fehlende Ziffer **Sechs**

Sie müssen mehr die Bedürfnisse anderer beachten und sollten sich weniger um sich selbst drehen. Die familiäre Verantwortung sollte ernster genommen werden, und Sie sollten versuchen, denen, die Ihnen am nächsten sind, mehr Liebe und Zuneigung zu zeigen. Gehen Sie mehr aus sich heraus.

Fehlende Ziffer **Sieben**

Sie sollten mehr Zeit in stiller, friedvoller Umgebung verbringen, denn das ist sehr nötig zur Entwicklung Ihres Denkens. Sie müssen lernen, zu denken und zu phantasieren. Sie sollten der materiellen Welt ein wenig den Rücken kehren und anderen Aspekten Ihrer Persönlichkeit die Zeit zugestehen, sich zu entfalten. Ein ernstgenommenes Studium sollte ebenfalls zur Erweiterung Ihres Horizontes beitragen.

Fehlende Ziffer **Acht**

Sie sollten sich Geschäftssinn zulegen, wenn Sie in der Welt überhaupt etwas erreichen wollen. Zielstrebiges Bemühen, harte Arbeit, Entschlossenheit und Willenskraft könnten Sie an die Spitze des von Ihnen gewählten Berufes bringen, aber ohne diese Voraussetzungen werden Sie nur mittelmäßig bleiben. Auch finanzieller Lohn würde sich einstellen, wenn Sie etwas – trotz Hindernissen – Ausdauer zeigten.

Fehlende Ziffer **Neun**

Sie sollten versuchen, nicht länger ein so enges, mit Scheuklappen versehenes Leben zu führen – betrachten Sie die Dinge vor einer größeren und weiteren Perspektive, als Sie es bisher getan haben. Denken Sie großzügig, und die Welt wird sich Ihnen öffnen wie eine Muschelschale! Kümmern Sie sich mehr um die Menschen und versuchen Sie, anderen zur Inspiration und zur Quelle der Hoffnung zu werden.

8

Wahl des Namens

Die Wahl eines Namens ist etwas, vor dem die meisten von uns – früher oder später im Laufe ihres Lebens – einmal stehen, sei es die Wahl eines Namens für ein Kind, ein Haustier, eine neue Firma, eine Produktion oder gar eines Pseudonyms oder Künstlernamens. Unsere Vorfahren glaubten, daß ein Name auf geheimnisvolle Weise die wesentlichen Charakterzüge eines Menschen oder Gegenstandes, aber auch Informationen über sein Schicksal verschlüsselt enthielte, und deshalb sollte die Entscheidung für einen Namen niemals dem Zufall überlassen bleiben. Die Auswahl wurde zu einer Form der Numerologie entwickelt, die man Onomantie oder auch Onomomantie (abgeleitet vom griechischen »onoma« = Name und »manteia« = Weissagung) nannte. Jedem Buchstaben eines Namens wurde, wie in der Numerologie, ein Zahlenwert zugeordnet, und aus der Summe zog man dann gewisse Schlüsse. Früher ging man sogar soweit, aus den Buchstaben eines Namens möglichst viele weitere Wörter durch Umstellung zu bilden, die dann ebenfalls auf mögliche Vorbedeutungen hin untersucht und analysiert wurden; diese Methode wurde bekannt als »anagrammatische Onomantie«.

In diesem Kapitel wollen wir das Wie der Namenswahl unter besonderer Berücksichtigung der Namensgebung eines neugeborenen Kindes besprechen. (In diesem Zusammenhang wird es wichtig sein, sich der in Kapitel 5 dargestellten astrologischen Verknüpfungen zu besinnen.) Sie brauchen zunächst den genauen Geburtstermin, das heißt also Tag und genauen Zeitpunkt der Geburt. Die meisten Mütter wissen diese Zahlen – aber machen Sie sich keine Sorgen, wenn Sie die genaue Geburtszeit nicht mehr herausfinden können: es ist auch möglich, ohne die exakte Zeit Berechnungen anzustellen. Erwarten Sie oder jemand aus Ihrem Bekanntenkreis gerade kein Baby, so können Sie diese Methode selbstverständlich auch bei Ihrem eigenen Namen anwenden, um zu es üben. Tragen Sie die betreffenden Daten in die folgende Aufstellung ein:

Erster Schritt

Geburtsdatum: _____

Geburtstagszahl: _____

Planet: _____

Zweiter Schritt

Tag u. Monat der Geburt: _____

Tierkreiszeichen: _____

Zahl: _____ positiv / negativ

Dritter Schritt

Tag der Geburt: _____

Quersumme: _____

Wochentag: _____

Zahl: _____

Planet: _____

Vierter Schritt

Geburtsstunde: _____

Planet: _____

Zahl: _____

Erster Schritt – Tragen Sie das vollständige Geburtsdatum ein. Errechnen Sie die Geburtstagszahl, indem Sie eine einstellige Quersumme bilden, und tragen Sie diese Zahl ein. Schlagen Sie den dazugehörigen Planeten nach, und tragen Sie auch diesen an der dafür vorgesehenen Stelle ein.

Zweiter Schritt – Tragen Sie Tag und Monat der Geburt und dazu das Zeichen des Tierkreises ein, das für diese Zeit des Jahres zuständig ist. Tragen Sie dann die dem Sternzeichen zugeordnete Zahl ein, und streichen Sie das nicht zutreffende der beiden Wörter »positiv/negativ« durch.

Dritter Schritt – Tragen Sie den Tag der Geburt ein, und bilden Sie, wenn nötig, seine Quersumme. Danach tragen Sie ein, um welchen Wochentag es sich handelt und welche Zahl und welcher Planet diesem zugeordnet sind.

Vierter Schritt (vorausgesetzt, Sie besitzen die hierzu notwendigen Informationen) Tragen Sie die eigentliche Geburtszeit (-stunde) ein und den diese beherrschenden Planeten sowie die dazugehörige Zahl (siehe Tabelle Abb. 24).

Wenn das Zusammentragen der Daten gemäß dieser vier Schritte abgeschlossen ist, brauchen Sie Intuition und numerologisches Urteilsvermögen für die Interpretation. Diese Analyse ist notwendigerweise weitestgehend eine Angelegenheit Ihrer eigenen Meinung. Die folgenden Hinweise jedoch können Sie als Richtlinien beachten.

1. Kommt irgendeine Zahl häufiger als die anderen in dieser Zusammenstellung vor, und wenn dies der Fall ist: Wie fühlt sich diese Zahl für Sie an: ist sie stark oder schwach, maskulin oder feminin, materialistisch oder spirituell?

2. Kommt irgendein Planet häufiger als die anderen vor? Beurteilen Sie ihn auf die gleiche Weise wie die wiederholt erscheinende Zahl.

3. Ist das Verhältnis der geraden zu den ungeraden Zahlen ausgeglichen? Wenn nicht – was scheint hier zu fehlen?

4. Welches sind die Charakteristika des vorherrschenden Tierkreiszeichens? Harmonisieren Sie mit dem, was Sie bisher herausgefunden haben?

5. Wenn Sie sich schließlich für eine Namenszahl entscheiden, dann stellen Sie sicher, daß sie
   a) entweder die am häufigsten in der Tabelle wiederkehrende Zahl ist, wenn Sie wünschen, daß ihre Charakteristika auch in den Namen Eingang finden werden, oder
   b) stark genug ist, um die negativen Eigenschaften, die in der Aufstellung auftauchen, auszugleichen, oder
   c) in eine materiell betonte Aufstellung mehr Spiritualität einbringt – und damit einen Ausgleich (oder umgekehrt) –, oder
   d) wenn die Zahlen in der Zusammenstellung mit ihren Charakteristika sehr unterschiedlich, bunt zusammengewürfelt scheinen, eine wichtige Eigenschaft einführt, die noch gefehlt hat.

Wenn Sie sich für eine Namenszahl entschieden haben, bietet Ihnen die folgende Liste eine große Vielfalt von Namen zur Auswahl; die esoterische Bedeutung der Namen und ihre Namenszahlen sind ebenfalls angegeben. Die Berechnungen basieren auf folgenden Zahlen-/Buchstaben-Entsprechungen:

1	2	3	4	5	6	7	8	9
A	B	C	D	E	F	G	H	I
J	K	L	M	N	O	P	Q	R
S	T	U	V	W	X	Y	Z	

Unterschiedliche Schreibweisen sind bei den Namen in der Liste ebenfalls angegeben, um es Ihnen zu erleichtern, den passenden Namen mit der gewünschten Zahl zu finden.

Wenn es darum geht, eine neue Firma, ein Haustier oder einen leblosen Gegenstand (wie z. B. ein Haus oder ein Boot) zu benennen, kommt es nicht so sehr auf diese ausführliche Berechnungsmethode an; Sie sollten aber trotzdem darauf achten, einen Namen auszuwählen, dessen Zahl mit den gewünschten Charakteristika korrespondiert.

ADAM 1 (hebr.) Mann aus Erde;

AGNES 1 (griech.) die Keusche, Reine (Ines 2);

ALBRECHT 6 (dt.) von glänzender Abstammung (Adalbert 9, Albert 22/4);

ALEXANDER 3 (griech.) Helfer der Menschheit und Beschützer der Menschen. (Alessandro 9, Alex 7, Lex 6, Sandro 8);

ALEXANDRA 8 (Sandra 3, Sandrina 8, Sandy 9);

ALEXIS 7 (griech.) Hilfe;

ALFONS 22/4 (span.) edel, willig (Alfonso 1, Alphonse 9);

ALFRED 1 (engl.) Ratgeber mit Hilfe der Naturgeister (Alf 1);

AMADEUS 1 (lat.) liebe Gott! (Amadeo 3, Amédé 2);

AMALIE 5 (Amelie 9);

AMANDA 7 (lat.) die Liebenswerte (Mandy 5);

ANASTASIA 22/4 (griech.) die Auferstandene (Nastasja 4);

ANDREA 7 (s. Andreas);

ANDREAS 8 (griech.) der Mannhafte, Tapfere (Andi 2, Andrée 11/2, Andrei 6, Andrej 7, Andres 7, Andrew 11/2, Andy 8);

ANGELA 22/4 (griech.-lat.) der Engel, der Himmelsbote (Angèle 8, Angelina 9, Angie 9, Aniela 6, Gela 7);

ANGELIKA 6 (griech.-lat.) die Engelhafte (Angelique 1, Geli 6);

ANNA 3 (hebr.) Gottes Gnade, Anmut (Anika 9, Anita 9, Anja 8, Anka 9, Anke 4, Ann 11/2, Anne 7, Anneli 1, Annelie 6, Annette 7, Annika 5, Annina 8, Anny 9, Nannette 3, Nanni 7, Nancy 3);

ANNEGRET 3, ANNELIESE 3, ANNEMARIE 8, ANNEROSE 1;

ANTON 2 (lat.) – (Anthony 7, Antoine 6, Antonio 7, Antony 8, Tony 2);

ANTONIA 11/2 (Antoinette 6, Antonella 4);

ARNOLD 1 (dt.) der wie ein Adler herrscht (Arndt 3, Arno 3);

ARTHUR 5 (engl.), (Artur 6, Arturo 3);

ASTRID 8 (schwed.) Gott, schön;

AUGUST 8 (lat.) der Erhabene (Auguste 22/4, Augustin 4);

AXEL 7 (schwed., Kf. von ABSALOM – »Vater des Friedens«);

BARBARA 7 (lat.) schöne Fremde (Bärbel 9, Barbra 6);

BEATE 6 (lat.) die Glückliche (Beata 11/2);

BEATRIX 8 (lat.) die Glücklichmachende (Beatrice 9);

BENJAMIN 5 (hebr.) Sohn der rechten Hand = Glückskind (Ben 3, Benny 6);

BERNHARD 7 (dt.) kräftig wie ein Bär (Benno 5, Bernard 8, Bernardo 5);

BRIGITTE 9 (kelt.) die Erhabene (Birgit 11/2, Birgitta 5, Bridget 11/2, Brigit 11/2, Brigitta 5, Britta 7, Gitta 3, Gitte 7);

BRUNO 7 (dt.) der Braune;

CARMEN 9 (span.);

CHRISTIAN 11/2 (lat.) Christ (Chris 3, Karsten 7, Kersten 11/2, Kirsten 6, Krischa 6, Kristian 11/2);

CHRISTIANE 7 (lat.), (Chris 3, Christa 6, Christel 4, Christiana 3, Christine 6, Kerstin 6, Kirsten 6, Kirstin 1, Kristel 4, Kristiane 7, Kristina 11/2, Kristine 6, Tina 8, Tine 3);

CHRISTOPH 8 (griech.) Christusträger (Chris 3, Christof 8, Christoffer 1, Christopher 4, Kris 3);

CLAUDIA 6 (lat.) die Hinkende, Lahme (Claudine 6, Klaudia 5);

CORNELIA 5 (lat.), (Kornelia 4);

DAGMAR 8 (dt.) gut, berühmt;

DANIEL 9 (hebr.) Gott ist mein Richter (Danilo 1);

DANIELA 1 (Daniella 4, Danielle 8, Dany 8);

DAVID 22/4 (hebr.) der Geliebte (Dave 5, Davis 1);

DETLEF 7 (dt.) Sohn des Volkes (Detlev 5);

DIANA 2 (lat.) röm. Jagd- u. Mondgöttin (Diane 6);

DIETER 7 (dt.) Volk; Heer (Diether 6);

DIETRICH 4 (dt.) Herrscher des Volkes (Dirk 6, Theoderich 6, Till 8);

DOMINIKA 4 (lat.) die zum Herrn (= Christus, Gott) Gehören-de (Domenica 1, Dominica 5, Dominique 8);

DOMINIKUS 7 (Domenico 6, Domingo 5, Dominic 4, Dominik 3);

DOROTHEA 5 (griech.) Gottesgeschenk (Dora 2, Dorothée 9, Dorothy 6, Dorte 4);

EBERHARD 7 (dt.) kräftig wie ein Eber (Jorrit 8);

ECKEHARD 1 (dt.) der mit dem harten Schwert (Eckehart 11/2, Eckhard 8, Eckhart 6, Edzard 4, Ekkehard 9);

EDUARD 8 (frz.) Hüter des Besitzes (Ed 9, Eddy 2, Ede 5, Edouard 5, Edvard 9, Edward 3);

ELEONORE 8 (arab.) Gott ist mein Licht (Eleonora 4, Elleanor 1, Ellinor 4, Leonore 5);

ELISABETH 9 (hebr.) Gott ist Vollkommenheit (Alice 3, Bess

9, Bessy 7, Beth 8, Betsy 8, Betti 2, Bettina 8, Betty 9, Elisabetta 4, Elizabeth 7, Elli 2, Elly 9, Elsa 1, Elsbeth 8, Else 5, Elsi 9, Elsy 7, Ilse 9, Liese 5, Liesbeth 7, Liesel 9, Lil 6, Lili 6, Lilian 3, Lill 9, Lilli 9, Lilly 7, Lisbeth 3, Lise 9, Lisette 9, Lissy 3, Liz 2, Liza 3);

ELKE 6 (dt.);

EMIL 3 (frz.-lat.) der Eifrige (Emile 8, Emilio 9);

EMMA 5 (dt.), (Emmi 22/4);

ERICH 7 (schwed.) der allein Mächtige (Eric 8, Erik 7);

ERIKA 8 (Erica 9);

ERNST 22/4 (dt.) Ernst, Entschlossenheit (Ernest 9, Ernesto 6);

ERWIN 6 (dt.);

ESTHER 3 (pers.) Stern;

EVA 1 (hebr.) Leben (Ev 9, Eve 5, Eveline 7, Evi 9);

FELIX 11/2 (lat.) der Glückliche (Felice 4);

FELICITAS 3 (lat.) Glück (Felicie 4, Felicity 8, Felis 6);

FERDINAND 3 (span.) kühner Schützer (Ferdi 6, Ferdl 9, Fernand 8, Fernando 5, Ferrand 3, Hernando 7);

FLORIAN 3 (lat.) der Prächtige;

FRANK 5 (dt.) der Franke;

FRANZ 11/2 (lat.-it.) der Franzose (Francis 6, Franciszek 4, Francesco 3, François 4, Franek 1, Frans 22/4, Frantek 3, Franziskus 9);

FRANZISKA 6 (Frances 3, Francesca 7, Françoise 9);

FRIEDRICH 8 (dt.) Friedensherrscher (Federic 5, Federico 11/2, Federigo 6, Ferry 9, Fiete 9, Fred 6, Freddy 8, Frederic 5, Frederich 4, Frederick 7, Frederik 4, Fredo 3, Fredrik 8, Fried 6, Friedel 5, Frieder 11/2, Friedo 3, Fritz 7);

FRIEDERIKE 9 (Fricka 3, Frieda 7, Friedel 5, Fritzi 7);

GABRIEL 8 (hebr.) Mann Gottes (Gabor 7, Gabriele 5, Gawrila 8);

GABRIELE 5 (Gabi 1, Gabriela 1, Gaby 8);

GEORG 7 (griech.) Bauer (George 3, Georges 4, György 3, Jörg 1, Jürg 7, Jürgen 8, Juri 22/4);

GERHARD 7 (dt.) Speer, hart (Gerard 8, Gerd 7, Gerhart 5, Gert 5, Gherardo 4);

GERTRUD 3 (dt.) Speer, Kraft (Gertrude 8);

GISELA 8 (dt.), (Gisele 3, Giselle 6);

GOTTFRIED 5 (dt.), (Geoffrey 6, Jeffrey 3, Jeff 9);

GRAZIA 8 (lat.) Anmut (Grace 7, Gracia 3, Gratia 2);

GREGOR 7 (griech.) der Wachsame (Greg 1, Gregorius 11/2, Gregory 5, Grigori 11/2);

GUDRUN 4 (dt.) Kampf; Geheimnis, Rat (Guda 6, Gudula 3);

GÜNTER 9 (dt.) Kampf, Heer (Günther 8, Gunter 4, Gunther 3);

GUSTAV 9 (schwed.) Stütze der Goten (Gustaf 2);

HARALD 8 (dt.) der im Heer herrscht (Araldo 6, Hérault 4, Harold 4);

HARTMUT 2 (dt.);

HEDWIG 11/2 (dt.) Kampf; Krieg (Hede 22/4, Hedi 8, Hedvig 1, Jadwiga 1);

HELENA 9 (griech.) (Elena 1, Elin 22/4, Ellen 3, Ilona 6, Helen 8, Helene 4, Jelena 2, Lena 5, Lene 9, Leni 22/4);

HELGA 6 (schwed.) die Geweihte, Heilige (Helge 1);

HEINRICH 11/2 (dt.) Herrscher des Hags (Enrico 1, Enzio 6, Harri 9, Harry 7, Heiko 3, Heiner 5, Heinz 7, Hendrik 6, Henner 1, Hennig 3, Henri 9, Henrik 6, Henry 7, Hinrich 6, Hinz 3);

HENRIKE 7 (Harriet 7, Heike 2, Heinrike 7, Henriette 5);

HELMUT 7 (dt.) (Hellmuth 9, Helmuth 6);

HERMANN 1 (dt.) Mann des Heeres (Armand 6, Armin 1, Herman 5);

HILDEGARD 5 (dt.) (Hilde 2);

HOLGER 11/2 (nord.) Insel; Speer;
HORST 8 (dt.) Gehölz;

INGRID 7 (nord.);
IRENE 6 (griech.) Frieden (Irina 6);
IRIS 1 (griech.) Name der Götterbotin, Regenbogen;
IRMGARD 7 (dt.);
ISABELLA 7 (span.) (Isabel 3, Isabelle 2);
ISOLDE 1 (unbek.);
IVO 1 (dt.) Eibe (Ives 1, Iwo 2, Ives 8, Yvon 22/4);

JAKOB 3 (hebr.) (Jack 7, Jacob 4, Jacques 22/4, Jago 6, Jaime 2,
    James 3, Jascha 6, Jim 5, Jimmy 7);
JOACHIM 5 (hebr.) den Gott aufrichtet (Jochem 9, Jochen 1);
JOHANNES 5 (hebr.) Gott ist gnädig (Giovanni 1, Hanke 3,
    Hannes 7, Hanno 7, Hanns 2, Hans 6, Hennes 2, Hennig 3,
    Iwan 2, Jan 7, János 5, Jean 3, Jens 3, Jo 7, Johann 8, John 2,
    Johnny 5, Jonny 6, Juan 1);
JOHANNA 9 (Hanna 2, Hannah 1, Hanne 6, Hansi 6, Jane 3,
    Janet 5, Janina 22/4, Janka 1, Jean 3, Jeanne 22/4, Jeanette
    8, Jeannine 9, Joan 4, Juana 11/2, Juanita 22/4, Sean 3,
    Sheena 7);
JONA 5, (hebr.) Taube;
JONATHAN 2 (hebr.) Gott hat gegeben;
JOSEPH 1 (hebr.) Gott möge vermehren (Giuseppe 8, Joe 3,
    José 4, Josef 2, Jupp 9, Ossip 6, Pepe 6, Peppo 5);
JULIA 8 (lat.) (Juliana 5, Julie 3, Julienne 9, Juliette 3, Julischka
    4);
JOSEPHA 3 (Josefa 2, Josefine 11/2, Josephine 9);
JULIUS 2 (Jules 4, Julian 22/4, Julien 8);

KARL 6 (dt.) freier Mann (Carl 7, Carlo 22/4, Carlos 5, Carolus
    8, Charles 3, Karel 2, Karol 3, Károly 1);

KARLA 7 (Carla 8, Carol 22/4, Carola 5, Caroline 5, Carrie 9, Carry 2, Karola 22/4, Karoline 4);

KATHARINA 11/2 (griech.) die Reine (Catalina 7, Caterina 8, Cathérine 11/2, Cathy 3, Kai 3, Kaj 4, Kari 3, Karin 8, Karina 9, Käte 6, Käthe 5, Katherine 1, Kathi 22/4, Kathinka 3, Katinka 22/4, Kathleen 4, Kathrin 9, Katja 7, Kitty 22/4);

KLARA 7 (lat.) die Leuchtende (Chiara 4, Claire 3, Clare 3, Clarissa 1, Kläre 7);

LÄTIZIA 11/2 (lat.) Freude (Lätitia 5, Letizia 1);

LAURENTIA 11/2 (die aus (der Stadt) Laurentum Stammende (Laura 8, Laure 3, Laurette 3);

LAURENTIUS 5 (Lars 5, Laurence 7, Laurent 1, Laurits 1, Lawrence 9, Lenz 3, Lorenz 9, Lorenzo 6);

LEO 5 (lat.) Löwe (Leon 1, Lew 7, Lion 5);

LEONHARD 5 (lat.-dt.) Löwe, hart (Lennart 3, Leonard 6, Leonardo 3);

LUCIA 1 (lat.) die Lichte (Lucie 5, Lucienne 11/2, Lucy 7, Luzia 6, Luzie 1);

LUCIUS 22/4 (Lucianus 1, Lucien 1);

LUDWIG 4 (dt.) berühmt; Kampf (Lewis 5, Lodewik 7, Louis 22/4, Ludovico 11/2, Luigi 4, Luis 7, Luiz 5);

MAGDALENA 4 (hebr.) (Mabel 6, Madeleine 5, Magda 8, Magdalene 8);

MANFRED 7 (dt.) Mann; Frieden;

MARGARETE 7 (lat.) Perle (Greta 6, Grete 1, Gretel 4, Mag 3, Maggie 6, Marga 22/4, Margarete 11/2, Margareta 3, Margarita 7, Margery 6, Margherita 1, Marghitta 7, Margit 5, Margot 11/2, Margret 1, Marguerite 9, Marit 7, Meta 3);

MARKUS 2 (lat.) der Kriegerische (Marc 8, Marcel 7, Marcello 7, Marcellus 5, Marco 5, Marcus 2, Marek 3, Mark 7);

MARIA 6 (griech.-lat.) (Marei 1, Mareike 8, Mariane 7, Marie

1, Mariella 8, Marija 7, Marilyn 11/2, Marina 11/2, Marion 7, Marita 8, Maritta 1, Mary 3, Maura 9, Maureen 5, May 3, Miriam 9, Mirjam 1);

MARTHA 7 (hebr.) Herrin;

MARTIN 3 (lat.) der Kriegerische (Merten 3);

MARTINA 4 (Martine 8);

MATTHIAS 1 (hebr.) Geschenk Gottes (Matthäus 9, Mathew 7, Mathieu 5, Mathis 7, Matteo 2);

MAXIMILIAN 6 (lat.) sehr groß (Max 11/2);

MICHAEL 6 (hebr.) Wer ist wie Gott? (Michail 1, Michel 5, Michele 1, Miguel 4, Mihaly 5, Mikael 6, Mike 2, Mischa 8);

MICHAELA 7 (Micaela 8, Michèle 1, Michelle 4);

MIRABELLA 1 (lat.) die Wunderbare (Mira 5, Mirella 7, Mireille 11/2);

MONIKA 9 (unbek.) (Mona 7, Moni 6, Monica 1, Monique 4);

MORITZ 11/2 (österr.-lat.) (Mauritius 5, Morris 11/2);

NADJA 3 (russ.) Hoffnung (Nadescha 1, Nadine 11/2);

NATALIE 8 (lat.) die am Geburtstag (Christi) Geborene (Natalia 22/4, Natascha 22/4);

NIKOLAUS 3 (griech.) Volkssieger (Klaus 1, Miklos 8, Niccolo 8, Nicholas 9, Nick 1, Nico 5, Niels 5, Nils 9, Nikita 1, Niklas 3, Nikola 8, Nikolai 8, Nikolas 9);

NICOLE 4 (Nicoletta 9, Nicolette 3);

OLAF 7 (nord.) Nachkomme des Urahns (Olav 5, Oluf 9);

OLIVER 9 (engl.) (Olivier 9);

OSKAR 1 (kelt.) Gott; Speer (Oscar 2);

OTTO 7 (dt.);

PAMELA 3 (engl.);

PASCAL 7 (frz.) der zu Ostern Geborene;

PATRIZIA 1 (lat.) die Edle (Patrice 9, Patricia 5, Patty 1);

PATRICK 6 (engl.-ir.) (Paddy 5, Pat 1);

PAUL 5 (lat.) der Kleine (Paavo 1, Pablo 1, Pál 11/2, Pawel 8);

PAULA 6 (Paulette 1, Paulin 6);

PETER 1 (griech.) Fels (Pär 22/4, Pedro 4, Peer 8, Peet 1, Perez 7, Piero 9, Pierre 8, Piet 5, Pietro 11/2, Pjotr 7);

PHILIPP 5 (griech.) Pferdefreund (Felipe 8, Filippo 11/2, Phil 9, Philip 7, Philippe 1);

PIA 8 (lat.) die Fromme;

RACHEL 11/2 (hebr.) Mutterschaf;

RAIMUND 8 (dt.) Rat; Schutz (Reimund 3, Rámon 7, Rai 8, Raymond 9);

RAINER 11/2 (dt.) Rat; Heer (Rainier 11/2, Regnier 4);

RADOLF 2 (dt.) Rat; Wolf (Ralf 1, Ralph 1, Raoul 22/4);

REBEKKA 8 (hebr.), (Rebecca 1);

REGINA 9 (lat.) Königin (Regine 4);

REINHARD 5 (dt.) Rat; hart (Reinhart 6);

RENATE 9 (lat.) die Wiedergeborene (Renata 5, Renée 11/2);

RICHARD 7 (dt.) reich/Herrschaft; hart (Ricardo 5, Ricky 3);

ROBERT 6 (dt.) von glänzendem Ruhm (Bob 1, Roberto 3);

REINHOLD 4 (dt.) Rat; herrschen (Reinold 5, Ron 2, Ronald 1);

ROLAND 1 (dt.) Ruhm; kühn (Orlando 7, Rowland 6);

ROSA 8 (lat.) die Rose (Rose 3, Rosi 7, Rosina 4, Rosita 1);

RÜDIGER 6 (dt.) Ruhm; Speer (Roger 9);

RUDOLF 4 (dt.) Ruhm; Wolf (Rodolfo 4, Rolf 6, Rudolph 4);

RUTH 22/4 (hebr.) Freundschaft;

SABINE 5 (lat.) die Sabinerin (Sabina 1);

SAMUEL 8 (hebr.) von Gott erhört (Sam 6, Sammy 8);

SARA 3 (hebr.) Herrin, Fürstin (Sally 6, Sarah 2);

SEBASTIAN 9 (griech.) der Verehrungswürdige (Bastien 7);

SIBYLLE 3 (lat.-griech.) (Sibyl 22/4, Sibylla 8, Sybil 22/4,
    Sybilla 8, Sybille 3);
SIEGFRIED 11/2 (dt.) Sieg, Frieden (Sigfrid 9);
SIGRUN 7 (dt.) Sieg; Geheimnis;
SILVIA 9 (lat.) (Sylvia 7, Sylvie 11/2);
SOPHIA 5 (griech.) Weisheit (Sofie 9, Sonja 5, Sophie 9);
STEPHAN 2 (griech.) Kranz, Krone (Étienne 9, István 5, Stefan
    2, Stefano 8, Steffen 3, Stephen 6, Steve(n) 8(22/4));
STEPHANIE 7 (Fanni 8, Fanny 6, Stefanie 7, Steffi 2);
SUSANNE 3 (hebr.) Lilie (Susan 11/2, Susi 5, Suzanne 1);
SVEN 6 (nord.) junger Krieger;

TAMARA 9 (russ.);
TASSILO 5 (dt.) (Thassilo 3);
TATJANA 4 (russ.) (Tanja 1);
THEODOR 4 (griech.) Gottesgeschenk (Fedor 3, Feodor 9,
    Fjodor 5, Ted 7, Teddy 22/4, Theo 3, Theodore 9);
THERESE 8 (griech.) Bewohnerin von Thera (Resi 6, Teresa 5,
    Tess 9, Thea 7);
THOMAS 22/4 (aram.) Zwilling (Tom 3, Tommaso 6;
TOBIAS 3 (hebr.) Gott ist gütig;

UDO 4 (dt.) Erbgut, Heimat;
ULRICH 8 (dt.) Erbgut; Herrscher (Uli 6, Ulli 9);
ULRIKE 4 (Uli 6, Ulla 1, Ulli 9);
URSULA 2 (lat.) kleine Bärin (Ulla 1, Ursel 3, Uschi 6);
UTA 6 (dt.) (Ute 1);
UWE 4 (fries.);

VERA 1 (russ.) Glaube (Verena 2, Veronika 5, Vreni 5, Vroni
    6);
VICTOR 6 (lat.) der Sieger (Vittorio 11/2);
VICTORIA 7 (Vicki 9, Vicky 7);

VINZENZ 8 (lat.) siegend (Vincent 6);
VIOLA 5 (lat.) Veilchen (Violet 2, Violetta 5);
VOLKER 2 (dt.) Volk, Heer (Folker 4);

WALTER 7 (dt.) Heerführer (Gauthier 8, Walther 6);
WALTRAUD 1 (dt.) herrschen; Kraft (Waltraut 8);
WERNER 11/2 (dt.);
WILHELM 1 (dt.) Wille; Helm (Bill 8, Billy 6, Gugliemo 8, Guillermo 4, Guilleaume 7, Willi 2, Willy 9, Wim 9);
WILHELMA 11/2 (Minka 3, Minna 6, Wilhelmine 11/2, Wilma 22/4);
WOLFGANG 4 (dt.) Wolf; Kampfweg;

XAVER 7 (span.) (Xavier 7);
YVONNE 5 (siehe unter IVO); (Yvette 9);
ZACHARIAS 5 (hebr.) Der Herr hat sich (meiner) erinnert.

9
Wer paßt zu wem?

Was oder wer zusammenpaßt, läßt sich leicht durch Vergleich der Geburtstagszahlen herausfinden. Ein solcher Vergleich ermöglicht es Ihnen, festzustellen, warum Sie mit manchen Menschen besser auskommen als mit anderen – und es läßt sich praktisch bei allen Menschen durchführen, seien es Familienmitglieder, Freunde, Kollegen oder Geliebte. Die folgende Liste zeigt alle möglichen Zahlenkombinationen. Die vergebenen »Noten« bedeuten:

A = hervorragend
B = gut
C = durchschnittlich
D = schlecht

1:1 Dies ist eine starke Kombination, vorausgesetzt, Sie arbeiten für ein gemeinsames Ziel zusammen. Sollte sich ein Rivalitätsaspekt in Ihre Beziehung einschleichen, wäre es allerdings eine völlig andere Geschichte. Sie sind die geborenen Führer, mit einer leichten Tendenz zur Aggression, und hätten zu lernen, wie Sie miteinander klarkommen können, um eine friedliche Koexistenz zu bewahren.
geschäftlich – B
persönlich – B

1:2 Dies ist eine hervorragende Kombination, denn was dem einen fehlt, kann der andere einbringen. Sie ergänzen einander hervorragend. Der 2er-Partner hat die Talente und Fähigkeiten, um die Pläne und Ideen des 1er-Partners auszuführen.
geschäftlich – A
persönlich – A

1:3 Gemeinsam können Sie fast alles erreichen – vorausgesetzt, der 1er-Partner handelt nicht unbesonnen, und der 3er-Partner lernt, seine Gedanken zurückzuhalten. Die Eins wird immer der Führer sein und alle Ideen liefern, die die Drei eifrig ausarbeiten wird. Diese Kombination könnte sich sowohl materiell als auch emotional lohnen.

geschäftlich – C

persönlich – B

1:4 Aus geschäftlicher Sicht könnte dies eine gute Kombination werden, aber auf persönlicherer Ebene bringen sich Eins und Vier gegenseitig in Rage. Eine Eins handelt oft impulsiv, und das ist etwas, was die Vier niemals tut und auch nicht verstehen kann. Vierer sind äußerst vorsichtig und behutsam in allem, was sie tun; niemals unternehmen sie einen Schritt, ohne ihn vorher sorgfältig überlegt zu haben. Beide Partner müßten sich Mühe geben, um diese Kombination erfolgreich werden zu lassen.

geschäftlich – B

persönlich – D

1:5 Vielseitigkeit, die Sie beide besitzen, könnte die rettende Gnade in dieser emotionalen Kombination sein, weil Sie beide veränderbar sind und sich rasch und bereitwillig anpassen müßten, um den Anforderungen des anderen gerecht zu werden. Doch in einer geschäftlichen Partnerschaft könnten Sie Gutes leisten und hätten einander viel zu bieten.

geschäftlich – B

persönlich – C

1:6 Ein vereintes Unternehmen – wenn der Sechs genügend Freiraum bleibt, schöpferisch zu sein – sollte erfolgreich sein, weil die Eins gern bereit ist, fast alles zu regeln. Auf persönlicher Ebene wären Eins und Sechs eine gute Kombination –

solange die Eins nicht zu sehr dominiert. Sechser lieben Luxus und ein reges gesellschaftliches Leben, was eine Eins bieten kann.

geschäftlich – B

persönlich – B

1:7 Sie sind zwei starke Charaktere, die sich auf verschiedene Arten Ausdruck verschaffen müssen; die Eins ist der Macher und die Sieben der Denker. Besonders die Sieben braucht einige Zeit für sich allein. Wenn Sie beide bereit sind, an die Bedürfnisse des anderen Zugeständnisse zu machen, dann kann dies eine lohnende Partnerschaft werden. Wenn Sie zusammenarbeiten (beruflich), bremst die Sieben die Neigung von Eins, ohne Überlegung zu handeln, und entwickelt Ideen, die die Eins wiederum besser ausführen kann.

geschäftlich – C

persönlich – C

1:8 Diese Kombination kann entweder sehr gut oder sehr schlecht sein – dazwischen gibt es keine weiteren Möglichkeiten. Wenn Sie nicht beide bereit sind, Ihr eigenes starkes Wesen zu kontrollieren, können Sie die Angelegenheit sofort als beendet betrachten. Aber aus geschäftlicher Sicht besitzen Sie beide die richten Voraussetzungen, wenn Sie sich zusammentun – Mut, Entschlossenheit und den Willen zum Erfolg.

geschäftlich – A

persönlich – A/D

1:9 Es kann keinen Zweifel daran geben, daß diese Partnerschaft blühen und gedeihen wird, in geschäftlicher oder privater, emotionaler Hinsicht. Zusammen besitzen Sie etwas Geniales. Die Integrität der Neun mäßigt den schöpferischen Flair der Eins, und ihre Weisheit bringt die harmonisierende Resonanz für die häufig brillanten Ideen der Eins.

geschäftlich – A
persönlich – A

2:2 Sie sind füreinander geschaffen – keiner kann eine Zwei besser verstehen als eine andere Zwei. Sollten Sie sich entschließen, miteinander ins Geschäft zu kommen, werden Sie jedoch beide feine Korrekturen durchführen müssen. Weil Sie einander so ähnlich sind, werden Sie sich davor hüten müssen, füreinander zu arbeiten (das heißt, um einander zu Gefallen zu sein) und versuchen, statt dessen als ein Team zu arbeiten. Seien Sie entschlossen und wissen sie, wann es zu handeln gilt.
geschäftlich – C
persönlich – A

2:3 »*Wie man Freunde gewinnt und Menschen beeinflußt*« könnte man treffend über diese Partnerschaft schreiben. Eine Zwei gewinnt leicht Freunde, und eine Drei ist nur allzugern bereit, sich daraus einen Vorteil zu verschaffen. Eine gute Kombination, die auf allen Ebenen gut funktioniert, solange die Zwei bereit ist, die meiste Zeit die »zweite Geige« zu spielen.
geschäftlich – C
persönlich – B

2:4 Schlüsselbegriff ist hier die Harmonie. Sie arbeiten gut zusammen, weil die Vier weiß, wie man etwas aufbaut, und die Zwei instinktiv weiß, was sie braucht, um die Dinge in Bewegung zu halten. In einer persönlichen Beziehung ergänzen Sie sich gegenseitig, und die Möglichkeit von Meinungsverschiedenheiten ist nur gering.
geschäftlich – B
persönlich – B

2:5 Diese Kombination wird sehr viel harte Arbeit von Ihnen beiden verlangen, um am Leben zu bleiben. Fünfer können

ganz gut allein überleben und werden ihre natürliche Neigung, die Dinge »in die Hand zu nehmen«, zurücknehmen müssen. Zweier andererseits lieben ein ruhiges Leben, und weil sie lieber im Hintergrund bleiben möchten, haben sie vielleicht nicht genügend Vitalität, um das Interesse einer Fünf längere Zeit zu halten. Keine guten geschäftlichen Aussichten.
geschäftlich – D
persönlich – D

2:6   Keine besonders dynamische Kombination; hier fehlt der Antrieb und der Ehrgeiz, die beide notwendig sind für geschäftlichen Erfolg. Aber auf persönlicher Ebene sollte diese Verbindung gut funktionieren, weil die Zwei ihr Zuhause, Komfort und eine schöne Umgebung liebt, und die Sechs künstlerisch ist, kooperativ und kultiviert.
geschäftlich – D
persönlich – B

2:7   Das Geschäftsleben stellt zu hohe Anforderungen an eine Kombination wie diese, es sei denn, beide planen, ein Zentrum für transzendentale Meditation zu eröffnen. Diese Zahlenkombination ist so friedlich und harmonisch, daß ein klein wenig Reibung gut wäre. Eine Zwei und eine Sieben zusammen sind sehr spirituell und scheinen sich auf dieser Ebene vollkommen zu verstehen und übereinzustimmen.
geschäftlich – D
persönlich – B

2:8   Diese Menschen können in Harmonie zusammenleben und arbeiten. Sie scheinen Geld anzuziehen, weil sie ehrlich, fleißig und vor allem zuverlässig sind. Diese Menschen verbindet oft eine lebenslange Freundschaft, auch wenn die Acht die Zwei mit ihrer dynamischen Persönlichkeit zuweilen in den Schatten stellen kann.

geschäftlich – B
persönlich – B

2:9 Eine Zwei und eine Neun, das ist ein Siegerteam. Beide haben sie viel zu bieten, und wenn sie zusammenarbeiten für eine gemeinsame Sache, versagen sie nur selten. Die Zwei bringt Verständnis und Stabilität mit, während die Neun über Phantasie, Visionen und Einsicht verfügt. Diese beiden könnten die Welt in Ordnung bringen.
geschäftlich – A
persönlich – A

3:3 Jedes Unternehmen von zwei Dreiern wird ein Risiko sein. Sie sind beide rücksichtslose, halsstarrige Leute, die zuviel aufs Glück vertrauen. Dies ist eine Kombination von Glücksspielern, und die Chancen für Ihr gemeinsames Überleben sind nicht gerade gut. Wenn Sie nicht beide verantwortungsbewußter werden und anfangen nachzudenken, wird Ihre Verbindung keine Chance haben.
geschäftlich – D
persönlich – D

3:4 Eine Zahlenkombination, die einen Kompromiß verlangt, um erfolgreiche Zusammenarbeit zu ermöglichen. Die Drei, die von Natur aus unvorsichtig ist, muß der Vier ihre Vorsicht lassen. Die Vier, die immer »zu beschäftigt« zu sein scheint, muß sich Zeit nehmen, um die Ideen der Drei anzuhören. Wenn diese Unterschiede der Persönlichkeiten einmal überwunden sind, kann sich eine stabile geschäftliche oder persönliche Beziehung entwickeln.
geschäftlich – C
persönlich – C

3:5 In Verbindung miteinander entwickeln diese beiden Zahlen viele lebensfähige Ideen, die die Fünf zu vermarkten weiß, nachdem die Drei sie attraktiv verpackt hat. Diese Kombination muß Erfolg haben. Die einzige Gefahr in einer solchen Partnerschaft wäre durch überstürztes Handeln gegeben.

geschäftlich – B

persönlich – C

3:6 Sie sollten sehr gut miteinander auskommen, weil Sie ähnliche Persönlichkeiten haben. Wenn Sie beschließen, sich zu binden, wird dies eine Partnerschaft sein, die fast allem standhalten kann, was ihr das Leben vielleicht bringen mag. In der Geschäftswelt bilden Leute mit dieser Zahlenkombination häufig lebenslange Partnerschaften.

geschäftlich – B

persönlich – B

3:7 Wenn Sie einander genügend Platz in Ihrer Partnerschaft lassen, dann kann nicht viel schiefgehen. Die Drei gibt Energie und empfängt dafür Verständnis. Die Sieben gibt Weisheit und gewinnt dafür Inspiration. Alles in allem ein Paar, das sich auf jeder Ebene gut ergänzt.

geschäftlich – B

persönlich – B

3:8 Die Kombination gibt eine bessere geschäftliche als persönliche Partnerschaft ab, weil Sie beide große Ideen entwikkeln und die Fähigkeit besitzen, diese in die Realität umzusetzen – Dreier sind Kommunikatoren, und Achter sind Unternehmer. Wenn Sie sich das gleiche Ziel vorgenommen haben, dann gibt es nur wenig, was Sie aufhalten könnte.

geschäftlich – A

persönlich – C

3:9 Eine äußerst gut zusammenpassende Kombination – vorausgesetzt, keiner von Ihnen muß für seinen Lebensunterhalt arbeiten. Privat könnten Sie Ihre Tage damit verbringen, die Gesellschaft anderer Menschen zu pflegen oder zu versuchen, den Sinn des Lebens zu ergründen. Da aber die meisten Leute ihren Unterhalt verdienen müssen, müssen Sie realistischer werden, erdverbundener und praktischer – falls Sie jemals im Leben weiterkommen wollen.

geschäftlich – D

persönlich – A

4:4 Eine Kombination wie diese ist manchmal für andere ein Vorbild, dem sie nacheifern wollen. Sie passen gut zusammen, sind finanziell erfolgreich, materiell gesichert und haben Glück. Jedes Geschäft, in das sie einsteigen, wird wachsen, denn Sie sind beide Vierer – Aufbauer. Achten Sie darauf, daß Sie nicht zu materialistisch werden, daß andere Aspekte des Lebens an Ihnen vorübergehen, ohne daß Sie sie bemerken.

geschäftlich – A

persönlich – B

4:5 Gegensätze ziehen einander manchmal an, und genau das ist hier der Fall. Mit ein wenig Anstrengung auf beiden Seiten kann diese Kombination auch funktionieren. Vierer sind praktisch, und Fünfer sind anpassungsfähig. Wenn diese Gegensätze einmal ausgeglichen sind, können sie gut zusammenarbeiten.

geschäftlich – C

persönlich – C

4:6 Die Vier und die Sechs arbeiten und spielen hart, und so fühlen Sie sich beide glücklich und erfüllt. Diese Kombination ist in der Geschäftswelt oft in Branchen wie der Freizeitindustrie, der Unterhaltung oder Werbung zu finden. Eine gesunde geschäftliche und persönliche Partnerschaft.

geschäftlich – B
persönlich – B

4:7 Dies ist eine Kombination, die auf großen Erfolg hinzielt, weil sie ausgeglichen ist, die besten Charakteristika beider Welten in sich vereint. Die Vier bietet gute Grundlagen für brillante Ideen, die die Sieben hervorbringt, um sie aufstehen und wachsen zu lassen.

geschäftlich – A
persönlich – A

4:8 Wenn sich eine Vier und eine Acht zusammentun, dann erreichen sie die vollendete Balance sowohl im geschäftlichen als auch im persönlichen Leben. Eine Acht sieht alles in einem großen Rahmen, die Vier bietet den Ausgleich, weil sie die Dinge realistisch betrachtet und Irrtümer richtigstellen kann.

geschäftlich – A
persönlich – B

4:9 Eine Vier und eine Neun haben einander viel zu lehren, aber weil der Lehr- und Lernprozeß recht langsam vonstatten geht, funktioniert eine solche Beziehung besser im Privatleben als während der Geschäftszeiten. Neuner sind weise und haben viel Wissen, das sie der Vier mitteilen können, die wiederum viele praktische Begabungen weitergeben kann, die eine Neun andernfalls nicht erworben hätte.

geschäftlich – C
persönlich – B

5:5 Dies ist eine gefährliche Kombination, ganz gleich, unter welchem Aspekt wir sie betrachten wollen. Fünfer sind rastlos, wechselhaft, höchst erregbar und rebellieren gegen praktisch jede Art von Einschränkung oder Verzicht. Bringen Sie zwei Fünfer zusammen, und Sie schaffen eine möglicherweise

explosive Mischung, was man, wenn irgend möglich, vermeiden sollte.
geschäftlich – D
persönlich – D

5:6　Wenn eine temperamentvolle, reizbare Fünf verbunden wird mit einer ruhigen, häuslichen Sechs, werden beide einer beachtlichen Persönlichkeitsveränderung unterzogen. Der beruhigende Einfluß der Sechs ermöglicht es der Fünf, Ordnung in ihre Gedanken zu bringen, und die daraus erwachsende Partnerschaft erweist sich für beide Teile als anregend.
geschäftlich – C
persönlich – B

5:7　Diese Zahlenkombination hat selten lange Bestand, da die reizbare Fünf zwangsläufig zuviel wird für die Sieben. Die Sieben braucht Frieden und Ruhe, damit sie denken kann, und eine Fünf ist die Art von Persönlichkeit, die solche Voraussetzungen am wenigsten bieten kann.
geschäftlich – D
persönlich – D

5:8　Vorsicht, wenn diese beiden dynamischen Persönlichkeiten zusammenkommen. Eine Acht kann Ideen fast so schnell verwirklichen, wie sie eine Fünf ausdenken kann. Dies ist eine siegreiche geschäftliche oder persönliche Partnerschaft, solange sie besteht, aber sie läuft Gefahr, sich bald zu erschöpfen, wenn nicht rechtzeitig die Bremsen gezogen werden.
geschäftlich – A
persönlich – A

5:9　Diese Kombination kann sich als sehr erfolgreich erweisen. Eine Fünf weiß einfach, wie eine Neun ihre Weisheit und ihr Wissen auf die profitabelste Weise unters Volk bringen kann, denn Fünfer sind Verkäufer und haben gute Kontakte. Umgekehrt scheint eine Neun genau zu wissen, wie sie das Beste aus einer Fünf macht, ohne selbst etwas tun zu müssen.

geschäftlich – B
persönlich – B

6:6   Häusliche Glückseligkeit, große Schönheit und Komfort entstehen überall dort, wo zwei Sechser sich zusammentun. Aber da beide selten irgendwelche Interessen außerhalb ihres Zuhauses besitzen, hinterläßt diese Kombination kaum einen Eindruck in der Geschäftswelt – es sei denn in der Branche Innenarchitektur und Einrichtung.

geschäftlich – D
persönlich – A

6:7   Der Mangel an Gemeinsamkeiten zur Kommunikation ist sehr häufig die Ursache, warum eine solche Verbindung auseinanderbricht. Die Sieben ist immer zu sehr damit beschäftigt, wahrzunehmen, was eine Sechs bewegt. In ähnlicher Weise verbringt eine Sechs soviel Zeit mit der Schaffung visueller Eindrücke, daß sie nie etwas für die Gedanken der Sieben übrig hat. Nur nahezu übermenschliche Anstrengung kann diese Kombination zum Funktionieren bringen.

geschäftlich – D
persönlich – D

6:8   Diese Zahlenkombination bietet große Möglichkeiten, weil die Rollen beider Partner klar festgelegt sind. Eine Acht weiß, wie sie die Führung zu übernehmen hat und welche Richtung einzuschlagen ist, während die Sechs glücklich ist, Unterstützung geben, Ideen anbieten und ein gemütliches Zuhause zum Entspannen schaffen zu können.

geschäftlich – B
persönlich – A

6:9 Diese Zahlenkombination ist immer etwas Besonderes, weil sich Schönheit, Sechs, mit Wahrheit, Neun, verbindet. Sechser und Neuner wissen instinktiv um die Praxis des Gebens und Nehmens auf allen Ebenen des Bewußtseins, und eine Partnerschaft wie diese geht selten in die Brüche.

geschäftlich – A

persönlich – A

7:7 Wenn zwei Siebener zusammenkommen, bilden sie ein perfektes Paar, das sich selten streitet, weil beide völlig auf die Bedürfnisse des anderen eingestimmt sind. Aber sie neigen dazu, in ihrer eigenen Welt zu leben – einer Welt der Ideen –, die von der Welt der Realität fern oder gar völlig abgetrennt ist. Diese Partnerschaft muß einen materialistischeren, praktischeren Zugang zum Leben finden, wenn sie überleben will.

geschäftlich – D

persönlich – A

7:8 Eine Sieben und eine Acht passen bei Geschäften gut zusammen, weil die Sieben genug Stabilität bietet, um die rastlose Energie der Acht unter Kontrolle zu halten und sie in konstruktive Bahnen zu lenken. Die Sieben besitzt auch visionäre Eigenschaften, die sehr wertvoll für die Zukunftsplanung sind. Auch im Privatleben ist dies eine hervorragende Kombination, solange die Acht nicht zu sehr dominiert.

geschäftlich – A

persönlich – B

7:9 Frieden, Harmonie und Verständnis sind Qualitäten, wie wir sie in dieser Verbindung finden. Beide Partner denken wie eine Einheit. Die Gefahr liegt darin, zu spirituell zu werden und die Verbindung zur Realität zu verlieren. Eine Sieben und eine Neun zusammen sind kein gutes Team in der Geschäftswelt, solange sie nicht die Organisation humanitärer Projekte zur Aufgabe haben, die sie glänzend erledigen.

geschäftlich – C

persönlich – A

8:8 Wenn zwei Achter ihre gemeinsamen Kräfte und organisatorischen Fähigkeiten nicht mit reichlich Vorsicht und Behutsamkeit handhaben, können die Folgen verheerend sein – sie könnten einander völlig vernichten. Wenn sie sich jedoch zur Zusammenarbeit entschließen, ist das Resultat ein wohlorganisiertes, dynamisches Team, das überhaupt nicht zu bremsen ist!

geschäftlich – A/D

persönlich – A/D

8:9 Diese Zahlenkombination wird oft zu einem hervorragenden Forschungsteam. Die Acht ist praktisch und hat Stabilität, während die Neun ihre Kreativität von einer völlig anderen Gedankenebene bezieht als die meisten anderen Menschen. Auch im privaten Leben scheinen Acht und Neun jeweils das Beste im anderen zu fördern.

geschäftlich – C

persönlich – B

9:9 Weisheit, Wissen und Phantasie sind nur drei der Qualitäten, die in dieser Kombination anzutreffen sind. Zwei Neuner zusammen könnten viel zum Wohle der Menschheit erreichen, indem sie ihr tiefes Verständnis des Lebens miteinander teilen. Diese beiden passen so gut zueinander, daß sie oft ihr Leben lang zusammenbleiben.

geschäftlich – B

persönlich – A

Wer paßt zu wem – Kurzübersicht

Geschäftlich

	1	2	3	4	5	6	7	8	9	
1	B	A	C	B	B	B	C	A	A	1
2	A	C	C	B	D	D	D	B	A	2
3	C	C	D	C	B	B	B	A	D	3
4	B	B	C	A	C	B	A	A	C	4
5	B	D	B	C	D	C	D	A	B	5
6	B	D	B	B	C	D	D	B	A	6
7	C	D	B	A	D	D	D	A	C	7
8	A	B	A	A	A	B	A	A/D	C	8
9	A	A	D	C	B	A	C	C	B	9
	1	2	3	4	5	6	7	8	9	

Privat

	1	2	3	4	5	6	7	8	9	
1	B	A	B	D	C	B	C	A/D	A	1
2	A	A	B	B	D	B	B	B	A	2
3	B	B	D	C	C	B	B	C	A	3
4	D	B	C	B	C	B	A	B	B	4
5	C	D	C	C	D	B	D	A	B	5
6	B	B	B	B	B	A	D	A	A	6
7	C	B	B	A	D	D	A	B	A	7
8	A/D	B	C	B	A	A	B	A/D	B	8
9	A	A	A	B	B	A	A	B	A	9
	1	2	3	4	5	6	7	8	9	

Es gibt noch eine andere Möglichkeit, die manche Numerologen bevorzugen, herauszufinden, wer zu wem paßt. Bei dieser Methode gilt es vor allem, drei Punkte zu beachten (Einzelheiten folgen weiter unten). Die erlangten Resultate unterscheiden sich manchmal von der oben dargestellten Analyse, und es sei Ihnen überlassen, welcher Methode Sie den Vorzug geben möchten. Zu beachten ist folgendes:

1. **Analoge Zahlen**: Dies ist der Fall, wenn die zwei Zahlen, die analysiert werden, entweder beide gerade oder beide ungerade sind. Eine solche Kombination deutet auf eine harmonische Koexistenz hin, weil jeder Partner spezielle Eigenschaften hat, die die fehlenden des anderen ergänzen, und gemeinsam bringen sie das Beste im anderen zum Vorschein.

2. **Widersprüchliche Zahlen**: Dies ist der Fall, wenn die zwei zu analysierenden Zahlen verschieden sind, das heißt, wenn die eine Zahl gerade, die andere jedoch ungerade ist. Bei einer solchen Kombination gibt es oft beträchtliche Meinungsverschiedenheiten und häufigen Streit. Zwei Menschen mit widersprüchlichen Zahlen mögen sich zwar körperlich anziehen, aber ihre Schwierigkeiten liegen im Verständnis für die Denkweise des anderen und seine Motivation. Es erfordert sehr viel Geben und Nehmen auf beiden Seiten, um eine solche Partnerschaft stabil zu halten.

3. **Gruppenzahlen** liegen vor, wenn die beiden zu analysierenden Zahlen aus der gleichen Zifferngruppe stammen. Eine solche Kombination verbindet Menschen ähnlicher Fähigkeiten und Temperamente. Die Zifferngruppen sind folgende:

a) *Denk-Ziffern 1, 5 und 7:* Menschen mit diesen Geburts- tagszahlen sind oft intellektuell, gebildet, intuitiv und große Denker.

b) *Ausdrucks-Ziffern 3, 6 und 9:* Menschen mit diesen Ge- burtstagszahlen sind oft emotional schöpferisch und manchmal auch inspiriert. Schriftsteller und Künstler finden sich in dieser Kategorie.

c) *Geschäfts-Ziffern 2, 4 und 8:* Menschen mit diesen Ge- burtstagszahlen sind gute Organisatoren, stabil, tüch- tig und geschäftlich orientiert. Häufig werden sie Kauf- leute, Bankiers und leitende Angestellte.

Ein letzter Punkt sollte noch erwähnt werden im Zusammen- hang mit der Analyse der »Verträglichkeit«. Ungerade Zahlen sind allgemein maskulin, aktiv, schöpferisch und extrover- tiert, während gerade Zahlen im allgemeinen feminin, passiv, empfänglich und introvertiert sind. Im übrigen haben alle Zahlen, ob sie nun gerade oder ungerade sind, sowohl nega- tive wie auch positive Charakteristika vorzuweisen.

10

Das Alphabet

Numerologen analysieren einen Namen im allgemeinen, indem sie Buchstaben in Zahlenentsprechungen verwandeln und dazu eine Tabelle verwenden. Man kann Namen jedoch auch unter einem anderen Aspekt betrachten, indem man jeden Buchstaben für sich prüft – einen nach dem anderen –, um seine Stärken und Schwächen ausfindig zu machen. Buchstaben, die mehr als einmal im Namen erscheinen, sollten vermerkt werden, denn dies sind die Hervorhebungen und damit von besonderer Bedeutung, wie auch der Anfangsbuchstabe eines Namens.

Früher glaubte man, daß die Seele auf der Schwingung des ersten Vokals in den Körper eintritt, und aus diesem Grund hielt man sie für den wichtigsten Aspekt des Alphabets. Die Zahlen-/Buchstaben-Entsprechungen, wie wir sie in diesem Kapitel benutzen, sind folgende:

1	2	3	4	5	6	7	8	9
A	B	C	D	E	F	G	H	I
J	K	L	M	N	O	P	Q	R
S	T	U	V	W	X	Y	Z	

Eine andere Möglichkeit, die zahlenmäßigen Entsprechungen der Buchstaben darzustellen, ist folgende:

A = 1	G = 7	M = 13/4	S = 19/1	Y = 25/7
B = 2	H = 8	N = 14/5	T = 20/2	Z = 26/8
C = 3	I = 9	O = 15/6	U = 21/3	
D = 4	J = 10/1	P = 16/7	V = 22/4	
E = 5	K = 11/2	Q = 17/8	W = 23/5	
F = 6	L = 12/3	R = 18/9	X = 24/6	

A = 1 A ist der erste Buchstabe des Alphabets und zugleich auch der erste Vokal. A steht symbolisch für den Kopf, das »Oberhaupt«.

<u>Charakteristika:</u>

Entschlossenheit – Anstrengung, Willenskraft, Entscheidung, Absicht, Zweck;

Unternehmung – Initiative, Geist, Antrieb, Energie;

Mut – Kühnheit, Wagemut, Verwegenheit, Selbstvertrauen.

Wenn A der erste Vokal in einem Namen ist, dann deutet dies auf ein großes Interesse am Leben im allgemeinen und auf ein unabhängiges Wesen hin. Wenn im Namen noch ein weiteres A erscheint, spricht dies für vernünftige Nüchternheit und die Fähigkeit, Probleme zu durchdenken, aber drei oder mehr A in einem Namen gehen über das Ebenmaß hinaus und zielen in Richtung Egoismus.

Ein negatives A kann eine sehr kritische Person sein, die alles nur mit Skepsis betrachtet und die Anstrengungen anderer verhöhnt.

B = 2 B ist der zweite Buchstabe des Alphabets und steht für »Emotionen«. B ist kein besonders starker Buchstabe und läßt sich leicht durch seine Umgebung beeinflussen.

Charakteristika:

freundschaftlich – sympathisch, einfühlsam, freundlich, gastfreundlich;

häuslich – Liebe zum häuslichen Leben, zu Frieden und Ruhe. Ein weibliches B ist von Natur aus sehr mütterlich, während sein männliches Gegenstück eine große Liebe zur Natur und zum Landleben zeigt. Beide haben ein starkes Bedürfnis nach Heirat, Ehe oder Partnerschaft und sind nicht gern allein;

übersensibel – erregbar, emotional, nervös, angespannt;

starre Ansichten – unveränderliche Gefühle, feste Glaubensvorstellungen, unbeugsame Gedanken und Meinungen.

Ein negatives B kann ein sehr egoistischer Mensch sein, der völlig mit sich selbst beschäftigt ist und alles haben will, was er bekommen kann; ist sehr habgierig und besitzergreifend.

C = 3 Der dritte Buchstabe im Alphabet steht für »Energie«.

Charakteristika:

gutmütig – heiter, willig, genial, unbeschwert, sorglos;

extravagant – verschwenderisch, liberal, unwirtschaftlich, unvorsichtig, leichtsinnig;

geschickt – fähig, begabt, tüchtig, bewandert, vielseitig, Allround-Talent;

Redner – wortreich, klar, Fürsprecher, Redenschreiber;

Organisator – Planer, Förderer, Ingenieur, Erfinder;

impulsiv – spontan, ungeduldig, folgt der Eingebung des Augenblicks.

Ein negatives C kann schamlos, nachlässig, unaufmerksam, unmoralisch, skrupellos, achtlos und prinzipienlos sein.

D = 4   Der vierte Buchstabe des Alphabets steht für »Balance«.
Charakteristika:
Willenskraft – Entschlossenheit, Festigkeit, Absicht, Zielstrebigkeit;
Geschäftssinn – Scharfsinn, Wahrnehmung, Verständnis, Urteilsfähigkeit, Schlauheit;
Ausdauer – Geduld, Standhaftigkeit, Konzentration, Fleiß;
Autorität – Macht, Führung, Einfluß, Herrschaft, Kommando;
ein Organisator – Planer, Aufbauer, Designer, Befürworter.
Ein negatives D kann stur, unnachgiebig, halsstarrig, eigensinnig und kompromißlos sein.

E = 5   Der fünfte Buchstabe des Alphabets, der zweite Vokal.
Ein besonders starker Buchstabe, der für »Kommunikation«
steht.
Charakteristika:
amüsant – unterhaltend, interessant, zerstreuend, lustig;
unabhängig – braucht Freiheit, Bewegungsspielraum, mag keine Einschränkungen;
geschickt – vielseitig, begabt, tüchtig;

intellektuell – intelligent, nachdenklich, empfänglich, aufmerksam;

phantasievoll – idealistisch, schöpferisch, originell, erfinderisch;

instinktiv – intuitiv, impulsiv, inspiriert, hellsichtig.

Wenn E der erste Vokal in einem Namen ist, weist dies auf ein aufregendes und ereignisreiches Leben hin. Ein Mensch jedoch, der drei oder mehr E in seinem Namen hat, könnte sehr nervös und reizbar sein, besonders, wenn ein E auch der erste Vokal ist.

Ein negatives E kann verantwortungslos, unzuverlässig, labil, kokett und launenhaft sein.

F = 6 F ist der sechste Buchstabe des Alphabets und steht für »Liebe«.

<u>Charakteristika:</u>

häuslich – liebt sein Zuhause, mütterlich/väterlich;

freundlich – freundschaftlich, gastfreundlich, einfühlsam, heiter, fröhlich;

Planer – Organisator, Befürworter, Aufbauer, Gestalter;

hilfreich – höflich, warmherzig, liebevoll, selbstlos;

tröstend – mitfühlend, menschlich, sanft, zärtlich, aufmerksam;

treu – loyal, verantwortungsvoll, ehrbar, moralisch, gewissenhaft, pflichtbewußt.

Ein negatives F kann melancholisch, unglücklich, traurig, elend, zerknirscht, deprimiert, ängstlich und unausgeglichen sein.

G = 7   G ist der siebte Buchstabe des Alphabets und steht für
»Mystik und Religion«.

Charakteristika:

zielstrebig – entschlossen, willensstark, eifrig, resolut;

erfinderisch – phantasiebegabt, idealistisch, schöpferisch, originell;

instinktiv – intuitiv, impulsiv, inspiriert, hellsichtig;

ordentlich – methodisch, diszipliniert, systematisch, sauber.

Das negative G möchte alles auf seine Weise tun und nimmt
keinen Rat an, weil es ihn als Störung auffaßt; es kann auch
voller Zweifel und schwer zu überzeugen sein.

H = 8   H ist der achte Buchstabe des Alphabets und steht für
»Kreativität und Macht«.

Charakteristika:

selbständig – unabhängig, vollkommen, Einzelgänger;

naturliebend – Umweltfreund, beschäftigt sich mit der Erde,
ihren Pflanzen und Tieren;

siegreich – erfolgreich, gewinnbringend, unschlagbar, ein Sieger;

Geldmacher – zahlungskräftig, gutsituiert, wohlhabend, macht
alles zu Geld.

Das negative H kann habgierig, besitzergreifend, egozentrisch
und egoistisch sein.

I = 9 I ist der neunte Buchstabe des Alphabets und der dritte Vokal; es steht für »Gesetz«.

Charakteristika:

elegant – stilvoll, geschmackvoll, sensitiv, künstlerisch;

warmherzig – hilfreich, freundlich, liebevoll, selbstlos;

impulsiv – instinktiv, intuitiv, inspiriert;

sanft – mitfühlend, menschlich, zärtlich, aufmerksam.

Wenn I der erste Vokal in einem Namen ist, deutet es darauf hin, daß die Person an Künsten, Theater oder Wissenschaft interessiert ist. Wenn das I dreimal oder häufiger in einem Namen erscheint, handelt es sich um einen Menschen, der empfindlich und scheu ist, und manchmal überemotional werden kann.

Ein negatives I kann nervös sein, wenig Vertrauen haben, furchtsam, zögernd und verängstigt sein oder auch rasch zornig werden, ungeduldig und leicht beleidigt sein.

J = 1 J ist der zehnte Buchstabe des Alphabets und steht für »Streben«.

Charakteristika:

wahrheitsliebend – fair, ehrlich, aufrichtig, korrekt, echt, verläßlich, loyal;

schöpferisch – originell, erfinderisch, phantasiebegabt;

hilfreich – freundlich, wohlwollend, warmherzig;

schlau – clever, klar, intelligent, talentiert, brillant, klug.

Ein negatives J kann faul sein, gleichgültig, lustlos, stumpfsinnig und leblos – weil ihm vermutlich ein Ziel im Leben fehlt.

K = 2 K ist der elfte Buchstabe des Alphabets und steht für »Extreme«.

Charakteristika:

kraftvoll – stark, potent, gewaltsam, kräftig, mächtig;

unnachgiebig – ausdauernd, anhaltend, beständig, nicht aufhörend;

vielseitig – Allround-Begabung, talentiert;

sensitiv – emotional, ansprechbar, empfindsam, leidenschaftlich;

schöpferisch – originell, phantasiebegabt, erfinderisch, idealistisch;

Autorität – Führung, Einfluß, Kommando, Herrschaft.

Ein negatives K kann furchtsam, zögernd, ängstlich und nervös sein oder abweisend, elend und unzufrieden.

L = 3 L ist der zwölfte Buchstabe des Alphabets und steht für »Aktion«.

Charakteristika:

wohlwollend – großzügig, nächstenliebend, gebend, gutmütig;

Management – Kontrolle, Kommando, Führungsqualitäten;
loyal – wahr, fair, ehrlich, korrekt, echt, verläßlich, moralisch;
talentiert – schlau, klar, intelligent, aufmerksam, intellektuell;
ausgeglichen – in Harmonie, unvoreingenommen;
Reisen – Ortswechsel, Fortschritt, Bewegung.
Ein negatives L neigt leicht zu Unfällen, besonders zu Stürzen.

M = 4 M ist der dreizehnte Buchstabe des Alphabets und
steht für »Spiritualität«.
Charakteristika:
fleißig – hart arbeitend, aktiv, unermüdlich, eifrig, tüchtig,
unerschöpflich;
mutig – tapfer, kräftig, wagemutig, kühn, selbstsicher;
geduldig – tolerant, beschwert sich nicht, ausdauernd, klaglos,
langmütig, ergeben;
häuslich – liebt sein Zuhause, braucht materielle Sicherheit;
psychische Kräfte – Wahrnehmung, Erkenntnis, Hellsicht.
Ein negatives M kann ziemlich hastig sein, überstürzt oder
ungeduldig handeln, übellaunig und leicht zu erzürnen sein.

N = 5 N ist der vierzehnte Buchstabe des Alphabets und steht
für »Imagination«.
Charakteristika:
sicher – gewiß, bestimmt, unerschütterlich, überzeugt, vertrauensvoll, rechthaberisch;

Schriftsteller – Schreiber, Tagebuchschreiber, Reporter, Protokollführer;

Sprecher – Bote, Publizist, Botschafter, Vermittler;

phantasiebegabt – schöpferisch, erfinderisch, inspiriert, intuitiv;

Vergnügen – Freude, Spaß, Sinnlichkeit, Zufriedenheit, Wohlsein.

Ein negatives N kann neidisch, mißgünstig, habsüchtig und eifersüchtig sein und damit eine Scheidung herbeiführen, wenn es zu extrem wird.

O = 6 O ist der fünfzehnte Buchstabe im Alphabet und zugleich der vierte Vokal. Es steht für »Geduld«.

Charakteristika:

gelehrt – gebildet, studiert, Bücherwurm, belesen, kenntnisreich;

intellektuell – wissend, gut informiert, gewahr, aufgeklärt;

tugendhaft – fromm, religiös, ernst, gottesfürchtig, moralisch.

Wenn O der erste Vokal in einem Namen ist, gilt dies als Hinweis auf eine offene und methodische Persönlichkeit, die große Achtung vor Gesetz und Ordnung in allen Dingen hat. Sind drei oder mehr O in einem Namen – besonders, wenn bereits der erste Vokal ein O ist –, zeugt das von einem eigensinnigen, monotonen, langsamen Menschen.

Ein negatives O sollte lernen, seine Emotionen zu kontrollieren, sein Herz nicht auf der Zunge zu tragen, und es sollte sich vor Eifersucht hüten, die ein besonders negatives, destruktives Gefühl ist.

P = 7   P ist der sechzehnte Buchstabe des Alphabets und steht für »Macht«.

<u>Charakteristika:</u>

talentiert – klar, schlau, aufmerksam, intelligent;

aufgeklärt – wissend, gewahr, wohl informiert, intellektuell.

weise – nachdenklich, vernünftig, realistisch, objektiv;

ausdrucksvoll – deutlich, verständlich, geradeheraus, sinnvoll;

einflußreich – beherrschend, machtvoll, eindrucksvoll;

stürmisch – hastig, ungeduldig, eilig, dringend.

Ein negatives P kann besitzergreifend, egozentrisch und vollkommen egoistisch sein und weder Zeit noch Sympathie für andere Menschen und ihre Probleme übrig haben.

Q = 8   Q ist der siebzehnte Buchstabe des Alphabets und steht für »Originalität«.

<u>Charakteristika:</u>

Führung – Autorität, Kommando, Einfluß, Herrschaft;

resolut – entschlossen, stark, zielstrebig, willensstark;

aufmerksam – intelligent, talentiert, schlau, klar;

Redner – wortreich, klar, Fürsprecher, Redenschreiber;

feurig – heftig, vehement, gewaltig, zu großen Anstrengungen fähig;

rätselhaft – geheimnisvoll, tiefgründig, schwer zu durchschauen und zu analysieren, unberechenbar.

Negative Q können äußerst langweilig werden, besonders dann, wenn sie viel reden und dazu neigen, sich nur noch um sich selbst zu drehen.

R = 9 R ist der achtzehnte Buchstabe des Alphabets und steht für »Möglichkeiten«.

Charakteristika:

warmherzig – hilfreich, freundlich, liebevoll, selbstlos;

mitfühlend – sanft, zärtlich, rücksichtsvoll, menschlich;

geduldig – tolerant, gleichmütig, gelassen, beständig, gefaßt;

begeistert – wach, eifrig, aktiv, lebendig, lebhaft, hart arbeitend.

Ein negatives R neigt sehr dazu, etwas aus seinem Besitz zu verlegen oder ganz zu verlieren und kann sehr reizbar, pedantisch und empfindlich sein. Es ist auch schnell verärgert.

S = 1 S ist der neunzehnte Buchstabe des Alphabets und steht für »Anfänge«.

Charakteristika:

starke Gefühle – heftig, feurig, intensiv, zu großen Anstrengungen fähig, gewaltsam;

Anziehung – Charme, Ausstrahlung, Einfluß, Faszination, Entzücken;

Liebe – Wärme, Zärtlichkeit, Verlangen, Anhänglichkeit, Hingabe;

Geld – Wohlstand, Vermögen, Kapital, finanziell gesichert;

Anfänge – Neubeginn, Start, Eröffnung, Amtsantritt.

Ein negatives S könnte viele Aufregungen und viel Versagen im Laufe seines Lebens erfahren und auch dazu neigen, impulsiv zu handeln, ohne vorher nachzudenken.

T = 2 T ist der zwanzigste Buchstabe des Alphabets und steht für »Wachstum«.

<u>Charakteristika:</u>

Aktion – Bewegung, Getriebe, Aktivität, Rastlosigkeit, ruhelos;

Autorität – Macht, Führung, Einfluß, Herrschaft, Kommando;

Kreativität – Stil, Form, Gestalt, Mode, einträglich;

Entwicklung – Wachstum, Aufbau, Steigerung, Vergrößerung, Ausweitung;

religiös – fromm, spirituell, ernst, tugendhaft, moralisch.

Ein negatives T ist überemotional und läßt sich sehr leicht von den Meinungen anderer beeinflussen. Es muß Selbstkontrolle im Denken und Handeln lernen.

U = 3 U ist nicht nur der einundzwanzigste Buchstabe des Alphabets, sondern auch der fünfte und letzte der »echten« Vokale. Es steht für »Anhäufung«.

Charakteristika:

schlau – talentiert, clever, klar, intelligent, aufmerksam;

Faszination – Anziehung, Charme, Reiz, Einfluß;

gewinnsüchtig – ein Sammler, Habsucht, besitzergreifend, habgierig;

glücklich – vom Glück begünstigt, gesegnet, gute Chancen;

gutes Gedächtnis – gelehrt, wohl informiert; erinnert sich gut, vergißt nichts.

Wenn U der erste Vokal in einem Namen ist, dann ist das ein Hinweis auf einen Menschen, der mit seinem Intellekt sehr viel verstehen kann; es zeigt auch an, daß dieser Mensch die Fähigkeit hat, Ideen zu formulieren und sie zur Realität werden zu lassen. Wenn drei oder mehr U in einem Namen vorkommen – besonders wenn U der erste Vokal in diesem Namen ist –, deutet das nicht nur auf Habgier und Egoismus, sondern auch auf durch Habsucht verursachte, mögliche Verluste.

Negative U können egoistisch, gierig, unentschlossen sein oder auch alle drei Eigenschaften gleichzeitig aufweisen.

V = 4   V ist der zweiundzwanzigste Buchstabe des Alphabets und steht für »Konstruktion«.

Charakteristika:

ehrlich – wahrheitsliebend, fair, echt, verläßlich, moralisch, loyal;

fleißig – hart arbeitend, eifrig, aktiv, unermüdlich, tüchtig;

praktisch – begabt, fingerfertig, nützlich, schafft wirkliche Resultate;

feste Überzeugungen – fixe Ideen, unveränderliche Gefühle, unbeugsame Meinungen;

gesellig – gesellschaftlich, mischt sich gern unter die Leute, leutselig, umgänglich, herzlich, gern in Gesellschaft;

sensitiv – emotional, ansprechbar, leidenschaftlich, empfindsam.

eifersüchtig – besitzergreifend, neidisch, ängstlich, übermäßig phantasiebegabt.

Ein negatives V kann nicht nur unpraktisch, sondern auch völlig unberechenbar sein.

W = 5 W ist der dreiundzwanzigste Buchstabe des Alphabets und steht für »Selbst-Ausdruck«.

<u>Charakteristika:</u>

resolut – entschlossen, zäh, ausdauernd, zielstrebig;

phantasievoll – originell, schöpferisch, intuitiv, nachdenklich;

attraktiv – anziehend, charmant, faszinierend, geheimnisvoll;

leutselig – sozial, gern in Gesellschaft, Kontaktmensch.

Ein negatives W kann egoistisch und habgierig sein, aber auch zu risikofreudig, wagt Abkürzungen, wenn es sich davon etwas verspricht.

X = 6 X ist der vierundzwanzigste Buchstabe des Alphabets und steht für »Sexualität«.

Charakteristika:

hedonistisch – vergnügungssüchtig, begehrt Luxus, verwöhnt sich, sucht Bequemlichkeit ;

beeinflußbar – ein williger Schüler, empfänglich, begierig zu lernen;

Zügellosigkeit – kennt keine Grenzen, Exzeß, Sucht, Ausschweifung;

sinnlich – süchtig nach Erregung und Zerstreuung, erdverbunden, lebt aus dem Vollen, sexueller Exzeß.

Ein negatives X kann eine extrem wirre Person sein, die nicht nur unaufrichtig in ihren Versprechungen ist, sondern auch in ihrer Zuneigung.

Y = 7 Y ist der vorletzte Buchstabe des Alphabets, der zum Teil auch als Vokal Verwendung findet. Er steht für »Freiheit«.

Charakteristika:

unternehmend – progressiv, ehrgeizig, unternehmungslustig, Pioniergeist, Wagemut;

unabhängig – Freiheit, Vorrecht, Selbst-Ausdruck;

wünscht keine Zwänge – haßt Einschränkungen, Grenzen, Kontrolle, Bedingungen;

ästhetisch – Sinn für Schönheit, guter Geschmack, kultiviert, gute Manieren.

Y wird nur als Vokal behandelt, wenn es für sich steht und den Laut von I (Yvonne) oder Ü (Kyrill) annimmt; dann übernimmt es auch die Bedeutung desselben Lautes.

Das negative Y kann unentschlossen sein, besonders dann,

wenn es vor einer Entscheidung steht. Dieses Zögern kann auch dazu führen, daß es manche gute Gelegenheit im Leben verpaßt.

Z = 8 Z ist der letzte Buchstabe des Alphabets und steht für »Hoffnung«.

<u>Charakteristika:</u>

Vertrauen – Zutrauen, Hoffnung, Erwartung, Glauben;

rücksichtsvoll – sanft, mitleidsvoll, verständnisvoll, menschlich, zärtlich;

vernünftig – fähig, Auffassungsvermögen, praktisch, klar, nüchtern, sachlich;

diplomatisch – ein Vermittler, Unterhändler, Friedensstifter, diskret, weise, vernünftig.

Ein negatives Z kann sehr ungeduldig und halsstarrig sein und sollte lernen zu denken, bevor es handelt.

Wenn wir nach dieser Methode Namen analysieren – sei es nun ein Vorname, ein Nachname oder der ganze Name –, gilt es, vier Hauptpunkte zu beachten, die vielleicht selbstverständlich erscheinen, aber doch auch übersehen werden können, wenn man in Eile ist.

1. Ist der Name korrekt buchstabiert?

2. Sind irgendwelche Buchstaben besonders hervorgehoben? (Das sind Konsonanten oder Vokale, die mehr als einmal vorkommen. Je öfter ein Buchstabe erscheint, desto stärker

wird seine Bedeutung betont. Sollte er drei- oder viermal in einem Namen auftauchen, kann dies eine Überbetonung bestimmter Charakteristika in dieser Persönlichkeit bedeuten.) Notieren Sie diese Buchstaben und vermerken Sie, wie häufig sie vorkommen.

3. Welches ist/sind der/die Anfangsbuchstabe/n der/des analysierten Namen/s (Initialen)?

4. Welches ist der erste Vokal in dem Namen?

Der Name kann dann auch als Ganzes betrachtet werden, um zu sehen, ob die Persönlichkeit ausgeglichen ist oder irgendwelche Eigenschaften nicht vertreten sind. Sind beispielsweise vier B in einem Namen – was auf einen sanften, unauffälligen Charakter hinweist –, könnte dieser Antriebsmangel an anderer Stelle durch stärkere Buchstaben wie D, P und A kompensiert werden. In gleicher Weise lassen sich zu viele X abmildern durch Buchstaben wie L, T und O.

Persönliches Beispiel:

Name: _____

Betonte Buchstaben:

_____mal Vokal:_____   _____mal Konsonant:_____

_____mal Vokal:_____   _____mal Konsonant:_____

_____mal Vokal:_____   _____mal Konsonant:_____

Anfangsbuchstaben: _____

Erster Vokal: _____

Anmerkungen: _____

_____

_____

11

Gut oder schlecht

Mit Hilfe der Numerologie lassen sich viele Dinge errechnen, wie zum Beispiel Glücks- und Unglückstage eines Menschen, der günstigste Tag für eine Eheschließung oder der geeignetste Wohnort. Es ist auch möglich, herauszufinden, was ein bestimmtes Jahr bringen wird – oder ein Abschnitt von vier Monaten in einem Jahr oder gar, wie sich ein bestimmter Monat gestalten wird. In diesem Kapitel werden wir sehen, wie diese Berechnungen auf der Grundlage elementarer Regeln und Kenntnisse der Numerologie durchgeführt werden. Es gibt zwei Methoden, um die guten oder schlechten Tage eines Menschen zu berechnen. Nach der ersten Methode müssen Sie die Geburtstagszahl und die Namenszahl addieren (und erhalten so die Lebensmitte-Zahl), und dazu die Zahl des zu analysierenden Tages rechnen. Reduzieren Sie die Summe dieser Zahlen, bis Sie eine einstellige Quersumme erhalten. Die Entsprechungen der einstelligen (Quer-)Summen von Eins bis Neun sind folgende:

1er-Tag Vergeuden Sie keinen Augenblick, weil dies ein Tag der Gelegenheiten für Sie ist, und es könnte sein, daß Sie keine zweite Chance erhalten. Seien Sie positiv, tun Sie etwas aktiv und stellen Sie sich allen Problemen, die Sie in letzter Zeit beschäftigt haben. »Aktion« ist Ihr Schlüsselwort.

2er-Tag Eher ein Tag zum Nachdenken und Planen, als ein Tag der Taten. Bleiben Sie zu Hause; denken Sie Ihre Probleme durch und überlegen Sie, wie diese am besten zu lösen sind. Schließen Sie heute keinerlei Verträge oder Abkommen, seien es mündliche Vereinbarungen oder schriftliche Übereinkünfte; das Ergebnis würde nicht vorteilhaft für Sie sein.

3er-Tag Ein besonders glücklicher Tag, an dem Sie ausgehen und es ganz allgemein schön haben sollten. Es gibt reichlich zu tun, aber Sie sollten immer noch mehr als genug Energie haben, um alles zu schaffen und noch genügend Zeit für Unterhaltung übrig zu haben.

4er-Tag Heute gibt es keine Aufregung für Sie. Ein 4er-Tag ist immer reichlich trübe und nur alltägliche Routine, manchmal direkt langweilig. Seien Sie praktisch, erledigen Sie all Ihre Pflichten, dann haben Sie später in der Woche mehr Zeit für Ihre Freizeitgestaltung.

5er-Tag Ein Tag, an dem Sie mit dem Unerwarteten rechnen können, weil alles geschehen kann und vermutlich auch wird. Dieser Tag wird voller Abenteuer und Erregung sein. Sie können es sich sogar leisten, die Gelegenheit zu nutzen und »die Fünf einmal gerade sein lassen«.

6er-Tag Wenn Sie bei irgend jemandem schlecht angeschrieben sind oder vielleicht kürzlich mit ihrem Partner Streit gehabt haben, dann ist heute die Zeit, das Kriegsbeil zu begraben und sich zu entschuldigen. Heute lassen sich alle Konflikte lösen. Auch ein günstiger Tag für gesellschaftliche Zusammenkünfte oder einfach einen Besuch bei oder von Freunden.

7er-Tag An diesem Tag sollten Sie Frieden suchen und Ruhe, abseits von Menschen und Zerstreuung. Sie brauchen etwas Zeit für sich selbst, um zu meditieren oder einfach über die Dinge nachzudenken. Auch ein guter Tag für jene unter Ihnen, die studieren oder forschen.

8er-Tag Ein Tag fürs große Geschäft und alles, was mit Finanzen oder großartigen Plänen zu tun hat. Sie sollten eine konstruktive Anstrengung unternehmen, um heute etwas Greifbares zu schaffen.

9er-Tag Dies ist ein besonders glücklicher Tag, an dem Sie Großes erreichen können. Ein Tag persönlicher Befriedigung, verbunden mit erfüllten Plänen.

Für die zweite Methode, günstige und ungünstige Tage zu ermitteln, brauchen Sie einen Kalender, der Ihnen auch Aufschluß über die jeweiligen Mondphasen gibt. Zuerst stellen Sie den Tag des Vollmondes in dem Monat fest, nach dem Sie fragen. Dann zählen Sie die Tage vom Tag des Vollmondes bis zum Monatsende und multiplizieren diese mit der Zahl der Tage des Monats, um die Antwort auf Ihre Frage zu erhalten. Wenn der Vollmond beispielsweise auf den 7. September fiele, wären es noch 23 Tage bis zum Monatsende. Der Monat September hat 30 Tage. 23 x 23 = 690, und die Glückstage in diesem Monat wären folglich der 6. und der 9. Um Unglückstage zu errechnen, zählen Sie die Tage des Monats bis zum Vollmond und multiplizieren sie mit der Zahl aller Tage des Monats. In unserem Beispiel (Vollmond am 7. September) wären dies 6 x 30 = 180 – der Unglückstag würde auf den 18. September fallen.

Um den günstigsten Tag für eine Hochzeit zu bestimmen, bräuchten Sie auch einen Kalender. Stellen Sie wieder den Tag des Vollmondes fest, aber dieses Mal in dem Monat, in dem die Hochzeit voraussichtlich stattfinden wird. Zählen Sie die Tage vom Vollmond bis zum Monatsende, ziehen Sie diese Zahl von der Anzahl der Tage im Monat ab, und multiplizieren Sie den Rest mit dem Alter der Braut/des Bräutigams. (Ist der künftige Partner z. B. 22 Jahre und 5 Monate alt, wird sein Alter als 23 gerechnet, da er sich im 23. Lebensjahr befindet.) Die so errechnete Summe wird den günstigsten Tag oder die günstigsten Tage für eine Eheschließung im betreffenden Monat anzeigen.

DER NEUNJÄHRIGE WANDLUNGSZYKLUS

Man glaubt, daß unser Leben aus einer Reihe von Neun-Jahres-Zyklen besteht, im Laufe derer Veränderungen stattfinden in unserer Art zu denken, bei unseren emotionalen und materiellen Bedürfnissen – ein Muster, das sich immer weiter wiederholt, solange wir leben. Um Ihren gegenwärtigen Stand in diesem Wandlungszyklus zu finden, Ihr »persönliches Jahr«, zählen Sie einfach Ihren Geburtsmonat und -tag zu dem Jahr, in dem Sie zuletzt Geburtstag hatten (zweistellig). Das Geburtsjahr wird bei diesen Berechnungen *nicht* benötigt. Das persönliche Jahr dauert jeweils von Geburtstag zu Geburtstag, also nicht von Neujahr bis Silvester wie das Kalenderjahr. Diese Methode können Sie für jedes Jahr ihres Lebens anwenden, sei es in der Vergangenheit, Gegenwart oder Zukunft, vorausgesetzt, das »Jahr Ihres letzten Geburtstags« wurde richtig berechnet. Tragen Sie Ihre Daten als Beispiel hier ein:

Geburstag + Geburtsmonat + Jahr d. letzten Geburtstages = persönliches Jahr

_16_ + _4_ + _1993_ = _33 = 6_

Jedes der neun persönlichen Jahre im Wandlungszyklus läßt sich folgendermaßen analysieren:

Persönliches Jahr **Eins**

Ein sehr starkes Jahr, in dem Korrekturen notwendig sein werden für den Beginn eines neuen Zyklus. Jetzt ist die Zeit für eine klare Trennung von absterbenden Beziehungen, die ständig Ihre emotionale Energie rauben, und für die Ablösung von schlechten Gewohnheiten, die Sie sich im Laufe des vergangenen Neun-Jahres-Zyklus angeeignet haben. Fort mit dem Alten und her mit dem Neuen in einem persönlichen Jahr Eins.

Sie müssen versuchen, mehr Selbstvertrauen zu entwickeln und zu lernen, sich besser zu behaupten – seien Sie nicht länger ein Jasager. Wenn Sie das Gefühl haben, daß etwas nicht ganz richtig ist, dann sagen Sie es; Sie dürfen nicht länger schweigen und darunter leiden. Dies könnte ein aufregendes Jahr persönlichen Wachstums werden, wenn Sie bereit sind, sich Mühe zu geben.

Finanziell sollten sich die Umstände verbessern, und es sind Anzeichen für viele Käufe und Verkäufe vorhanden, wobei die Betonung mit Sicherheit auf Besitztransaktionen liegt.

Persönliches Jahr **Zwei**

Kein Jahr, um größere Veränderungen zu planen oder große materielle Sprünge zu machen. Spirituelle Entwicklung heißt der Schlüsselbegriff für das Jahr Zwei. Sie sollten versuchen, sich selbst so vorzustellen, wie andere Sie sehen, um die Stärken und Schwächen in Ihrem Charakter herauszufinden. Emotionale Aufregungen sind in diesem Jahr zu erwarten, und Sie müssen lernen, sich mehr unter Kontrolle zu halten, um Ihre Gefühle der Unsicherheit vor anderen zu verbergen. Bis Ende dieses Jahres sollten Sie in der Lage sein, den Unterschied zwischen Aktion und Reaktion zu erkennen.

Persönliches Jahr **Drei**

Immer noch kein Jahr für eine größere Veränderung. Ein Jahr
Drei hat mit dem Intellekt zu tun und ist ein Jahr, in dem Ihre
mentale, Ihre Denkkapazität einen Höhepunkt erreicht. Während dieses Zeitabschnitts müssen Sie sich wirklich anstrengen und von Ihrer Denkfähigkeit Gebrauch machen. Schauen
Sie, horchen Sie, und vor allem: lernen Sie. Sie können auf viele
verschiedene Arten Wissen anhäufen – belegen Sie einen Studiengang, machen Sie sich die Mühe, in diesem Jahr mehr zu
reisen, oder beteiligen Sie sich an einem humanitären Projekt,
durch das Sie Einsicht in andere Aspekte des Lebens gewinnen
werden.

Persönliches Jahr **Vier**

Ein Jahr zum Entspannen und um die Dinge leicht zu nehmen
nach all den Veränderungen des Jahres Eins, der so notwendigen Seelenerforschung im Jahr Zwei und dem im Jahr Drei
so plötzlich verspürten Bedürfnis nach Wissen. Ein Jahr Vier
ist das Jahr, in dem Sie Ihre Gesundheit bewahren und schützen müssen – die mentale ebenso wie die körperliche.
Versuchen Sie nicht, größere Veränderungen durchzuführen
(z. B. berufliche Veränderung oder Wohnungswechsel), da
solche Unternehmungen im Jahre Vier selten ein großer Erfolg
werden. Lassen Sie sich die Zeit, sich diesem Jahr anzupassen,
und geben Sie Ihren Batterien die Möglichkeit, sich wieder
aufladen zu lassen. Sorgen Sie für sich selbst!

Persönliches Jahr **Fünf**

Immer noch kein besonders dynamisches Jahr, sondern eine
Zeit, in der keine großen Veränderungen oder materiellen
Fortschritte zu erwarten sind. Frischen Sie alles auf, was Sie
im bisherigen Verlauf dieses Zyklus gelernt haben. Halten Sie
Ihre Emotionen unter Kontrolle, bewahren Sie Ihre Energie,

fahren Sie fort mit Ihrer spirituellen Entwicklung, und falls Ihnen dann noch Zeit übrig bleibt, dann widmen Sie sie der Wiedererweckung ihrer künstlerischen Fähigkeiten.

Die einzige Veränderung, über die Sie sich Gedanken machen können – jedenfalls mit einiger Hoffnung auf Erfolg –, ist ein Umzug von der Stadt hinaus aufs Land.

Persönliches Jahr **Sechs**

Dies wird ein besonders glückliches Jahr für jede Art von Beziehungen. Geschäftliche Partnerschaften, die sich unter dem Einfluß des Jahres Sechs formieren, sollten sich als gewinnbringend erweisen, und persönliche Beziehungen romantischer Art könnten im späteren Verlauf des Jahres zu einer Eheschließung führen.

Jene unter Ihnen, die bereits verheiratet sind, werden feststellen, daß der Einfluß des Jahres Sechs ihrem Zuhause und Ihrer Familie zugute kommt. Auf persönlicher Ebene sollten Sie darangehen, Ihre künstlerischen Fähigkeiten zu entwickeln – dies ist ein Jahr der Schönheit, und Sie können mit Kreativität einiges erreichen.

Persönliches Jahr **Sieben**

Seinem Wesen nach ähnelt dieses Jahr dem Jahr Vier – eine Zeit zur Festigung und Korrektur, in dem keine größeren Veränderungen oder Fortschritte zu erwarten sind. Versuchen Sie, ein gewisses Maß an Ordnung und Routine in Ihrem täglichen Leben zu verankern, entscheiden Sie noch einmal über die Rangfolge Ihrer Prioritäten und versuchen Sie, Ihre persönlichen Probleme nicht so zu überbewerten, daß Sie Ihnen über den Kopf wachsen.

Persönliches Jahr **Acht**

Nach den vergangenen vier Jahren der schrittweisen Vorbereitung nähern Sie sich nun dem Ende dieses Zyklus. Inzwischen sollten Sie gelernt haben, die Freiheit und Unabhängigkeit, die dieses Jahr mit sich bringen wird, auf verantwortungsvolle Weise zu gebrauchen – besonders in bezug auf das Geld. Die volle Reife eines Zyklus wird aber erst im neunten Jahr erreicht werden.

Persönliches Jahr **Neun**
Jetzt haben Sie das Ende des Wandlungszyklus erreicht, den Sie auf dem Kamm der Welle abschließen sollten. In diesem Zeitabschnitt sollten Sie Toleranz und Verständnis, die Sie gelernt haben, zeigen und versuchen, Ungerechtigkeiten in der Vergangenheit zu vergessen. Veränderungen, die Sie in diesem Jahr einleiten, werden sich vielleicht erst im Jahr Eins positiv auswirken, da die Übergangsperiode zwischen den Zyklen häufig etwas länger dauert. Es ist die Zeit, neue Freundschaften zu schließen, unbekannte Stätten zu besuchen und den Blick in die Zukunft zu richten.

Ein persönliches Jahr kann in drei Abschnitte zu je vier Monaten untergliedert werden. Dies ermöglicht es uns, das Jahr weitergehend zu analysieren, weil wir feststellen können, welche Zahl jede Vier-Monats-Periode beherrscht und beeinflußt. Diese Zahlen lassen sich folgendermaßen berechnen:

1. Berechnen Sie noch einmal Ihr persönliches Jahr – oder beziehen Sie sich auf bereits früher gewonnene Rechenergebnisse und« tragen Sie Ihre derzeitige »Jahreszahl« an den dafür vorgesehenen Platz ein.

2. Tragen Sie den Monat Ihres Geburtstages und den vierten Monat danach ein (fällt der Geburtstag z. B. in den Dezember, dann ist April der vierte Monat danach, usw.).

3. Dann tragen Sie die Dauer des nächsten 4-Monats-Abschnittes ein (nach »Dezember–April« wäre das entsprechend »April–August«).

4. Schließlich tragen Sie die Dauer des dritten 4-Monats-Abschnittes ein (in unserem Beispiel »August–Dezember«). Damit ist das Jahr in drei gleichlange Abschnitte von je vier Monaten Dauer unterteilt.

5. Um die Zahl herauszufinden, die den ersten Abschnitt beeinflußt, addieren Sie Ihr Alter (Geburtstag bei Beginn dieses Jahres und Zeitabschnittes) zu der Jahreszahl des betreffenden Jahres, bilden dann die Quersumme des Ergebnisses zuerst als eine zweistellige und dann als einstellige Zahl in gewohnter Weise.

6. Um die Zahl zu errechnen, die den zweiten 4-Monats-Abschnitt beeinflußt, addieren Sie die zweistellige (nicht reduzierte) Geburtstagszahl zu dem zu analysierenden Jahr und bilden von dem Ganzen die Quersumme.

7. Die Zahl, die den dritten 4-Monats-Abschnitt beeinflußt, findet man durch Addition der nicht reduzierten Vokalzahl zu der Jahreszahl; vom Ergebnis wird dann zunächst eine zweistellige, dann die einstellige Quersumme gebildet.

Ein theoretisches Beispiel wurde als Ánleitung auf S. 222 angeführt. Es wäre eine aufschlußreiche Übung für jeden an der Numerologie Interessierten, ein früheres persönliches Jahr zu analysieren, um die Genauigkeit dieses Systems zu erfahren. Ein persönliches Jahr kann weiter unterteilt werden, um die jedem einzelnen Monat zugrunde liegenden Strömungen aufzudecken. Die Analyse des persönlichen Monats hilft auch weitere Hinweise zu erhalten, wenn wichtige Ereignisse im Lauf eines persönlichen Jahres eintreffen werden.

Beispiel:

JONOTHAN ROBERTSON, geb. 3. Dezember 1956 (27/9).
Zu analysierendes Jahr: 1978

Persönliches Jahr	Dezember bis April	April bis August	August bis Dezember
	Alter plus Jahr	Geburtstags- zahl plus Jahr	Vokalzahl plus Jahr
3+12+1978	1978	1978	1978
3+12+25 = 40/4	+22	+27	+30
	2000 = 2	2005 = 7	2008 =10/1

Eigenes Beispiel:

Zu analysierendes Jahr: _____

Persönliches Jahr	_____ –	_____ –	_____ –
Fragliches Jahr	+ _____	+ _____	+ _____
	_____ =	_____ =	_____ =

Es ist recht einfach, den numerologischen Einfluß für einen
bestimmten Monat herauszufinden, indem man die Zahlen
des fraglichen Monats (Januar = 1, Februar = 2, März = 3 usw.
bis Dezember = 12) zu der ungekürzten (zweistelligen) persönlichen Jahreszahl addiert. Wenn wir bei dem angegebenen
Beispiel bleiben und nach der Zahl fragen, die den Monat April

des Jahres 1978 für Jonothan Robertson beeinflußt, addieren wir 4 (für den Monat April) zu 40 (der ungekürzten persönlichen Jahreszahl) und erhalten so 44/8. Acht wäre also die persönliche Monatszahl im April 1978.

Die folgende Liste von Schlüsselbegriffen gilt sowohl für persönliche Monate als auch für Viermonatsperioden:

1. neue Anfänge, Entscheidungen, Energie-Verausgabung, Kreativität;

2. Zusammenarbeit, Frieden, Übereinstimmung, Gleichgewicht;

3. Freiheit in Bewegung und Ausdruck, Verschiedenheit, Genuß;

4. konstruktive Bemühungen, Organisation, Fähigkeit, Mühe;

5. frei- oder unfreiwillige Veränderung, Reise, neue Horizonte, persönliche Freiheit, intellektuelle Entwicklung;

6. Liebe, Schönheit, Harmonie, Häuslichkeit, Familienbindungen, künstlerischer Ausdruck;

7. Erfolg, Ziel erreichen, Selbstanalyse, gesundheitliche Sorgen.

8. Geld, Handel, Stärke, Macht, Kontrolle, Verantwortung;

9. öffentlicher Dienst, humanitäre Aufgaben, Abschlüsse.

Elementare Numerologie ist notwendig, um auszurechnen, ob ein bestimmter Ort in Harmonie mit den numerologischen Schwingungen eines Menschen ist oder nicht. Diese Methode läßt sich sowohl in bezug auf große Gebiete (Länder, Staaten oder Bezirke) anwenden als auch bei Städten, Dörfern, Straßen und sogar Häusern, wenn diese einen Namen besitzen.

Um die bestimmende Zahl eines Ortes ausfindig zu machen, rechnen Sie alle Buchstaben seines Namens in die numerologischen Entsprechungen um, zählen diese zusammen und bilden von der Summe die Quersumme, bis diese einstellig ist. Sobald Sie die »Ortszahl« berechnet haben, brauchen Sie nur noch Intuition und numerologisches Verständnis, wenn Sie sie mit Ihren vier persönlichen Zahlen vergleichen (Geburtstagszahl, Vokalzahl, Konsonantenzahl und Namenszahl). Folgende Punkte gilt es dabei zu beachten:

1. Analoge Zahlen liegen dann vor, wenn alle zu analysierenden Zahlen ungerade oder wenn alle gerade sind. Solche Zahlenkombinationen sind ein Hinweis auf Harmonie und friedliche Existenz – daher wäre die Ortszahl in diesem Falle in Harmonie mit ihren persönlichen Zahlen und würde die besten Qualitäten in Ihnen fördern.

2. Widersprüchliche Zahlen liegen vor, wenn einige der zu vergleichenden Zahlen gerade, andere dagegen ungerade sind. Eine Ortszahl, die auf diese Weise im Widerstreit mit Ihren persönlichen Zahlen liegt, bedeutet, daß dies nicht der ideale Ort ist, um sich niederzulassen und Wurzeln zu schlagen.

3. Gruppenzahlen liegen vor, wenn die betrachteten Zahlen alle der gleichen Gruppe angehören.
   Gruppe 1 – 1, 5, 7: Wenn alle Ihre persönlichen Zahlen und die Ortszahl in die Gruppe 1 fallen, ist dies ein Ort, an dem Sie Ihren Intellekt entwickeln können, an dem Sie Wissen erwerben und Ihre Ausbildung fortsetzen können. Ein Ort, an dem Sie von Ihrer Intuition wirklich Gebrauch machen könnten, denn 1, 5 und 7 sind »Denk«-Zahlen.
   Gruppe 2 – 3, 6, 9: Wenn alle Ihre persönlichen Zahlen und die Ortszahl in diese Gruppe fallen, ist dies ein Ort, an dem

Sie Ihren künstlerischen Talenten nachgehen können (z. B. Malen oder Schreiben), ein Ort also, an dem Sie schöpferisch und inspiriert sein werden. Emotional könnten Sie hier gefordert werden, denn 3, 6 und 9 sind »Ausdrucks«-Zahlen.

Gruppe 3 – 2, 4, 8: Wenn alle Ihre persönlichen Zahlen und die Ortszahl in diese Gruppe fallen, ist dies ein Ort, an dem geschäftliche Unternehmungen gedeihen werden und finanzielle Probleme geklärt werden könnten. Die Zahlen 2, 4 und 8 sind »Geschäfts«-Zahlen.

4. Denken Sie schließlich bei allen numerologischen Vergleichen daran, daß ungerade Zahlen allgemein maskulin, aktiv, schöpferisch und extravertiert sind, während gerade Zahlen als feminin, passiv, rezeptiv und introvertiert gelten.

Hier seien einige Beispiele für Ortszahlen angeführt; es ist auch Platz vorgesehen, wo Sie Ihre eigenen Berechnungen eintragen können:

Staaten:

Deutschland = 39/12/3	Österreich = 62/8
England = 30/3	Rußland = 27/9
Frankreich = 57/12/3	Schweiz = 39/12/3
Holland = 30/3	Spanien = 33/6
Italien = 34/7	USA = 5

Länder:

Baden-Württemberg = 75/3   Kärnten = 34/7

Bayern = 29/11/2   Steiermark = 43/7

Sachsen = 24/6   Tirol = 29/11/2

Niedersachsen = 61/7   Aargau = 22/4

Thüringen = 58/13/4   Graubünden = 49/4

Saarland = 25/7   Tessin = 23/5

_____   _____

_____   _____

Städte:

Berlin = 33/6   Graz = 25/7

Frankfurt = 43/7   Salzburg = 34/7

Hamburg = 34/7   Wien = 24/6

Köln = 21/3   Basel = 12/3

Leipzig = 47/11/2   Genf = 23/5

München = 38/11/2   Zürich = 45/9

_____   _____

_____   _____

Straßennamen:

Am Waldpark = 37/1   Lindenallee = 48/3

Bahnhofstraße = 56/11/2   Marktplatz = 39/3

Drosselweg = 46/1   Pfarrgasse = 47/11/2

Elbchaussee = 37/1   Sterntalerweg = 59/5

_____   _____

_____   _____

POLITISCHE ASTROLOGIE

Politische Astrologie ist ein System von Entsprechungen, durch das jedes Land und jede Stadt auf der Erde mit einem astrologischen Zeichen in Verbindung gebracht wird. Auch ganze Kontinente haben ihre astrologischen Herrscher. Das gesamte System basiert auf folgenden vier Grundüberlegungen:

1. auf der geophysikalischen Natur jedes Landes;

2. auf seinem Klima,

3. auf seinen Bewohnern und

4. auf seiner geographischen Lage im Verhältnis zu anderen Ländern/Kontinenten.

Das bedeutet ganz einfach: Wenn die Planeten durch ein bestimmtes astrologisches Zeichen gehen oder es aspektieren, dann sollte in den Ländern und Städten, die diesem Zeichen zugeordnet sind, eine Reaktion auf dieses Geschehen zu beobachten sein.

Betreiben wir die politische Astrologie noch einen logischen Schritt weiter und greifen auf die Zahlen-/Planeten-Korrespondenzen zurück, die wir bereits im Kapitel 5 ausführlich besprochen haben, dann erhalten wir eine Alternativmethode zur Berechnung der Ortszahlen. Wie bei so vielen Korrespondenz-Listen, gibt es auch hier Widersprüche zwischen den verschiedenen Schulen und Lehren. Die unten angegebenen Entsprechungen sind weithin im Gebrauch, was aber nicht die Existenz anderer Möglichkeiten ausschließt, die in manchen Einzelheiten differieren. Sie werden selbst entscheiden, welche der beiden Methoden zur Ortszahlenbestimmung Sie anwenden wollen, da die beiden Systeme getrennt nebeneinander zu betrachten sind.

Widder

Planet – Mars (positiv)
herrschende Zahl – 9 (positiv)
Regionen – England, Dänemark, Deutschland, Burgund, Palästina, Syrien, Japan;
Städte – Birmingham, Oldham, Leicester, Blackburn, Florenz, Neapel, Verona, Padua, Marseilles, Krakau, Saragossa, Utrecht, Capua, Braunschweig.

Stier

Planet – Venus (positiv)
herrschende Zahl – 6 (positiv)
Regionen – Irland, Polen, Kleinasien, Georgien, Kaukasus, griechisches Inselreich, Zypern, Weißrußland;
Städte – Dublin, Leipzig, Mantua, Parma, Palermo, Rhodos, St. Louis, Ashton-under-Lyne.

Zwillinge

Planet – Merkur (positiv)
herrschende Zahl – 5 (positiv)
Regionen – USA, Belgien, Brabant, Lombardei, Unterägypten, Sardinien, Westengland, Armenien, Tripoli, Flandern, Wales;
Städte – London, Plymouth, Melbourne, Brügge, Cordova, Metz, Nürnberg, Versailles, Löwen, San Francisco, Wolverhampton.

Krebs

Planet – Mond
herrschende Zahl – 2
Regionen – Schottland, Holland, Neuseeland, Nord- u. Westafrika, Mauritius, Paraguay, Tunis, Algier.
Städte – Amsterdam, St. Andrews, York, Venedig, Bern, Lübeck, Magdeburg, Mailand, Cadiz, New York, Manchester, Stockholm, Genua, Istanbul, Deptford, Rochdale.

Löwe
Planet – Sonne
herrschende Zahl – 1
Regionen – Frankreich, Italien, Böhmen, Sizilien, Chaldäa bis Bassorah, Norden Rumäniens, Apulien, Alpen, Gegend um Sidon und Tyrus.
Städte – Rom, Bath, Bristol, Portsmouth, Philadelphia, Prag, Taunton, Damaskus, Chicago, Bombay, Blackpool.

Jungfrau
Planet – Merkur (negativ)
herrschende Zahl – 5 (negativ)
Regionen – Türkei, Schweiz, Westindien, Assyrien, Mesopotamien zwischen Euphrat und Tigris (Irak), Kreta, Kroatien, Schlesien, Babylonien, Morea, Thessalien, Kurdistan, Griechenland, Virginia, Brasilien;
Städte – Jerusalem, Korinth, Paris, Lyon, Toulouse, Cheltenham, Reading, Heidelberg, Norwich, Boston (USA), Los Angeles, Maidstone, Straßburg, Brindisi, Bury.

Waage
Planet – Venus (negativ)
herrschende Zahl – 6 (negativ)
Regionen – Marokko, Algerien, Tunesien, Libyen, Bayern, China, Judäa, Jütland, Norwegen, Nordsyrien, Transvaal, Katalonien, Queensland;
Städte – Fez, Valencia, Frankfurt/Oder, Dover, Liverpool, Messina, Worthing, East Grinstead, New Orleans, Washington D.C., Baltimore, Cincinnati, Hull, Milwaukee, St. John's (Neufundland); Halifax, Stockport, Newcastle, Glossop.

Skorpion
Planet – Mars (negativ)
herrschende Zahl – 9 (negativ)

Regionen – Österreich, Indochina, Tibet, Land um das Kaspische Meer, Oberägypten, Savoyen, Nordchina, Burma, Argentinien;
Städte – Antwerpen, Charleston, Frankfurt/Main, Fribourg, Wien, Lissabon, Johannesburg, Kopenhagen, Middleton, Leeds, Nottingham.

Schütze
Planet – Jupiter (positiv)
herrschende Zahl – 3 (positiv)
Regionen – Arabien, Australien, Kap Finisterre (Galicien, Spanien), Dalmatien, Ungarn, Mähren, Slawonien, Toscana, Provence, Madagaskar;
Städte – Avignon, Buda, Köln, Narbonne, Rottenburg, Nottingham, Sheffield, Stuttgart, Sunderland, Toledo, West Bromwich, Bradford.

Steinbock
Planet – Saturn (positiv)
herrschende Zahl – 8 (positiv)
Regionen – Indien, Pundjab, Afghanistan, Thrakien, Makedonien, Illyrien, Albanien, Bosnien, Bulgarien, Südwest-Sachsen, Mexiko, Litauen, Orkney-Inseln;
Städte – Oxford, Port Said, Prato (Provinz Florenz); Brandenburg, Konstanz, Brüssel.

Wassermann
Planet – Saturn (negativ) und Uranus
herrschende Zahl – 8 (negativ) und 4
Regionen – Arabien, Preußen, UdSSR, Polen, Schweden, Trtarei, Westfalen, Abessinien;
Städte – Brighton, Ingolstadt, Salzburg, Trient, Hamburg, Salisbury.

Fische

Planet – Jupiter (negativ) und Neptun

herrschende Zahl – 3 (negativ) und 7

Regionen – Portugal, Kalabrien, Galizien, Normandie, Nubien, Wüste Sahara;

Städte – Alexandria, Sevilla, Compostela, Bournemouth, Farnham, Tiverton, Christchurch, Cowes, Grimsby Southport, Lancaster, King's Lynn, Preston.

12

Farben und Musik

ZAHLEN UND FARBEN

Haben Sie sich jemals Gedanken darüber gemacht, warum Sie eine Lieblingsfarbe haben oder warum Sie sich in Kleidungsstücken einer anderen Farbe nicht wohl fühlen? Eine Theorie meint, daß Sie mit Ihrer spezifischen Farbe harmonieren. Den Zahlen Eins bis Neun sind jeweils positive und negative Farben zugeordnet, und durch einfache Numerologie ist es möglich, zu bestimmen, welche Farben für Sie richtig sind. Wenn Sie erst einmal »Ihre« Farben festgestellt haben und sie richtig einsetzen, werden Sie auf dem Weg zu einem harmonischen Leben wieder ein Stück weitergekommen sein.

Kleidung und Umgebung spielen eine wichtige Rolle in unserem Leben, so daß wir, wann immer es möglich ist, versuchen sollten, Farben auszuwählen, die zu unserer Persönlichkeit passen. Es gibt verschiedene Methoden, Ihre »Farbzahl« zu bestimmen; die erste, die Cheiro bevorzugte, geht allein vom Geburtstag aus – wobei zweistellige Zahlen reduziert, einstellige aber erhalten werden – nach folgendem Schema:

Einser – alle, die am 1., 10., 19. oder 28. des Monats geboren sind;

Zweier – alle, die am 2., 11., 20. oder 29. des Monats geboren sind;

Dreier – alle, die am 3., 12., 21. oder 30. des Monats geboren sind;

Vierer – alle, die am 4., 13., 22. oder 31. des Monats geboren sind;

Fünfer – alle, die am 5., 14. oder 23. des Monats geboren sind;
Sechser – alle, die am 6., 15. oder 24. des Monats geboren sind;
Siebener – alle, die am 7., 16. oder 25. des Monats geboren sind;
Achter – alle, die am 8., 17. oder 26. des Monats geboren sind;
Neuner – alle, die am 9., 18. oder 27. des Monats geboren sind.

Manche Numerologen verwenden die Geburtstagszahl zur Bestimmung der besten Farbkombinationen für einen Menschen, während andere es vorziehen, auf der Grundlage der Namenszahl zu arbeiten.

Eine weitere, etwas kompliziertere Methode, die Farbzahl zu bestimmen, verlangt nach der vollständigen Analyse sowohl des Namens als auch des Geburtsdatums. Es wird sich häufig der Eindruck aufdrängen, daß eine bestimmte Zahl bei den Kalkulationen immer wieder auftaucht und zu dominieren scheint; diese sollte dann als Farbzahl angenommen werden. Wenn jedoch keine bestimmte Zahl im Vergleich zu den anderen vorzuherrschen scheint, dann versuchen Sie bitte nicht, Ihre persönliche Farbzahl nach dieser Methode zu bestimmen. Keine zwei Numerologen arbeiten in der gleichen Weise – selbst wenn ihre Methoden sich ähneln mögen –, und so liegt es bei jedem Einzelnen, für sich selbst zu entscheiden, welcher der oben vorgestellten Methoden er zur Bestimmung der Farbzahl den Vorzug geben möchte. Es sollte auch angemerkt werden, daß die Farbkorrespondenzen häufig unterschiedlich sind, sogar ganz dramatisch verschieden zwischen den diversen Numerologie-Schulen und -Systemen. Die im folgenden angeführten Zahlen-/Farbenkorrespondenzen entsprechen denen von Cheiro. Er lehrte, daß auch bestimmte Edelsteine mit jeder der Zahlen von Eins bis Neun in Verbindung gebracht werden könnten und glaubte, daß sie am nützlichsten wären, wenn man sie möglichst auf der Haut tragen würde. Auch diese Zusammenhänge werden hier aufgezeichnet.

Zahl **Eins**
Grundfarben – alle Gelb- und Bronzetöne bis hin zu Goldbraun und einschließlich Orange und Gold;
Nebenfarben – Creme und Weiß, Purpur, Blau und tiefes Rosa;
zu meiden – Grün, Schwarz und Grau;
Steine – alle gelben und gelblichen Steine, z. B. Zitrin, Topas, Bernstein und gelber Diamant.

Zahl **Zwei**
Grundfarben – alle Grüntöne, Creme und Weiß;
Nebenfarben – Blaßrosa und Blaßblau;
zu meiden – Kastanienbraun, Dunkelrot, Purpur und Schwarz;
Steine – Jade, Perlen, Tigerauge und Mondstein.

Zahl **Drei**
Grundfarben – alle Mauve- und Violettöne bis zum blassesten Purpur und Lila;
Nebenfarben – Blau, Rosarot und Gelb;
zu meiden – Grün, Schwarz und Grau, auch Dunkelbraun;
Steine – Amethyst und Granat.

Zahl **Vier**
Grundfarben – Halbtöne und ›elektrische‹ Farben wie Blau und Grau;
Nebenfarben – Rehbraun, Blaßgrün und Zartgelb;
zu meiden – alle leuchtenden, kräftigen Farben jeder Tönung;
Steine – Saphire jeder Tönung.

Zahl **Fünf**
Grundfarben – sehr helle Töne jeder Farbe, vor allem Grau;
Nebenfarben – Weiß und alles, was glänzt oder schimmert;
zu meiden – alle dunklen oder sehr hellen Farben;
Steine – alle blassen Steine, besonders, wenn sie funkeln; Diamanten, Silber, Platin.

Zahl **Sechs**

Grundfarben – alle Blautöne außer ›elektrischen‹ oder ›Petrol‹-Tönungen;
Nebenfarben – alle Rosa- und Pinktöne;
zu meiden – Schwarz und Dunkelpurpur;
Steine – Türkis und Smaragd.

Zahl **Sieben**

Grundfarben – alle Grün- und Gelbtöne, auch Gold;
Nebenfarben – alle sehr blassen oder Pastellfarben;
zu meiden – alle wirklich tiefen oder dunklen Farbtöne;
Steine – alle weißen Steine, Mondstein, Tigerauge, Perle, Moosachat.

Zahl **Acht**

Grundfarben – Dunkelgrau, Dunkelblau, Purpur und Schwarz;
Nebenfarben – alle Braun- und Rostbrauntöne;
zu meiden – alle blassen Farben, Hellrot, -grün oder -gelb;
Steine – alle dunklen Steine, dunkler Rubin, Karfunkel, Amethyst, schwarze Perle, schwarzer Diamant, aber am allerbesten möglichst dunkler Saphir.

Zahl **Neun**

Grundfarben – Pink, Rosa, Karmesin, Rot und Purpurrot – je dunkler und intensiver, desto besser;
Nebenfarben – alle Blautöne;
zu meiden – Grün, Gelb, Braun und Schwarz;
Steine – Rubin, Granat, Heliotrop.

ZAHLEN UND MUSIK

Zahlen und Musik zeigen sehr deutliche Verbindungen miteinander, und die Entdeckung ihres Verhältnisses zueinander wird im allgemeinen Pythagoras zugeschrieben. Jede der einstelligen Zahlen kann folgendermaßen mit einer bestimmten Art von Musik assoziiert werden:

Eins – Helle, heitere, fröhliche Musik, gewöhnlich mit recht ausgeprägtem Rhythmus. Das können Arrangements von James Last, Bert Kampfert und Herb Alpert sein, der größte Teil des heutigen populären Standardrepertoires, Big-Band-Musik und sogar einige Rondos der Klassik.

Zwei – Streich- und Blasinstrumente wie Cello, Geige, Harfe, Flöte, Holzblasinstrumente und so weiter. Die Musik, die solche Instrumente hervorbringen, umfaßt einen großen Teil des klassischen Repertoires, insbesondere die symphonischen Werke der großen Komponisten.

Drei – Die Drei verbindet man im allgemeinen mit jener Art von »neutraler« Musik, die schon im Zusammenhang mit der Eins genannt wurde, wobei die Betonung nun aber mehr auf populärer als auf Pop-Musik liegt.

Vier – Orgel- und Chormusik assoziiert man mit der Vier, vor allem, wenn es traurige, melancholische oder Kirchenmusik ist – nach Möglichkeit diese drei Aspekte zugleich! Das schließt Werke von Johann Sebastian Bach, Corelli und die vieler Frührenaissance-Komponisten wie zum Beispiel John Dowland und William Bird mit ein.

Fünf – Die Musik für Fünf sind entweder Originalkompositionen oder Stücke, die in einem sehr ungewöhnlichen Stil geschrieben sind. Während Jazz und Blues klar bestimmbare

Ursprünge besitzen, ist die eigentliche Musik doch abhängig von spontaner Improvisation und kann daher als original gelten. Hierher gehören auch Versuche, die nicht mit den konventionellen Auffassungen von musikalischer Form und Konstruktion übereinstimmen. Ein Teil der Synthesizer- und elektronischen Musik ist hier ebenso vertreten wie die Avantgarde und die »Musique concrète«.

Sechs – Die Sache ist numerologisch verwandt mit lieblicher, romantischer Musik aller Art, besonders mit fröhlichem Rhythmus. Das umfaßt einen großen Teil des heutigen Standardrepertoires, das romantisch klingt. George Gershwin, Cole Porter und andere Komponisten – bis zurück zu Gaetano Donizetti (1797–1848) – könnte man hier noch nennen.

Sieben – Die Sieben teilt ihre musikalischen Entsprechungen mit der Zwei (s. o.).

Acht – Die Acht teilt ihre musikalischen Entsprechungen mit der Vier.

Neun – Die Neun hat eine besonders starke Verbindung zu martialischer Musik, zu gemütserregenden, patriotischen Hymnen. Das könnten Werke von Komponisten wie Sousa (der sehr viele Märsche schrieb) oder Elgar (Komponist von »Pomp and Circumstance«) sein. Selbst bei Wagner ist unter diesem Aspekt manches zu finden.

Es ist ganz interessant, festzustellen, mit welcher Genauigkeit die Zahlen-/Musikkorrespondenz mit anderen Aspekten der Numerologie übereinstimmen, besonders, wenn man bestimmte Länder und ihre beherrschenden Planeten mit in den Vergleich einbezieht. Die Zahl Neun ist astrologisch mit dem Planeten Mars verbunden, dem Planeten von Krieg und Zerstörung. Er steht im übrigen auch für das Metall Eisen, aus dem die Kriegswaffen hergestellt werden. Sowohl Deutschland als auch England fallen unter die Herrschaft des Mars (9), und wenn wir unter der Neun nachsehen, finden wir als musikalische Entsprechungen die Militärmusik, die martialische, patriotische Musik, die sehr wohl mit dem nationalen Image beider Länder übereinstimmt. Shakespeare hat vermutlich eine Anspielung auf diese Symbolik gewagt, als er schrieb: »England, du Sitz des Mars«.

Irland steht unter dem Einfluß der Venus (6), dem Planeten der Liebe und Schönheit, und solche Gefühle drücken sich in der fröhlichen, süß-romantischen Musik aus, die man im allgemeinen mit der smaragdgrünen Insel assoziiert.

Schottland steht unter den Einflüssen von Mond (2) und Saturn (8), und in der Numerologie finden wir bei der Kombination dieser Zahlen eine melancholische, klagende (8) Flöten- und Pfeifenmusik (2) – eine vollendete Beschreibung des musikalischen Bildes von Schottland.

Ein weiteres Land unter zweifachem Einfluß ist Wales – Uranus (4) und Merkur (5) sind die beiden Planeten. Wales wird in erster Linie mit Choral- und Chormusik (4) assoziiert, obgleich es auch einen weiteren, weniger bekannten musikalischen Aspekt verkörpert: äußerst ungewöhnliche (5) Kompositionen entstehen in den Tälern dieses Landes.

Die Vereinigten Staaten von Amerika fallen unter die Herrschaft des Merkur und der Zahl Fünf. Amerika ist ein riesiges Land, das Einflüsse von vielen verschiedenen Ländern und musikalischen Stilen der ganzen übrigen Welt im Laufe der Jahrhunderte aufgenommen hat. Unter der Herrschaft der Fünf scheinen die Bewohner der Vereinigten Staaten von Natur aus originale Musik zu schätzen, besonders wenn sie auffallend andersartig ist; diese Eigenschaft macht die USA zur selbstverständlichen Geburtsstätte für synkopische Musik und den Jazz.

13

Gesundheit und Heilmittel

Numerologen stimmen gern bei der Überlegung überein, daß Zahlen einen außerordentlichen Einfluß auf Leben und Schicksal jedes Menschen auf dieser Erde haben und daß das Geburtsdatum vermutlich die wichtigste Zahl von allen ist, weil diese auf keine Weise geändert werden kann – im Gegensatz zu einem Namen, dessen Schreibweise sich verändern läßt, den man sogar wechseln kann.

Esoterisch Interessierte haben entdeckt, daß bestimmte Kräuter, Früchte und Pflanzen unter dem Einfluß bestimmter Planeten stehen, die ihre Wirkungen zu verschiedenen Zeiten im Jahreslauf spürbar werden lassen. Verbindet man beide Gedanken miteinander, sollte es möglich sein, einen Plan für ein gesünderes Leben zu entwerfen, indem man einfach das Geburtsdatum auf eine einzige Ziffer reduziert (Quersummenbildung), sich der mit dieser bestimmten Zahl verbundenen oder assoziierten, gesundheitlichen Probleme bewußt wird sowie der Kräuter und Pflanzen, die für jene am wohltuendsten und hilfreichsten sind, deren Geburtsdatum sich auf die gleiche Ziffer reduzieren läßt.

Cheiro hatte das Gefühl, es sei lediglich notwendig, den Geburts*tag* zugrunde zu legen, und manche Numerologen ziehen es vor, dieser Methode zu folgen. Es wäre eine nützliche Übung, beide Wege zu beschreiten und die Ergebnisse zu vergleichen.

Quersumme des ganzen Geburtsdatums: _____

(Quersumme des) Tag(es) der Geburt: _____

Der »Orden der Goldenen Dämmerung« verwandte sehr viel Zeit und Überlegung auf die Erstellung seiner Liste der Entsprechungen, und in seinem »Buch Thoth« bespricht auch Aleister Crowley das Thema ausführlich. Die hier angeführten Entsprechungen jedoch werden Cheiro zugeschrieben, und da es – wie überall – auch in diesem Zusammenhang unterschiedliche Auffassungen und Verschiedenheiten in Details zwischen den Lehren und Versionen gibt, wurde nachfolgend für Ihre eigenen Beobachtungen zu jeder Zahl Platz für Eintragungen freigelassen.

ZAHL EINS – DIE SONNE

Das Herz und das Kreislauf- und Gefäßsystem werden mit der Sonne assoziiert, und Einser könnten unter Kreislauf- und Durchblutungsstörungen, hohem Blutdruck, Herzklopfen oder Herzkrankheiten früher oder später im Laufe ihres Lebens leiden. Helles Sonnenlicht kann auch die Augen schädigen, und Menschen, deren Zahl die Eins ist, sollten sich besonders davor hüten.

Heilkräuter, -früchte und -pflanzen
Borretsch (Borrago officinalis): Der Name soll von den lateinischen Wörtern *cor ago* (»ich rege das Herz an«) abgeleitet sein. Stiel und Blätter werden als Abkochung verwendet, um Fieber, Grippe und ansteckende Krankheiten wie Masern, Scharlach und Windpocken zu behandeln.
Kamille (Matricaria chamomilla): Als Kräutertee zu trinken oder als Umschlag auf die Augenlider bei Entzündungen und Bindehautreizungen.
Augentrost (Euphrasia officinalis): Aufguß zur äußeren Behandlung von Augenentzündungen oder, ebenfalls stark verdünnt, zum Trinken, auch bei Erkältungen.

Lavendel (Lavandula officinalis): Nützliches Desinfektionsmittel, Wundmittel, Beruhigungsmittel, Anregungsmittel, Tonikum, wirkt auch stoffwechsel- und verdauungsanregend.

Johanniskraut (Hypericum perforatum): Verwendet bei Gicht, Rheumatismus, Verbrennungen und für Wundverbände. Kann sowohl innerlich als auch äußerlich angewandt werden zur Behandlung »kleinerer Leiden«.

Kleiner Sauerampfer (Rumex acetosa): Nützlich als Abführmittel, zur Behandlung von Akne und Ekzemen und als Umschlag bei Furunkeln und Abszessen. (Kann auch Silber und Bambus reinigen und Tintenflecke beseitigen!)

Thymian (Thymus vulgaris): Ein kraftvolles Antiseptikum. Als Aufguß genommen bei schlechter Verdauung, Herzschwäche, Angina, Hustenanfällen, Schlaflosigkeit und Regelbeschwerden oder zum Gurgeln bei Halsentzündungen und Heiserkeit.

Abb. 27 *Lorbeer* (Laurus nobilis)

Weiterhin: Rosinen, Safran, Fingerhut, Muskatnuß, Enzianwurzel, Lorbeerblätter, Orangen, Zitronen, Datteln, Ingwer, Gerste und Honig. Wichtige Lebensjahre in bezug auf gesundheitliche Veränderungen (zum Guten oder Schlechten): 19., 28., 38. und 55. (Anm.: Die Quersumme all dieser Jahre ist 1). Monate geschwächter Gesundheit oder Beschwerden nach Überarbeitung sind mit größter Wahrscheinlichkeit: Oktober, Dezember und Januar.

Persönliche Beobachtungen:

_____

_____

_____

ZAHL ZWEI – DER MOND

Das Verdauungssystem, das Lymphsystem, die Gelenkflüssigkeit, der Magen, die Brüste, Eierstöcke und das sympathische Nervensystem werden mit dem Mond assoziiert, und wer von der Zahl Zwei beeinflußt wird, könnte eine Tendenz zu Störungen, Beschwerden, Erkrankungen in diesen Bereichen zeigen.

Heilkräuter, -früchte und -pflanzen
Kohl (Brassica oleracea): Als Umschlag bei Krampfadern und offenen Beinen, Verbrennungen, Migräne und Hexenschuß. Kohl kann auch als Aufguß verwendet werden bei Keuchhusten, Bronchialinfektionen und Heiserkeit.
Wegwarte (Cichorium intybus): Als Mittel bei Anämie, zur Anregung von Magen und Darm, zur Unterstützung der Verdauung und Linderung von Leberstörungen.
Kopfsalat (Lactuca sativa): Seit der Antike bekannt für seine narkotisierenden Eigenschaften, zur Erleichterung des Ein-

schlafens und als Beruhigung des Geschlechtstriebs. Auch nützlich bei Magenkrämpfen, Herzklopfen und Leberstau (als Abkochung).

Breitwegerich (Plantago major): Als Umschlag bei Stichen und Bissen, Krampfadergeschwüren und Wunden. Auch als Abkochung bei Bronchitis, Keuchhusten, Darmentzündung und Ruhr.

Weiterhin: Weiße Rüben, Gurken, Melone, Rapssamen, Kohl, Mondfarn. Wichtige Lebensjahre in bezug auf gesundheitliche Veränderungen (zum Guten oder Schlechten): 20., 29., 47. und 65. Monate geschwächter Gesundheit oder Beschwerden nach Überarbeitung sind mit größter Wahrscheinlichkeit: Januar, Februar und Juli.

Persönliche Beobachtungen:

_____

_____

_____

ZAHL DREI – JUPITER

Die Leber und der Fetthaushalt und -stoffwechsel werden mit Jupiter in Verbindung gebracht. Menschen, deren Geburtsdatum oder Tagesdatum der Geburt (oder dessen Quersumme) drei ist, sollten sich davor hüten, ihr Nervensystem durch Überarbeitung übermäßig zu strapazieren. Sie könnten auch zu Neuritis-Attacken, Ischiasbeschwerden und Hauterkrankungen neigen.

Heilkräuter, -früchte und -pflanzen

Apfel (Malus communis): Verordnet bei Verstopfung, Darminfektionen, Gicht, geistiger Überarbeitung, Blutarmut, erhöhtem Cholesterinspiegel. Fördert gesunden Schlaf, wenn kurz vor dem Zubettgehen gegessen.

Abb. 28   *Apfel* (Malus communis)

Berberitze (Berberis vulgaris): Gut zur Behandlung von Rheumatismus, Gicht oder Kreuzschmerzen.

Heidelbeere (Vaccinium myrtillus): Als Abkochung bei Blasenentzündung und Hautkrankheiten wie Juckreiz und Ekzemen. Die Beeren werden weiterhin verwendet zur Behandlung von Durchfall, Darmentzündung und Ruhr und als Auflage zur Linderung bei Hämorrhoiden.

Sauerkirsche (Prunus cerasus): Die Früchte sind reich an Vitaminen; zerdrückt und auf die Haut gelegt, helfen sie, das müde Gewebe zu erfrischen. Auf der Stirn helfen sie, Migränebeschwerden zu lindern.

Löwenzahn (Taraxacum officinale): Aufguß von Blättern und Wurzeln wirken anregend, reinigend und leicht abführend. Löwenzahn ist wohltuend bei Leberstauungen, Gelbsucht, träger Verdauung, Diabetes und Gicht.

Lungenkraut (Pulmonaria officinalis): Bei Beschwerden im Brustkorb, Bronchialentzündung und Tuberkulose, lindert Husten und wirkt schleimlösend.

Minze (Mentha): Das große Heilmittel bei Verdauungsstörungen, regt das Nervensystem an.

Erdbeere (Fragaria vesca): Hoher Eisengehalt, reichlich Salicylsäure, die der Leber, den Nieren und Gelenken hilft. Bei äußerlicher Anwendung der Beeren wirken diese besonders gut für den Teint und helfen mit im Kampf gegen Fältchen.

Weiterhin: Rote Bete, Spargel, Endivien, Maulbeeren, Pfirsiche, Oliven, Rhabarber, Stachelbeeren, Granatäpfel, Ananas, Feigen und Weizen. Wichtige Lebensjahre in bezug auf gesundheitliche Veränderungen (zum Guten oder Schlechten): 12., 21., 39., 48. und 57. Monate geschwächter Gesundheit oder Beschwerden nach Überarbeitung sind mit größter Wahrscheinlichkeit: Dezember, Februar, Juni und September.

Persönliche Beobachtungen:

_____

_____

_____

ZAHL VIER – URANUS

Uranus wird assoziiert mit geistigen Störungen, plötzlichen Nervenzusammenbrüchen, Hysterie und allen Formen von Spasmen, Verkrampfungen und Herzklopfen. Die Vier könnte im Laufe Ihres Lebens Opfer geheimnisvoller Erkrankungen werden, die besonders schwer zu diagnostizieren sind. Sie neigen auch zu Melancholie, Blutarmut und Schmerzen in Hinterkopf und Nacken.

Heilkräuter, -früchte und -pflanzen
Scharbockskraut (Ranunculus ficaria): Gehört zur Familie der Butterblumen. Die Wurzeln bestehen aus kleinen, weißlichen

Zwiebeln, und die Pflanze gilt als Heilmittel bei Hämorrhoiden.

Salbei (Salvia officinalis): Das »heilige Kraut« bei den Römern, das die Verdauung unterstützt und als Anregungsmittel wirkt. Getrocknete und wie Tabak gerauchte Salbeiblätter bringen Asthmatikern Linderung ihrer Beschwerden.

Wilder Spinat (Beta vulgaris): Reich an Eisen und verschiedenen Spurenelementen: wichtig für einen gesunden Körper.

Abb. 29   Scharbockskraut (Ranunculus ficaria)

Weiterhin: Amerikanisches Wintergrün, Mispel, isländisch Moos. Die Vier kann großen Nutzen ziehen aus Mentalsuggestionen, Hypnose und elektrischen Behandlungsweisen aller Art. Sie sollten versuchen, rotes Fleisch und stark gewürzte Speisen (Curries, Chilis etc.) zu meiden, soweit es möglich ist. Wichtige Lebensjahre in bezug auf gesundheitliche Veränderungen (zum Guten oder Schlechten): 13., 22., 31., 40., 49. und 58. Monate geschwächter Gesundheit oder Beschwerden nach

Überarbeitung sind mit größter Wahrscheinlichkeit: Januar, Februar, Juli, August und September.

Persönliche Beobachtungen:

ZAHL FÜNF – MERKUR

Physiologisch wird Merkur assoziiert mit dem Zentralnervensystem, dem Gehirn insgesamt, den Atemwegen, der Schilddrüse und allen Sinnes- und Wahrnehmungsorganen. Die Fünf sollte ihr Nervensystem nicht über Gebühr belasten, auch wenn sie von Natur aus dazu neigt, sich nervlich zu sehr zu verausgaben und zuviel mental zu arbeiten. Schlaflosigkeit könnte eines ihrer Hauptprobleme sein, und Zeiten selbst auferlegter Ruhe und Stille im Laufe des Tages würden ihr nur guttun.

Heilkräuter, -früchte und -pflanzen
Haselnuß (Corylus avellana): Die Haselnüsse sind unter den wildwachsenden Pflanzen die Haupteiweißquelle.
Majoran (Origanum majorana): Gilt als spasmenverhinderndes, schleimlösendes, antiseptisches, magenwirksames und wundheilendes Mittel und wird als solches verordnet bei nervösen Störungen des Magens, bei Migräne und Schlaflosigkeit.
Hafer (Avena sativa): Als Mittel bei Schlaf- und Appetitlosigkeit und Erschöpfung. Hilft auch in der Genesungsphase.

Hafer ist auch zu verwenden als Umschlag bei scharfen, boh-
renden Schmerzen (Stichen) und Hexenschuß.

Petersilie (Apium petroselinum): Reich an Eisen, Kalzium, Vitaminen und verschiedenen Spurenelementen, die für den Or-
ganismus unverzichtbar sind. Gequetschte frische Blätter helfen, den Schmerz von Insektenstichen zu beseitigen und
können auch als Notfallmittel für Wundverbände dienen.

Weiterhin: Pastinak, Krauskohl, eßbare Pilze, Kümmel und
Nüsse aller Art. Wichtige Lebensjahre in bezug auf gesundheitliche Veränderungen (zum Guten oder Schlechten): 14.,
23., 41. und 50. Monate geschwächter Gesundheit oder Beschwerden nach Überarbeitung sind mit größter Wahrscheinlichkeit: Juni, September und Dezember.

Persönliche Beobachtungen:

_____

_____

_____

ZAHL SECHS – VENUS

Venus wird mit der Lendenregion assoziiert, dem venösen
Aspekt des Kreislaufs, den Nebenschilddrüsen und – indirekt
– dem Hals und den Nieren. Die Sechs kann eine Neigung zu
Störungen oder Erkrankungen in diesen Bereichen oder bei
solchen Aspekten haben. Im allgemeinen verfügt sie aber über
eine kräftige Konstitution, besonders dann, wenn sie regelmä-
ßig im Freien arbeitet oder Übungen macht. Frauen mit dieser
Zahl tendieren zu Beschwerden im Brustbereich, und im späteren Lebensabschnitt könnten Angehörige beider Geschlech-

ter Schwierigkeiten mit ihrem Kreislauf und der Durchblutung erleben.

Heilkräuter, -früchte und -pflanzen

Heckenrose (Rosa canina): Die Hagebutten (= Früchte) besitzen zahlreiche Heileigenschaften und sind ein altes Mittel bei Harngrieß, Nierensteinen und -koliken.

Eisenkraut (Verbena officinalis): Manchmal auch »Junos Tränen« genannt. Die Pflanze wird als Abkochung verwendet für die Behandlung allgemeiner Debilität; bei Gelbsucht, fieberhaften Beschwerden und unregelmäßigen Menstruationen, besonders wenn diese mit Migräne verbunden sind.

Veilchen (Viola odorata): Als Sirup wirken die Blüten bei Erkältungen, Bronchitis und Keuchhusten, während die Blätter als Umschlag bei gutartigen Tumoren und wunden Brustwarzen heilen.

Walnuß (Juglans regia): Abkochung der Blätter ist gut bei Blutarmut, Störungen im Verdauungstrakt, Störungen im Bereich der weiblichen Geschlechtsorgane und auch bei übermäßigem Schwitzen.

Weiterhin: Alle Arten von Bohnen, Melonen, Aprikosen, Mandeln, Saft des Frauenhaarfarns, gelbe Narzissen und Moschus. Wichtige Lebensjahr in bezug auf gesundheitliche Veränderungen (zum Guten oder Schlechten): 15., 24., 42., 51. und 60. Monate geschwächter Gesundheit und Beschwerden nach Überarbeitung sind mit größter Wahrscheinlichkeit: Mai, Oktober und November.

Persönliche Beobachtungen:

ZAHL SIEBEN – NEPTUN

Neptun scheint eine besondere Beziehung zum Thalamus zu besitzen (dem Teil des Gehirns, in dem Seh- und Hörnerven ihren Ursprung haben); zum Rückenmarkskanal und den Nerven- und Denkprozessen allgemein. Die Sieben wird leicht besorgt oder fühlt sich belästigt durch Umstände oder andere Menschen. Sie neigt auch dazu, bei ihren Problemen aus Mücken Elefanten zu machen und wegen der geringsten Kleinigkeiten zu verzweifeln und in Niedergeschlagenheit zu verfallen. In der Regel ist sie geistig kräftiger als körperlich und überschätzt häufig ihre Kraftreserven bis hin zur Erschöpfung. Die Sieben neigt auch zu einer besonderen Empfindlichkeit der Haut gegenüber Reibung, und die Haut schwitzt schnell.

Heilkräuter, -früchte und -pflanzen
Brombeere (Rubus fruticosus): Die frischen, gepreßten Blätter wirken blutstillend, und die Beeren haben zusammenziehende, anregende und wiederherstellende Eigenschaften.
Schwarzer Holunder (Sambucus nigra): Die Blätter wirken sowohl harntreibend als auch reinigend; die Blüten sind als Abkochung gut für Augenspülungen bei Bindehautentzündungen, um Frostbeulen zu lindern, und die Beeren sind als Abführmittel zu verwenden.
Hopfen (Humulus lupulus): Regeneriert und reinigt das Blut. Ein mit Hopfen gefülltes Kissen soll gut gegen Schlaflosigkeit sein, auch gegen nervöse Reizbarkeit.
Wacholder (Juniperus communis): Die Wacholderbeeren werden verwendet zur Behandlung allgemeiner Schwäche, Trägheit des Nervensystems und Hautbeschwerden, weil sie einen Reinigungsstoff enthalten.
Weiterhin: Leinsamen, Pilze, Trauben und Fruchtsäfte jeder Art. Wichtige Lebensjahre in bezug auf gesundheitliche Ver-

änderungen (zum Guten oder Schlechten): 7., 16., 25., 34., 43., 52. und 61. Monate geschwächter Gesundheit und Beschwerden nach Überarbeitung sind mit größter Wahrscheinlichkeit: Januar, Februar, Juli und August.

Persönliche Beobachtungen:

_____

_____

_____

ZAHL ACHT – SATURN

Der Planet Saturn wird im allgemeinen assoziiert mit dem Skelett (dem Knochengerüst), der Haut, den Zähnen, der Gallenblase und der Milz. Menschen, deren Geburtstag oder Tagesdatum der Geburt in der Quersumme Acht ist, könnten Schwierigkeiten bekommen mit ihrer Leber, mit der Gallenblase oder (früher oder später) dem Darm, und sie neigen allgemein dazu, an Kopfschmerzen und Rheumatismus zu erkranken.

Heilkräuter, -früchte und -pflanzen
Engelswurz (Angelica archangelica): Ärzte der Renaissance nannten ihre Wurzel die »Wurzel des Heiligen Geistes« wegen ihrer »mächtigen und göttlichen Eigenschaften« gegen sehr ernste Krankheiten. Wie den Ginseng hielt man die Engelswurz für das Lebenselixier, und so wurde sie im 16. Jahrhundert bei den großen Seuchen reichlich als Heilmittel eingesetzt.
Eibisch (Althaea officinalis): Innerlich angewandt, um Heiserkeit zu lindern und Hilfe zu bringen bei Bronchitis, Erkältun-

gen, Entzündungen des Kehlkopfes, des Darmes oder der Blase, Halsschmerzen und Zahneiterungen.

Hirtentäschel (Thlaspi bursa pastoris): Die Pflanze sollte vorzugsweise frisch verwendet werden. Sie wirkt bei Kreislaufstörungen, Entzündungen der Schleimhäute und hohem Fieber. Ebenfalls wohltuend (als Abkochung) bei Blutungen, starker Regelblutung und Blutspucken.

Weiterhin: Kreuzkraut, Scharbockskraut, Wasserhanf, Alraunenwurzel und Sellerie. Die Acht würde von einer vegetarischen Ernährungsweise (Obst, Kräuter und Gemüse) profitieren und sollte tierische Nahrungsmittel nach Möglichkeit vermeiden. wichtige Lebensjahre in bezug auf gesundheitliche Veränderungen (zum Guten oder Schlechten): 17., 26., 35., 44., 53. und 62. Monate geschwächter Gesundheit und Beschwerden nach Überarbeitung sind mit größter Wahrscheinlichkeit: Dezember, Januar, Februar und Juli.

Persönliche Beobachtungen:

_____

_____

_____

ZAHL NEUN – MARS

Mars wird mit den Aspekten Muskeln, Urogenital-Organe und Keimdrüsen, roten Blutkörperchen und Nieren assoziiert. Neuner neigen sehr zu ansteckenden Krankheiten aller Arten, wie z. B. Masern, Windpocken, Scharlach usw.

Heilkräuter, -früchte und -pflanzen

Ginster (Sarothamnus Scoparius): Früher gebraucht, um die Besen zu binden, auf denen im Mittelalter die Hexen ritten. Heute noch verwendet und hilfreich als harntreibendes Mittel bei der Behandlung von Störungen in den Harnwegen, bei Ödemen, Nierenentzündungen und Rheumatismus.

Knoblauch (Allium sativum): Sollte an keinem Tage fehlen, denn er ist eines der erstaunlichsten Nahrungs- und Heilmittel, die der Mensch kennt.

Brennessel (Urtica dioica): Brennesselsaft kann als Medikament eingenommen werden bei inneren und Gebärmutter-Blutungen, häufigem Nasenbluten, Hämorrhoiden und Darmentzündung. Brennesselsuppe ist eine sehr nahrhafte Speise; aber man sollte die Pflanze vor Anfang Juni pflücken, weil sie später ziemlich bitter im Geschmack wird.

Zwiebel (Allium cepa): Die rohe Zwiebel ist besonders erfolgreich bei der Behandlung von Erschöpfungszuständen, urogenitalen Infektionen, Arthritis, Rheumatismus, Diabetes und Harnverhaltung. Als Umschlag sorgt sie für Linderung bei Frostbeulen, Rheumaschmerzen und Verbrennungen.

Wermut (Artemisia absinthium): In großen Mengen und konzentrierter Form eingenommen, ist der Wermut ein Gift, das zu Recht verboten ist. Dessenungeachtet ist Wermut eine wertvolle Heilpflanze, wenn man sorgfältig damit umgeht. In vorsichtig bemessenen Dosierungen ist sie ein starkes Kräftigungsmittel, wirkt vorbeugend gegen Seekrankheit und fördert auch die Menstruation.

Weiterhin: Lauch, Meerrettich, Senfkörner, Pfeffer, Raps und weiße Nießwurz. Die Neun sollte besonders vorsichtig im Zusammenhang mit der Menge alkoholischer Getränke sein, die sie zu sich nimmt; das gleich gilt auch für überreichliches Essen jeder Art, das zu vermeiden ist. Wichtige Lebensjahre in bezug auf gesundheitliche Veränderungen (zum Guten oder

Schlechten): 9., 18., 27., 36., 45. und 63. Monate geschwächter Gesundheit und Beschwerden nach Überarbeitung sind mit größter Wahrscheinlichkeit: April, Mai, Oktober und November.

Persönliche Beobachtungen:

_____

_____

_____

14

Arithmomantie

Arithmomantie, zuweilen auch Numeromantie genannt, ist ein antiker Seitenzweig der Numerologie, von dem man heute nur noch selten hört. Er entwickelte sich für die Anwendung in der Wahrsagekunst und nicht als Methode der Charakteranalyse, die das Hauptinteresse der heutigen Numerologie ist. Doch wie überholt die Arithmomantie auch sein mag, so lohnt sich immer noch die Beschäftigung mit ihr als einer wichtigen Stufe in der Entwicklung der Numerologie, wie wir sie heute kennen.

Pythagoras soll für die folgenden Zahlen-/Buchstaben-Entsprechungen verantwortlich sein, obgleich dies aus vielen Gründen auch in Frage gestellt werden könnte.

A	= 1	B	= 2	C	= 3	D	= 4
E	= 5	F	= 6	G	= 7	H	= 8
I	= 9	K	= 10	L	= 20	M	= 30
N	= 40	O	= 50	P	= 60	Q	= 70
R	= 80	S	= 90	T	= 100	U	= 200
X	= 300	Y	= 400	Z	= 500	J	= 600
V	= 700	Hi	= 800	Hv	= 900	W	= 1400
							(Doppel-V)

Bei der Anwendung dieser Methode bestimmt man die numerischen Entsprechungen eines Namens auf gleiche Weise, das heißt, indem man jeden Buchstaben gegen einen Zahlenwert austauscht. sollte die Summe jedoch den Wert von 1390 übersteigen, wird sie durch Streichung der ersten Stelle gekürzt. Wäre die Summe also beispielsweise 3710, würde man die erste Stelle (die 3) streichen und mit der Zahl und dem Wert 710 weiterarbeiten.

Manche Numerologen haben bei Anwendung der Arithmomantie das Gefühl, daß der Klang eines Namens wichtiger ist als die tatsächliche Schreibweise und bestimmen seine Summe phonetisch. Es wäre eine nützliche Übung, beide Methoden auszuprobieren und die Ergebnisse miteinander zu vergleichen.

Name (normale Schreibweise) _____

Name (nach der Aussprache) _____

Wenn die Namenssumme erst einmal berechnet wurde, ist es sehr einfach, die Interpretation in der Liste der Deutungen abzulesen, wie die drei folgenden Beispiele zeigen werden.

Beispiel 1
Summe 490   Bedeutung: 490 = spirituelles
                                       Weiterkommen

Beispiel 2
Summe 707   Bedeutung: 700 = Autorität, Macht
                                     7 = Glücklichsein

Beispiel 3
Summe 2833   Bedeutung: 800 = Sieg
(gekürzt: 833)   33 = Glück

BEDEUTUNG DER ZAHLEN

1. Ehrgeiz, Leidenschaft, Zielbewußtsein;
2. Ruin, Unglücksfall;
3. Erkenntnis Gottes, die Seele, Schicksal;
4. Weisheit, Stärke, Macht;

5. Ehe, Glücklichsein;
6. vollendete Bemühung;
7. Glücklichsein;
8. Gerechtigkeit, Schutz;
9. Kummer, Fehlbarkeit;
10. Erfolg, Glück in der Zukunft;
11. Zwietracht, Ausflucht, Mangel an Integrität;
12. Stadt, Großstadt, Name;
13. Ungerechtigkeit;
14. Opfer, Großzügigkeit;
15. Freundlichkeit, Integrität;
16. Liebe, Glücklichsein, Integrität;
17. Sorglosigkeit;
18. Egoismus, Gleichgültigkeit;
19. Torheit;
20. Weisheit, Askese;
21. esoterische Weisheit;
22. Erstattung;
23. Vorurteil;
24. Reise;
25. Intelligenz, Produktivität;
26. Menschenfreundlichkeit;
27. Entschlossenheit, Tapferkeit;
28. Liebe;
29. Neuigkeiten, Information;
30. Ehe, Erkenntnis, Ruhm;
31. Verlangen nach Beifall;
32. Ehe;
33. Glück;
34. Verhalten im jetzigen Leben bestimmen Zustand in nächsten Leben;
35. Freundlichkeit, Sanftheit, Heiterkeit, Charme;
36. Genie, ein fortgeschrittenes Daseinsbewußtsein;

37. Vertrauen;
38. Gehässigkeit, Habgier;
39. Abstand, Respekt;
40. Feierlichkeit, eine Hochzeit;
41. Schande, Unehre;
42. Furchtsamkeit, mögliche Krankheit;
43. spirituelles Gewahrsein;
44. glücklich und wohlhabend;
45. Nachkommen;
46. Überfluß;
47. ein langes und glückliches Leben;
48. guter Geschmack und Urteilsfähigkeit;
49. Habgier;
50. eine große Verbesserung der Lebensumstände;
60. vorübergehende Trennung von einem geliebten Menschen;
70. Wissen, Weisheit, Intuition;
75. materielle Freuden;
77. Reue, Vergebung;
80. Wiederherstellung der Gesundheit;
81. großes Wissen und Weisheit;
90. vorübergehende Probleme und Rückschläge;
100. göttliches Wohlwollen;
120. Empfehlung, Ehre;
200. Angst, Ungewißheit, Unentschlossenheit;
215. Unglück;
300. Liebe zur Weisheit;
318. Gottes Bote;
350. Hoffnung, Gerechtigkeit;
360. Zuhause, Gemeinschaft;
365. Astrologie, Astronomie;
400. lange Reisen;
490. spirituelles Weiterkommen;

500. spirituelles Bewußtsein;

600. spirituelle und materielle Vollendung;

666. Böswilligkeit, Verschwörung, Rachsucht;

700. Autorität, Macht;

800. Sieg;

900. Streit, Krieg;

1000. Mitgefühl;

1095. Vorsicht, Zurückhaltung;

1260. Furchtsamkeit;

1390. Ablehnung.

Die mit dieser Deutungsmethode gefundenen Antworten sind, gelinde gesagt, ein wenig geheimnisvoll im Vergleich zu dem Aufwand, sie zu lehren, und es ist vermutlich der begrenzte Umfang der Antworten, der dazu beigetragen hat, daß die Arithmomantie in der modernen Zeit an Popularität verloren hat.

15

Kabbala und Tarot

Tarot und mystische Numerologie sind bereits häufig von Interessierten der okkulten Künste miteinander kombiniert worden; unter ihnen befanden sich Eliphas Levi, Angehörige des Ordens der Goldenen Dämmerung und Aleister Crowley, wie auch der Chirologe und Numerologe Cheiro. In diesem Kapitel wollen wir einen Blick auf die Kabbala werfen, um herauszufinden, warum jede Tarotkarte mit einem Sephirot oder Weg vom Baum des Lebens verbunden ist, um Ihnen die Möglichkeit zu geben, zu verstehen, wie diese Informationen sich in numerologischen Begriffen ausdrücken lassen. Jede der Tarotkarten wird eine Nummer erhalten, eine feste Bedeutung sowohl in positiver wie auch negativer Hinsicht (denn Zahlen ändern sich selten im Laufe des Lebens), und eine vorübergehende Schwingung, auf die Sie sich beziehen können, wenn Sie in die Zukunft schauen oder eine bestimmte Entwicklung im Leben mit der Numerologie verfolgen möchten.

Wir haben es nur mit den Zahlen von 1 bis 78 zu tun. Achtundsiebzig wird dabei nicht willkürlich oder zufällig als obere Grenze festgelegt, auch nicht, weil es zufällig die Anzahl der Karten in einem Tarot-Deck ist, sondern weil 78 für das vollständige und totale Erlebnis steht. Der neunphasige Lernzyklus plus die Zahlen 10 und 11 (die hinzugenommen werden, um Zeit für die persönliche Entwicklung zu lassen und das in die Praxis umsetzen zu können, was in der 1 bis 9-Periode gewonnen wurde), plus die Zahl 12 (die für die zwölf Monate des Jahres steht) führen uns zur Achtundsiebzig – ein abgeschlossener Zyklus ($1 + 2 + 3 + 4 + 5 + 6 + 7 + 8 + 9 + 10 + 11 + 12 = 78$).

Das Jahr, das nun einmal einen wichtigen Zeitabschnitt darstellt, auf dem Berechnungen basieren, ist durch eine andere Rechenmethode wiederzufinden. Wenn die Zahlen 1 bis 9 vorüber sind, dann beginnt das, was als die »größere Zahlensymbolik« bekannt ist. Es setzt sich fort, bis wir zur Zahl 45 (= 5 x 9) gelangen. Wenn die mystische Zahl 7 ist und zur 45 addiert wird, dann erhalten wir 52 (die Zahl der Wochen in einem Jahr, auch die Anzahl der Karten in einem gewöhnlichen Kartenspiel). Schließlich multiplizieren wir die 52 mit der mystischen Zahl 7 und finden die Antwort auf unsere Frage nach dem Jahr: 364 – die jährliche Tageszahl (in der Antike).

Es gibt noch eine andere interessante Geschichte in bezug auf die Zahl der Tage in einem Jahr. Die Astronomen glaubten früher, daß die Sonne 360 Tage benötigt, um ihre Reise durch den Tierkreis zu vollenden. Sie wollten diese Entdeckung als ein Geheimnis bewahren und verbargen die Zahl in dem göttlichen Namen MITHRAS (M[40] + I[10] + TH[9] + R[100] + A[1] + S[200] = 360). Später stellen sie fest, daß 365 Tage eine genauere Berechnung waren und verbargen dieses Wissen in dem Wort ABRAXAS (A[1] + B[2] + R[100] + A[1] + X[60] + A[1] + S[200] = 365). Als der Name Mithras in seiner Schreibweise in Meithras geändert wurde (365!), konnte er weiterhin als Geheimnisträger fungieren.

DIE KABBALA

Kabbala ist ein hebräisches Wort und bedeutet Wissen oder Überlieferung. Es gibt eine Geschichte, nach der die geheime Weisheit, die direkt von Gott kam, Moses auf dem Berge Sinai eingeflüstert wurde, der sie den siebzig Ältesten weitergab, die wiederum ihre Nachfolger einweihten und so weiter. Über Jahrhunderte hinweg blieb es bei der ausschließlich mündlichen Überlieferung. Der Begriff Kabbala ist zu einem Wort geworden, hinter dem eine Fülle geheimen Wissens steht, das über Jahrhunderte hinweg gesammelt wurde; die beiden wichtigsten literarischen Beiträge zur Philosophie der Kabbala sind das *Sefer Yesirah* (Buch der Schöpfung) und das *Sohar* (Buch des Glanzes). Ersteres kommt aus Palästina/Babylon zwischen dem dritten und sechsten Jahrhundert, und das Sohar soll von Moses de Léon im Spanien des ausgehenden dreizehnten Jahrhunderts geschrieben worden sein. Obgleich vorwiegend jüdisch in ihrem Gedankengut, war die Kabbala schon immer eine lohnende Quelle der Forschung und Gegenstand der Betrachtung für Okkultisten, Philosophen, Psychologen, Humanisten und Numerologen auf der ganzen Welt seit der Renaissance. Sie hinterließ im Wahrheit-Suchenden einen so tiefen Eindruck, daß sich platonische, gnostische (neoplatonische), mohammedanische und christliche Variationen über das zentrale Thema herausbildeten.

Die Kabbala sagt, daß Gott zu erreichen ist durch Wissen, das man am Pfade der Weisheit erwirbt. Kabbalisten glauben, daß in allen Dingen etwas von Gott zu finden ist und daß alles, was im Universum existiert, miteinander in Verbindung stehende Teile eines geordneten Ganzen sind – auch wenn keine offensichtliche Verbindung zwischen den einzelnen Teilen bestehen muß. Ihr Gott (En Sof, Unendliche Strahlung) ist menschlichem Wissen vollkommen unzugänglich. Er war nicht verantwortlich für die Schöpfung des Universum, das vielmehr von ihm ausfloß. »Ein einziger Lichtstrahl brach aus den geschlossenen Grenzen von En Sof heraus, und aus diesem Licht entsprangen neun weitere Lichter«, lautet die Schöpfungsgeschichte nach dem Buch des Glanzes.

Die Zehn Lichter sind die Sephirot (Zahlen), die als jene Kräfte angesehen werden, die hinter dem Menschen und dem Universum stehen. Zweiundzwanzig Wege verbinden die zehn

Sephirot untereinander. Jedes Sephira trägt einen Namen und eine Nummer (die Kabbalisten waren von der pythagoreischen Zahlentheorie stark beeinflußt), und jeder Weg entspricht einem Buchstaben des hebräischen Alphabets. Zusammen bilden sie den Baum des Lebens – einen Plan des Universums, der alles umfaßt und klassifiziert.

Man glaubte, daß die Seele von Gott stammte und den Baum des Lebens hinabstieg, ein Sephira nach dem anderen, und im Lauf dieses Weges die Charakteristika jedes einzelnen Sephiras aufnahm. Wenn sie dann die Erde erreicht hätte, wäre die Seele zu einem kleinen Abbild des Universums geworden und hätte einen stofflichen Körper erhalten. Dieser Abstieg illustriert den kabbalistischen Glauben, daß der Mensch eine Widerspiegelung sowohl Gottes als auch des Universums ist. Auf der Erde angelangt, wünschte die Seele jedoch, zu Gott zurückzukehren. Dies bedeutete eine riskante Reise zurück und den Baum des Lebens hinauf; als Schutz und für das Weiterkommen gab es nur das Wissen, das im Leben erworben worden war, um den Aufstieg zu bewältigen.

Manchmal teilen Kabbalisten die Sephirot in drei verschiedene Gruppen oder Pfeiler auf, um ein tieferes Verständnis der Beziehung der Sephirot untereinander zu gewinnen. Der rechte Pfeiler des Erbarmens vereint das männliche, positive, lichte Prinzip des Universums. Der linke Pfeiler der Strenge steht für das weibliche, passive, dunkle Prinzip, und der mittlere Pfeiler des Gleichgewichts (manchmal auch als Pfeiler des Bewußtseins oder der Seele bezeichnet) versucht, den männlichen und den weiblichen Aspekt zu versöhnen, die Brücke zu schlagen zwischen Licht und Dunkel.

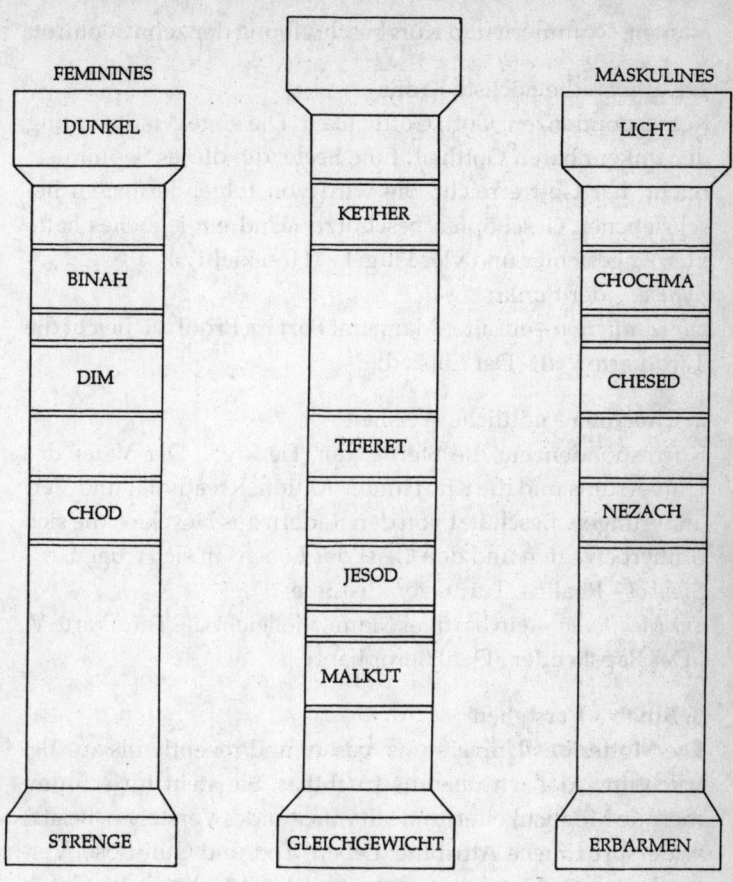

Abb. 30 Die drei Pfeiler

Namen, Nummern und Kurzbeschreibung der zehn Sephirot:

1. Kether – die höchste Krone
Korrespondenzen: Gott, Göttlichkeit. Die erste Ausströmung der unkennbaren Gottheit. Eine Seele, die dieses Sephira erreicht, hat Gott erreicht. Sie wird von folgendermaßen beschriebenen Geschöpfen beschützt: »Und ein jegliches hatte vier Angesichter und vier Flügel.« (Hesekiel 1,6)
Symbol – der Punkt;
zur Meditation – ein alter Mann mit Bart im Profil, vielleicht die Tarotkarte VIII, »Der Einsiedler«.

2. Chochma – göttliche Weisheit
Korrespondenzen: die Sterne, der Tierkreis. Der Vater des Universums und die Kraft hinter Aktion, Kreativität und Veränderungen. Beschützt von den Rädern aus Hesekiel, die sich umherbewegten und den Geist des Lebens in sich trugen.
Symbol – Phallus, Turm, gerade Linie;
zur Meditation – ein bärtiger Mann, vielleicht die Tarotkarte V, »Der Papst« oder »Der Hierophant«.

3. Binah – Verstehen
Die Mutter des Universums, passiv und rezeptiv bis zur Befruchtung, danach überaus fruchtbar. Sie steht für schlummernde Möglichkeiten und allumfassendes Verstehen. Besitzt widersprüchliche Attribute: Leben/Tod und Gut/Böse. Verbindung mit der Muttergottheit und mit Hekate, der Göttin der Zauberei und Hexenkunst.
Planet – Saturn, der Planet der Stabilität, des hohen Alters und des Schicksals;
Symbol – weibliche Geschlechtsorgane, Oval, Kreis, Diamant und Kelch;
zur Meditation – eine reife Frau, vielleicht die Tarotkarte II, »Die Päpstin«.

4. Chesed – Liebe und Erbarmen

Der Aufbauende. Die männliche Kraft, die organisiert, errichtet, zivilisiert und beherrscht. Der barmherzige Vater, der Führer und Beschützer.

Planet – Jupiter;

Symbol – Königszepter, Zauberstab, Bischofsstab, Pyramide, griechisches Kreuz, Einhorn (steht für Männlichkeit und Macht);

zur Meditation – ein König auf seinem Thron, vielleicht die Tarotkarte IV, »Der Herrscher«.

5. Dim – Macht

Manchmal auch unter dem Namen Geburah erwähnt. Steht für Strenge und Disziplin. Ist die Kraft, die zerstört und hinter der Krieg und Haß stehen. Häufig für die Quelle alles Bösen in der Welt gehalten. Verbunden mit dem wilden, tödlichen Sagengeschöpf, das man Basilisk nennt.

Planet – Mars;

Symbol – Fünfeck, Kette, Schwert, Speer und Peitsche;

zur Meditation – ein Krieger im Streitwagen, vielleicht die Tarotkarte VII, »Der Kampfwagen«.

6. Tiferet – Schönheit

Christliche Kabbalisten assoziieren dieses Sephira mit Christus wegen seines direkten Herniederstiegs von Kether (das für Gott steht), und weil die Sonne, die mit Tiferet verbunden wird, auch schon früh eine symbolische Verbindung mit Christus besaß. Steht für vitale Energie.

Planet – Sonne;

Symbol – Löwe (Sonne), Phönix (Unsterblichkeit), Kind (Sterblichkeit);

zur Meditation – ein großer König oder ein geopfertes Kind, vielleicht die Tarotkarte XII, »Der Gehängte«.

7. Nezach – Sieg und Ausdauer

Steht für die Sinne, die tierischen Triebe und Leidenschaften und ist die männliche Kraft der Natur. Verbunden mit Rhythmus, Bewegung, Farbe und den Künsten. Verbindung zu Venus, der Göttin der Sinnlichkeit und der Natur.

Planet – Venus;

Symbol – der Wendehals;

zur Meditation – eine schöne nackte Frau, vielleicht die Tarotkarte XVII, »Der Stern«, oder Aleister Crowleys Thoth-Tarot-Karte XI, »Begierde«.

8. Chod – Majestät und Pracht

Steht für die höheren Eigenschaften oder Aspekte des menschlichen Geistes, wie z. B. Intuition, Inspiration, Einsicht, Vernunft und Logik. Eine weibliche Kraft. Wie die anderen weiblichen Sephirot zeigt es einen Konflikt zwischen Gut und Böse, der in diesem Falle zwischen Weisheit und Treulosigkeit / Verschlagenheit ausgetragen wird.

Planet – Merkur;

Symbol – Merkur war der Gott der Magie und der Intelligenz, und die beiden Schlangen seines Stabes (siehe Abb. 13) formen die Zahl Acht und werden oft mit Chod assoziiert.

zur Meditation – ein Hermaphrodit, ein alchimistisches Symbol für das Metall Quecksilber.

9. Jesod – Grundlage

Neun ist die Zahl der Einweihung in die Magie und den Okkultismus, und Jesod steht in Verbindung mit Mysterien und magischen Kräften. Es ist die Basis aller aktiven Kräfte Gottes und steht für Schöpfungskraft (sowohl sexuell als auch mental).

Planet – Mond;

Symbol – Elefant (der für Stärke und Intelligenz steht);

zur Meditation – ein schöner, nackter Mann.

10. Malkut – das Erdenreich, die Erde
Manchmal auch unter dem Namen Shekina – die Braut Gottes
– erwähnt. Die Kabbala hat zum Ziel, Gott (das erste Sephira)
mit seiner Braut (das zehnte Sephira) zu vereinigen.
Symbol – die Sphinx, Symbol für die Einheit von Himmel und
Erde;
zur Meditation – eine junge, gekrönte Frau sitzt auf dem Thron,
vielleicht die Tarotkarte III, »Die Herrscherin«.

Die häufige Wiederkehr der Zahl Zweiundzwanzig war es,
was Alliette, den Barbier und Okkultisten, zunächst dazu
brachte, den Gedanken zu äußern, daß die Tarotkarten irgendwie mit einem kabbalistischen Dokument in Verbindung stün-
den. Eliphas Levi nahm diesen Gedanken auf und ging noch
einen Schritt weiter, indem er mit Erfolg jede Tarotkarte der
Großen Arkana mit einem Buchstaben des hebräischen Alphabets und mit einem der zweiundzwanzig Wege des Lebensbaumes verband. Levis Theorien der Entsprechungen
wurden wesentlich erweitert durch Papus (Dr. Gerard En-
causse), den englischen Okkultisten S. L. Macgregor Mathers
und den Orden der Goldenen Dämmerung. Aleister Crowley
führte in seinem Werk »Liber 777« 194 Reihen von Korrespondenzen zwischen hebräischen Namen, Zahlen, Tarotkarten,
Planeten, Tierkreiszeichen, Düften, Farben, Göttern aller Religionen und so weiter auf. Auf diese Weise wurden die Tarotkarten fest mit der Kabbala und insbesondere dem Baum des
Lebens verbunden.
Joseph Maxwell, der französische Generalstaatsanwalt, unternahm einen Versuch, die Tarotkarten aus der Sicht der europä-
ischen Numerologie zu studieren und einen tieferen Sinn in
der Numerierung der Tarotkarten zu finden. Wir wissen, daß
in der Numerologie alle Zahlen am Ende auf eine einzige Ziffer

durch Quersummenbildung gekürzt werden, und Maxwell erwartete, irgendeine offensichtliche Verbindung zwischen Karten zu finden, deren Nummer sich auf die gleiche Quersumme kürzen ließ; er hatte aber keinen Erfolg bei seiner Suche.

N. B. In der Antike wurde die universell akzeptierte Symbolik einstelliger wie auch mehrstelliger Zahlen mittels einfacher Bilder ausgedrückt. Diese Symbolik ist auch heute noch in den Tarotkarten zu finden.

Einstellige Zahlen (von 1 bis 9) zeigen Individualität und Charakter, während mehrstellige Zahlen (ab 10) der spirituellen Seite des Lebens zugehören und verborgene Einflüsse zeigen, die Zukunft und Bestimmung des einzelnen Menschen lenken helfen können.

TAROT – DIE KARTEN DER GROSSEN ARKANA

1. I – Der Magier

Der Magier steht für das erste Stadium der bewußten Existenz. Er repräsentiert das bewußte Denken und die Verankerung des Selbstbewußtseins. Verbunden mit einer der vier persönlichen Zahlen, zeigt diese Karte ein pionierhaftes Individuum, das bereit ist, seinen Intellekt zu gebrauchen, um die Welt in Ordnung zu bringen. Ein Mensch, der nie zufrieden ist mit den Dingen, wie sie gerade sind, und der immer nach neuen, unverbrauchten Alternativen sucht, nach neuen Lösungen für uralte Probleme. Er hat grenzenlose Energie und muß im Lauf seines Lebens alles sehen, verstehen und erleben. Er muß frei sein, zu tun, was ihm beliebt, und kämpft heftig gegen jegliche persönliche Einschränkung, gleich in welcher Gestalt sie erscheint. Das Zweitbeste ist nie gut genug für ihn, und er muß

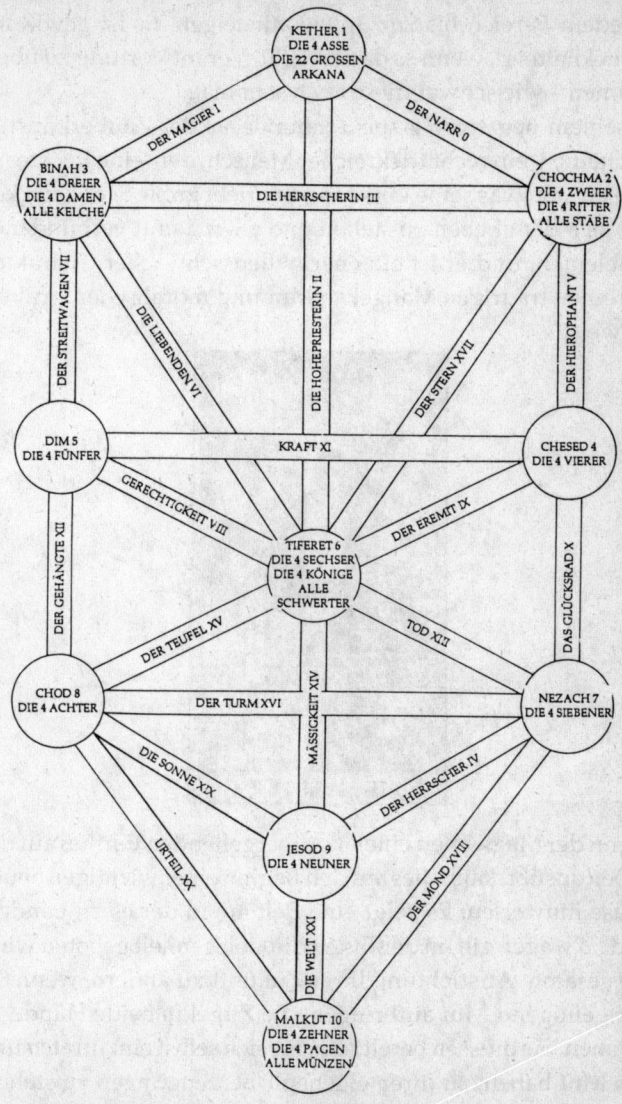

Abb. 31 Der Tarot–Baum des Lebens

in jedem Bereich bis zur Spitze aufsteigen. Er ist gewiß nie zurückhaltend, wenn es darum geht, Verantwortung zu übernehmen – wie schwer diese auch sein mag.

In seinem negativen Aspekt kann er als der Zauberkünstler erscheinen, ein recht trickreicher Mensch, der seine Rechte nie wissen läßt, was seine Linke tut. Er erlebt große Schwierigkeiten, sich dem Leben zu stellen und allen damit verbundenen Problemen, und er ist ein eher willensschwacher Charakter, der einen traurigen Mangel an Mut und moralischer Struktur aufweist.

Der MAGIER

Wenn der Magier neu einen vorübergehenden Einfluß auf das Leben ausübt, kann dies auf den Beginn einer wichtigen neuen Phase hinweisen. Es zeigt eine Zeit an, in der es zu handeln und zu wagen gilt, in der Ihnen die Gelegenheit geboten wird, die gesamte Ausrichtung Ihrer Zukunft zu ändern, wenn Sie nur genügend Mut aufbringen, die Zügel in beide Hände zu nehmen. Sie müssen bereit sein, für sich selbst einzutreten und den Mut haben, zu Ihren eigenen Überzeugungen zu stehen, weil kein anderer für Sie in den Kampf ziehen und seinen Kopf hinhalten wird. Seien Sie unabhängiger und lernen Sie, Verantwortung zu übernehmen. Es könnte dies auch eine Zeit sein, in der Sie einige wichtige Entscheidungen treffen müssen. Vermeiden Sie, impulsiv zu handeln, und stellen Sie sicher, daß Sie sich genügend Zeit lassen, um die Zusammenhänge dieser Entscheidungen und die weitreichenden Folgen ganz zu überblicken, die überstürzte Beschlüsse nach sich ziehen könnten.

2. II – Die Hohepriesterin

Die Hohepriesterin steht symbolisch als Brücke zwischen dem bewußten und dem unbewußten Denken, die durch die beiden Pfeiler hinter ihrem Thron dargestellt sind. Sie soll Träume eingeben und zu Visionen inspirieren, und sie wird manchmal auch als »göttliche Inspiration« bezeichnet. Das Buch der Weisheit liegt aufgeschlagen auf ihrem Schoß.

In Verbindung mit einer der vier persönlichen Zahlen weist diese Karte auf einen scheuen, sanften und recht zurückhaltenden Menschen, der dazu neigt, sein Leben durch die Taten anderer zu leben, statt eigene Erfahrungen zu machen. Er ist jemand, der gern folgt, wenn andere führen, und der am liebsten im Hintergrund des Lebens bleibt und nie den Wunsch hat, eine führende Rolle auf der Bühne des Lebens zu spielen. Das bedeutet nicht unbedingt, daß er eine geistlose und langweilige Persönlichkeit ist, da Menschen, die die Einflüsse dieser Karte aufnehmen, einen angeborenen Sinn für Schönheit haben und auch äußerst schöpferische Imaginationen hervorbringen. Sie sind fähig, das Detail zu sehen, wo viele andere Menschen nur die äußere Gestalt oder Umrisse wahrzunehmen imstande sind.

Negativ gesehen kann die Hohepriesterin leicht zur *femme fatale* werden, die am Ende ihre Freunde und Liebhaber mit ihren kleinen Tricks und Täuschungen vernichtet. Sie steht für eine Kombination von Kreativität und Zerstörung, die sie zur gerissenen, betrügerischen Frau macht.

Wenn die Hohepriesterin nur einen vorübergehenden Einfluß auf das Leben hat, kann das ein Hinweis sein auf kleinere Probleme, die entstehen werden, die aber leicht hätten vermieden werden können, wenn man ein wenig vorausgedacht und geplant hätte. Dies ist keine Zeit, in der größere Schritte nach vorn unternommen werden können. Es ist eine Zeit, Ihre Gedanken zu sammeln und Ihrer selbst bewußt zu werden, auch Ihrer inneren Empfindungen und Gefühle. Arbeiten Sie mehr mit den Menschen Ihrer Umgebung zusammen, und versuchen Sie, Teil eines Teams zu werden, das auf ein gemeinsames Ziel hinarbeitet. Lernen sie, taktvoller zu sein, und denken Sie erst, bevor Sie sprechen; es könnte Ihnen später eine Menge Unangenehmes und Peinlichkeiten ersparen. Denken Sie auch daran: Wenn Sie ein Geheimnis bewahren sollen, dürfen Sie es niemals jemandem weitersagen, ganz gleich, wie sympathisch und vertrauenswürdig diese Person auch erscheinen mag.

3. III – Die Herrscherin

Die Herrscherin steht für Empfindungen, Gefühle und Intuition – ein Aspekt des Unterbewußten. Sie ist der Inbegriff der Weiblichkeit mit allem, was dazu gehört. Sie ist Symbol für Harmonie und das Ende der Spannung. Dies ist die Karte der Geburt, der Mutterinstinkte, der Häuslichkeit und des Wachstums.

In Verbindung mit einer der vier persönlichen Zahlen zeigt diese Karte einen Menschen mit vielen Interessen und natürlichen Begabungen – vielleicht sind es zu viele, als daß Sie sie nach Ihrem besten Vermögen verwirklichen könnten. Sie sind ein rastloser, geselliger Mensch, der am liebsten von einem Ort zum anderen zieht, von einem Freundes- oder Aktivitätenkreis zum nächsten. Reisen sind von äußerster Wichtigkeit für Sie, und um Ihre Wünsche und Ziele zu erfüllen, entscheiden Sie sich vielleicht für eine Karriere, die Sie beweglich hält und daran hindert, auf längere Sicht irgendwo Wurzeln zu schlagen.

Der negative Aspekt der Herrscherin ist der einer korpulenten bequemen Frau, die es unmöglich findet, irgendeiner Lust des Fleisches zu widerstehen, sei sie nun sexueller Art oder bestehe sie aus übermäßigem Essen und Trinken. Im Grunde genommen ist sie ein oberflächlicher Mensch und wird von ihrer Umgebung auch als solcher behandelt.

Wenn die Herrscherin nur einen vorübergehenden Einfluß im Leben ausübt, ist dies ein Hinweis auf eine Zeit des Wachstums und der Entwicklung konkreter Zukunftspläne. Es kann dies ein besonders erfreulicher Abschnitt in Ihrem Leben sein, in dem alte Probleme und Schwierigkeiten ausgebügelt und schließlich vergessen werden können. Fortuna wird Ihnen ebenfalls hold sein, und es könnte sogar sein, daß Sie sich als Empfänger eines unerwarteten Glücksfalls erleben werden, sei es nun ein Lotteriegewinn oder eine Erbschaft.

Geburt und Wachstum, die beide im Symbol der Herrscherin ausgedrückt sind, könnten aber auch buchstäblich aktuell werden und ein Hinweis auf Heirat und Kinder in dieser Zeit sein, oder sie könnten die Entwicklung, das Wachsen Ihrer Talente bedeuten, die Geburt neuer Ideen und Gedanken, der sie entgegengehen.

Reisen fallen ebenfalls in den Rahmen der Möglichkeiten unter dem vorübergehenden Einfluß dieser Karte, und selbst wenn es sich um geschäftliche Reisen handelt, ist es doch wahrscheinlich, daß das ganze Unternehmen macht.

4. IV – Der Herrscher

Der Herrscher steht für die Seele, unter der Kontrolle und Disziplin der Willenskraft. Er bedeutet Verstand, und wegen seiner Verbindung mit der Zahl Vier konkrete Organisation. All seine Entscheidungen basieren auf Instinkt, harten Fakten und Logik, und mit diesen Waffen ausgerüstet, weiß er einfach, was er zu tun hat und wann er es tun wird.

In Verbindung mit einer der vier persönlichen Zahlen zeigt diese Karte ein organisiertes Leben an, gepaart mit persönlicher Sicherheit und Komfort. Menschen, die unter den Einfluß des Herrschers geraten, sind die Erbauer im Leben – und womit könnte man besser bauen als mit dem Würfel, dem Symbol der Vierzahl? Sie sind harte Arbeiter, tüchtige gesetzestreue Menschen, die ihre Entscheidungen auf gesunde, vernünftige Argumente bauen. Sie sind bereits mit der Gabe der Ausdauer geboren, und diese sollte ihnen helfen, ihre Ziele zu erreichen.

Die negative Manifestierung des Herrschers ist ein sehr unreifer Mensch mit nur wenig oder gar keiner Antriebskraft und geringem Ehrgeiz. Er ist allzeit bereit, nachzugeben oder jemand anderem zu erlauben, das bißchen Autorität zu übernehmen, das er besitzt. Gewöhnlich erweist er sich als Versager im Leben. In manchen Fällen erscheinen die Charakteristika des Herrschers auch in übertriebenem Maße, werden wir es mit einer strengen, bedrohlichen, tyrannischen

Gestalt zu tun haben, die völlig besessen ist von ihrer Arbeit und von persönlichem Ehrgeiz.

Wenn der Herrscher nur einen vorübergehenden Einfluß auf Ihr Leben nimmt, ist das ein Hinweis darauf, daß Sie in eine Position kommen, in der Sie weiteres Wissen durch Erfahrung gewinnen können. Jetzt ist die Zeit gekommen, Ihre schöpferische Energie voll zum Einsatz zu bringen und sich einen Ruf als gewissenhafter Mensch zu schaffen, der Ergebnisse aufweisen kann. Sie sollten auch materiellen Gewinn aus Ihren Bemühungen erlangen, wenn Sie bereit sind, zusätzliche Verantwortung auf sich und jedes Hindernis in Angriff zu nehmen, das Sie auf Ihrem Weg vorfinden werden. Eine neue Beziehung, die später dauerhaft werden könnte, scheint in dieser Phase Ihres Lebens wahrscheinlich.

5. V – Der Hierophant

Der Hierophant (Oberpriester, Mysterienlehrer) steht für eine Einrichtung, durch die innerhalb unserer Gesellschaft ein akzeptabler Verhaltenskodex gewahrt bleibt, er hält die moralischen Maßstäbe aufrecht, nach denen wir alle leben sollten. Er ist der Mann, der aufregend neue Gedanken hervorbringen kann, die nicht nur für jedermann annehmbar sind, sondern auch mit jeder erdenklichen Lebensweise vereinbart werden können, ohne größere Probleme zu verursachen.

In Verbindung mit einer der vier persönlichen Zahlen zeigt diese Karte die Notwendigkeit persönlicher Freiheit auf allen Ebenen an. Ihrem Denken muß die Freiheit zugestanden werden, nach seinem Willen Ideen, Gedanken und Theorien zu erforschen, und dies so lange, wie Sie brauchen, um zu einem Schluß zu kommen, ohne daß Sie dauernd unterbrochen werden oder anderen Anforderungen entsprechen müssen. Darüber hinaus müssen Sie auch physisch die Möglichkeit haben, zu kommen und zu gehen, wann es Ihnen gefällt, wo und wann immer Sie es möchten. Um zu lernen, müssen Sie alles, was das Leben zu bieten hat, erleben und probieren. Ihr Leben könnte so zu einer langen und fortwährenden Suche nach jenem persönlichen »Gral« werden, den Sie niemals finden oder wirklich erkennen können.

Das umgekehrte, negative Gesicht des Hierophanten zeigt einen Menschen, der keinem hilft, der absichtlich die Wahrheit verdreht, um andere irrezuführen. Er kann auch ein sehr körperlich orientierter Mann sein, der seine Befriedigung in physischen Reizen wie Drogen, Alkohol, Essen und amourösen Abenteuern sucht.

Der **HIEROPHANT**

Wenn der Hierophant nur einen vorübergehenden Einfluß auf das Leben hat, zeigt dies recht umfassende Veränderungen in Ihrer Lebensweise an – möglicherweise einen beruflichen Wechsel, einen Umzug, einen Wechsel des Partners oder alle drei Möglichkeiten zusammen. Einige dieser Veränderungen und Wandlungen werden Sie bewußt unternehmen, aber es wird auch so aussehen, daß andere Ihnen fast gegen Ihren

Willen aufgezwungen werden. Alles in allem wird dies ein ruheloser und anstrengender Abschnitt in Ihrem Leben, in dem es Ihnen schwerfallen wird, zu wissen, was Sie am besten tun sollen. Manche Menschen wenden sich unter dem vorübergehenden Einfluß des Hierophanten um Trost und Rat an die Religion, während andere sich mit einer Reihe von Liebesaffären und kurzlebigen Beziehungen trösten, um ihre körperliche Attraktivität unter Beweis zu stellen.

6. VI – Die Liebenden

Die Liebenden stehen symbolisch für Spannung, Belastung und Zwiespältigkeit. Die Karte und Zahl stellt ein Stadium dar, das jeder im Laufe seines Lebens erreichen muß, in dem es gilt, sich von seinen Wurzeln zu trennen und zu lernen, auf eigenen Füßen zu stehen; dies ist der Augenblick, in dem Unabhängigkeit erklärt wird. Die Wege trennen sich.

In Verbindung mit einer der vier persönlichen Zahlen zeigt diese Karte eine künstlerische Person, die sich gern mit Schönheit und Komfort umgibt. Ein Mensch, der mit Leib und Seele den Nestbau liebt und sein Heim und die Familie vor alles andere stellt. Diese Menschen werden alles unternehmen, um ihre Partner und Kinder glücklich zu machen. Sie sind treu, beschützend und mütterlich bzw. väterlich. Wer von der Karte der Liebenden beeinflußt ist, hält sich viel lieber zu Hause denn anderswo auf, und findet seine vollste Zufriedenheit darin, seine häusliche Umgebung zu verschönern.

Negativ gesehen können Menschen mit diesem Einfluß auch in ihrem Beschützen- und Bemutternwollen erdrückend für ihre Angehörigen werden und jeden Versuch ihrer Schutzbefohlenen, Unabhängigkeit oder persönliche Freiheit in ihrer unmittelbaren häuslichen Umgebung zu erlangen oder zu gewinnen, im Keime ersticken. Sie neigen auch dazu, zu viel für ihre Familie zu tun, was dann als selbstverständlich betrachtet wird. Die Anerkennung, nach der sie sich sehnen, erfahren sie nie. Zuweilen scheinen sie unfähig zu sein, zu einer Entscheidung zu gelangen, weil sie beide Alternativen zugleich haben wollen.

Die LIEBENDEN

Wenn die Liebenden nur einen vorübergehenden Einfluß im Leben haben, zeigt dies an, daß im Hause etwas in Bewegung kommt, solange dieser Einfluß wirksam ist. Alles mögliche kann – und wird vermutlich – passieren. Das könnten größere Veränderungen sein wie Eheschließung Kindsgeburt, Umzug, oder kleinere Veränderungen wie der Kauf eines neuen Autos, ein Anbau am Haus oder eine umfassende Renovierung. Die Betonung kann aber auch auf künstlerisch-schöpferische Projekte fallen, und Sie werden in der fraglichen Zeit möglicherweise zu entscheiden haben, ob Sie Ihre unzweifelhaft vorhandenen Talente einer besseren oder umfangreicheren Verwendung zuführen. Ihre Intuition könnte Ihnen auch helfen, die Antwort auf ein schon lange bestehendes Problem zu finden, das bis jetzt unlösbar zu sein schien.

7. VII – Der Streitwagen

Der Streitwagen symbolisiert Einheit in der Vielfalt. Dieser Mann hat die vollkommene Kontrolle über sich selbst erlangt und hat seine animalischen Instinkte gezügelt. Er hat gelernt, die Regeln und Einschränkungen zu akzeptieren, die die Gesellschaft bestimmt hat, und weiß, wie er die Hindernisse auf seinem Weg überwinden kann. Er weiß auch, wie er eine Situation zu seinem eigenen Vorteil wenden kann, während er immer innerhalb der Regeln bleibt und handelt, die zu achten er sich einverstanden erklärt hat.

In Verbindung mit einer der vier persönlichen Zahlen zeigt diese Karte einen Menschen, der fähig ist, sich über die Widrigkeiten des Leben zu erheben, um seine gesteckten Ziele zu erreichen. Sein Erfolg wird weder ererbt noch gewonnen sein; er wird auf dem harten Wege errungen und verdient werden müssen, Schritt für Schritt. Er wird den Erfolg, den er zu Recht verdient, erlangen, aber nicht so rasch oder einfach, wie es anderen möglich zu sein scheint. Manche vom Streitwagen beherrschte Menschen scheinen sich vollkommen über materielle Angelegenheiten zu erheben und eine philosophische Einstellung zum Leben zu entwickeln; gelegentlich werden einige sogar hellsichtige oder mediale Fähigkeiten besitzen, die sie nicht ignorieren sollten. Sie sollten sie ausbilden und entwickeln, so daß Sie sie zum Wohle und Nutzen anderer einsetzen können.

Das umgekehrte Gesicht des Streitwagens zeigt einen abgebrühten Menschen, der rücksichtslos und bewußt die Persönlichkeit derer, denen er begegnet, überfahren wird. Er ist mitleidlos, kümmert sich nicht um die Gefühle anderer und ist nur an seinem eigenen Vorteil interessiert.

Übt der Streitwagen nur einen vorübergehenden Einfluß im Leben aus, gilt das als ein Hinweis auf eine gute Zeit, um eine Pause zu machen, um etwas Abstand zu nehmen von dem, was Sie tun. Hören Sie auf zu versuchen, Ihr Leben auf Kollisionskurs mit allen anderen zu führen. Nehmen Sie einen kurzen Urlaub, wenn dies möglich ist, aber zumindest ein paar Tage frei, um Abstand zu bekommen und sich ein wenig zu entspannen. Yoga oder Meditation könnten einigen von Ihnen unter diesen Umständen helfen, während Malen, Musikhören und schlichtes Tagträumen anderen wiederum gute Dienste leisten würden. Eine kurze Zeit erzwungener Ruhe und Entspannung könnte Ihrer Gesundheit und Ihrem körperlichen Wohlbefinden langfristig guttun.

8. VIII – Gerechtigkeit

Die Gerechtigkeit steht für die Stimme unseres Gewissens, die uns sagt, daß es an der Zeit ist, das Gleichgewicht in unserem Leben wiederherzustellen und endlich die Entscheidung für einen bestimmten Kurs zu treffen, dem wir folgen werden, wenn Gerechtigkeit jemals in unser Dasein Einzug halten soll. Alles sollte harmonisch werden, wenn wir weiterkommen wollen. Acht, die Zahl dieser Karte, wurde zuweilen auch schon von den Griechen als Zahl der Gerechtigkeit bezeichnet, weil sie aus gleichen Teilen gerader Zahlen besteht, die ihr das Gleichgewicht geben.

GERECHTIGKEIT

In Verbindung mit einer der vier persönlichen Zahlen zeigt diese Karte einen jener Menschen an, die zweifellos an irgendeinem Punkt in ihrem Leben aufgerufen sein werden, die Rolle eines Schiedsrichters zu übernehmen. Ihr gesundes Urteilsvermögen wird gefragt sein, um Streitigkeiten beizulegen oder die entscheidende Stimme in irgendeinem wichtigen moralischen Konflikt abzugeben. Als Individuum jedoch fühlen Sie sich vielleicht gar nicht in dem Maße sicher, wie andere von Ihrem Urteil überzeugt sind. Das Vertrauen, das sie Ihren Entscheidungen entgegenbringen, empfinden Sie als schwere Verantwortung, die Sie manchmal am liebsten abgeben würden.

Wenn die Waagschalen auf der negativen Seite herabsinken, haben wir es mit einem Menschen zu tun, der alles andere als fair ist. Er hat Vorurteile, ist voreingenommen und parteiisch und fragt sich manchmal eher, was bei einer Sache »für ihn herausspringen« kann, als was gut und anständig ist. Diese Menschen werden wohl die eine oder andere Korrektur vornehmen müssen, wenn sie eine ausgeglichene Einstellung zum Leben erlangen wollen.

Wenn die Gerechtigkeit nur einen vorübergehenden Einfluß auf Ihr Leben ausübt, dann zeigt sie einen Zeitabschnitt an, in der Ihre Aufmerksamkeit hauptsächlich mit rechtlichen Angelegenheit befaßt ist. Es könnte einfach das Verlesen eines Testaments sein oder etwas sehr Kompliziertes wie die Vermittlung eines Vermögensgeschäftes, aber andererseits mag es auch ein Anzeichen für kriminelle Handlungen sein, in die die betreffende Person verwickelt ist.

Eine in jeder Hinsicht sehr herausfordernde und auf die Probe stellende Zeit für Sie, in der Sie wirklich Ihre fünf Sinne beieinander haben müssen, wenn Sie sie ohne Kratzer und Schrammen überstehen wollen. Seien Sie auf rasche Entscheidungen vorbereitet, zu denen Sie von unvorhergesehenen Ereignissen gedrängt werden.

9. IX – Der Eremit

Der Eremit steht für den Wahrheitssucher; er hat nur eine Laterne (seine Intuition), um den Weg zu finden, und seinen Wanderstab (seine unbewußte Weisheit), auf den er sich stützen kann. Er ist eine mutige, irgendwie pathetische Gestalt, die auf ihrem einsamen Weg durch das Unbekannte voranschreitet.

In Verbindung mit einer der vier persönlichen Zahlen zeigt diese Karte einen Menschen, der nach spirituellem Wissen und Weisheit dürstet. Dies ist kein leichter Einfluß fürs Leben, und Ihr angeborenes Mitgefühl und Einfühlungsvermögen wird nötig werden; Sie brauchen es, um all jenen Menschen Verständnis zeigen zu können, die sich um Hilfe an Sie wenden werden. Sie sind großzügig, hilfsbereit und immer bereit,

Ihre freie Zeit in den Dienst anderer zu stellen, auch wenn die Menschen zahlreich und nur für kurze Zeit durch Ihr Leben gehen werden. Sie beziehen von Ihnen den Trost und Rat, den sie brauchen, und ziehen dann, erfrischt und von dieser Begegnung aufgebaut, wieder weiter ihres Weges.

Der EREMIT

Leider ist die negative Seite des Eremiten nicht ganz so nächstenliebend. Hier haben wir es mit einem Menschen zu tun, der nicht einen einzigen Finger krumm machen würde, um jemandem in Not zu helfen. Er ist jederzeit bereit, allem, was seinem Geschmack nicht entspricht, den Rücken zuzukehren, und ist sehr argwöhnisch, weil er hinter der offensichtlichen Freundlichkeit anderer immer irgendein dunkles, niederes Motiv vermutet. Seine Einstellung wird ihn anderen Menschen zusehends entfremden, und er wird deshalb durch die selbstgeschaffenen Umstände zum Einzelgänger und nicht, weil er sich bewußt dafür entschieden hätte.

Wenn der Eremit nur einen vorübergehenden Einfluß auf das Leben eines Menschen ausübt, zeigt dies eine Übergangsperiode von einem Entwicklungsstadium zum nächsten an. Es ist eine Zeit, in der es gilt, die Vergangenheit hinter sich zu lassen, die Schiefertafel gewissermaßen zu säubern und Platz zu schaffen für eine neue Lektion. Die Neun steht für das Ende eines Zyklus, und das tut auch der Eremit, der sich auf den Weg begibt, sich selbst zu finden. Sie sollten versuchen, Ihr Haus zu bestellen, alle Beziehungen zu einem Ende zu bringen, die ihren Sinn verloren haben und keine Erfüllung mehr versprechen, und allgemein Ihre Angelegenheiten in Ordnung bringen. Es könnte sogar empfehlenswert sein, die Arbeitsstelle zu wechseln, wenn Ihre derzeitige nur wenige oder überhaupt keine Zukunftsaussichten birgt. Dann lehnen Sie sich zurück und warten Sie, bis das Rad sich dreht und die nächste Phase Ihrer Entwicklung angekommen ist.

10/1. X – Das Glücksrad

Das Glücksrad ist das Bild auf der zehnten Tarotkarte. Zehn ist die erste zweistellige Zahl, und beide zusammen künden von einem neuen Anfang. In der Antike glaubte man, daß die Zehn eine vollkommene Zahl ist, und auch das Rad ist wegen seiner Kreisform ein Symbol der Vollkommenheit. Diese Karte steht für Veränderung, die ständige Bewegung des Lebens und die Unausweichlichkeit des Todes – sie versinnbildlicht den Umstand, daß nichts im Leben jemals wirklich konstant oder von Dauer sein kann.

In Verbindung mit einer der vier persönlichen Zahlen zeigt diese Karte eine Persönlichkeit, die fast alles erreichen kann, wenn sie genügend motiviert ist; einen Menschen, der die Nöte und Bedürfnisse anderer erkennen und verstehen kann, und der volles Vertrauen zu jeder Entscheidung hat, die er treffen, und zu jedem Unternehmen, das er in Angriff nehmen könnte. Dies ist eine Glückskarte, wenn man unter ihren Einfluß gerät, da die meisten Ihrer Pläne und Projekte wahrscheinlich zur gegebenen Zeit zur Ausführung gelangen werden. Der Zufall kann auch eine wichtige Rolle bei einigen unerwarteten Wendungen in Ihrem Leben spielen, die fast mit Gewißheit eintreten werden.

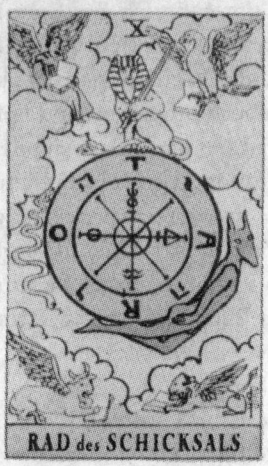

RAD des SCHICKSALS

Der negative Aspekt dieser Karte zeigt einen starren und sturen Charakter, der weder willens noch fähig ist, sich veränderten Umständen anzupassen. Neue Ideen interessieren ihn nicht, er besteht auf seinem Willen, rückschrittlich zu sein, alles so behalten zu wollen, wie es ist; Veränderungen sind ihm zuwider, da ihm die Vorstellung einer Veränderung schlicht inakzeptabel erscheint.

Wenn das Glücksrad nur einen vorübergehenden Einfluß geltend macht, zeigt es eine Zeit an, in der Ihre Angelegenheiten mit einiger Wahrscheinlichkeit eine Wendung zum Besseren nehmen werden, und diese positive Wende wird vermutlich von Dingen oder Ereignissen verursacht sein, auf die Sie selbst keinen Einfluß haben. Das Schicksal ist eine merkwürdige Angelegenheit, und manchmal braucht es eine ganze Weile, bis es sich vollständig offenbart. Das Glück wird jedenfalls in diesem Abschnitt Ihres Lebens mit Ihnen sein, und alle spekulativen Unternehmen, an denen Sie beteiligt sind, haben eine sehr gute Chance, sich in Form von Erträgen und Dividenden auszuzahlen. Ein Problem, das Sie bereits seit einiger Zeit bekümmert hatte, könnte sich durch eine seltsame Reihe von Umständen lösen. Allgemein gesehen ist dies ein Zeitabschnitt, der sich für jeden sehr wohl bezahlt macht, der unter den vorübergehenden Einfluß dieser Karte gerät. Es ist eine Zeit, in der Sie die Ernte einbringen können, die Sie nach all Ihren früheren Bemühungen verdient haben.

11/2. XI – Kraft

Die Tarotkarte Kraft steht für Gefahr und Verletzbarkeit. Nur durch Abwehr des Löwen (der dunkleren, tierischen Seite seiner Persönlichkeit) kann der Held seine tierischen Instinkte mit seinem bewußten Denken versöhnen. Eine Karte voller Vorbedeutung.

In Verbindung mit einer der vier persönlichen Zahlen zeigt diese Karte kein leichtes Leben an. Jede Person, die unter den Einfluß der Karte kommt, wird mit vielen Schwierigkeiten fertig werden müssen und viele Probleme zu lösen haben. Man kann sich nicht auf die Hilfe und Unterstützung anderer verlassen, die einem durch diese schwere Zeit helfen, da selbst die ergebensten Freunde sich irgendwann einmal als treulos und verräterisch zeigen könnten. Doch das verurteilt Sie nicht zwangsläufig zu einem Leben voller Schwierigkeiten und Härten. Menschen unter diesem Einfluß sind unverwüstlich, entschlossen, willensstark und ehrgeizig; sie geben nie nach und verstehen einfach nicht, was das Wort »versagen« bedeutet. Mit diesen Eigenschaften können sie alles erreichen, trotz der Hindernisse und Fallgruben, denen sie auf ihrem Wege zweifellos begegnen werden.

Menschen, die negativ von dem Einfluß dieser Karte bestimmt werden, müssen in ihrem Leben fast mit Gewißheit scheitern, da sie nicht genügend Nerven besitzen, um die Gelegenheiten zu ergreifen, sobald sie auftauchen. Sie scheinen die Haltung eines Defätisten von Beginn an zu demonstrieren, und enden dann entweder in Depressionen und Selbstmitleid, oder sie geben einfach ihren elementareren Instinkten nach.

Wenn die Karte Kraft nur einen vorübergehenden Einfluß ausübt, gilt es, in dieser Zeit mutig zu sein; es ist eine Zeit, in der Sie jede Gelegenheit, die sich Ihnen auf Ihrem Wege bietet, mit beiden Händen beim Schopf packen müssen, um sie zu nutzen. Dies ist auch eine Zeit in Ihrem Leben, in der Sie alte Rechnungen begleichen oder sich mit den Umständen versöhnen sollten, die inzwischen tatsächlich existieren. Das könnte bedeuten, daß Sie sich die Mühe machen sollten, einen Streit beizulegen, aber mit größerer Wahrscheinlichkeit bezieht diese Kraft sich auf einen inneren Konflikt. Es wird notwendig sein, daß Sie sich selbst disziplinieren, um Ihre Selbstkontrolle wiederzuerlangen und damit frei zu werden von den ständigen Stimmungsschwankungen, die nicht nur quälend, sondern auch zersetzend sind. Jetzt ist die Zeit, in der Sie aufgerufen werden könnten, die Verantwortung für ein Vergehen in der Vergangenheit zu übernehmen, das Sie für längst vergessen gehalten hatten.

12/3. XII – Der Gehängte

Der Gehängte ist Symbol für Erneuerung und Erlösung. Durch bewußtes Opfern von allen Dingen wird er einen sogar noch größeren Preis erringen – Unsterblichkeit des Geistes und inneren Frieden. Das Schlüsselwort für diese Karte ist »Umkehr« – durch Umkehren seiner Position wird der Mensch in die Lage versetzt, alles aus einem völlig anderen Blickwinkel zu sehen.

In Verbindung mit einer der vier persönlichen Zahlen weist diese Karte auf einen einzigartigen Menschen hin, der die Fähigkeit besitzt, sich bewußt und mit Leichtigkeit veränderten Umständen anzupassen. Solche Menschen sind selten; ihr Denken ist brillant und flexibel, und sie scheinen einen unerschöpflichen Vorrat an Mitgefühl zu haben, das sie uneingeschränkt an andere weiterzugeben bereit sind. Sie sind immer bereit, ihre persönlichen Überlegungen in den Hintergrund zu schieben, sobald jemand ihre Hilfe braucht. Menschen unter dem Einfluß dieser Karte besitzen große Weisheit, Mut und innere Ruhe.

Unter negativem Vorzeichen, umgekehrt, steht der Gehängte für Leiden und Ängstlichkeit und zeigt uns einen Menschen, der wohl geopfert werden könnte, um die Pläne und Intrigen anderer zu erfüllen – ein typischer Sündenbock. So weist dieser Einfluß auf ein Leben voller Kämpfe hin, das mit der letzten Niederlage sein Ende findet.

Wenn der Gehängte nur einen vorübergehenden Einfluß auf das Leben ausübt, zeigt er eine Wartezeit an, die Ihnen genügend Möglichkeit gibt, die Angelegenheiten im rechten Licht zu betrachten – so, wie sie wirklich sind, und nicht nur so, wie sie auf den ersten Blick vielleicht erscheinen. Wie bereits erwähnt, ist das Schlüsselwort des Gehängten die Umkehr, und es ist wahrscheinlich, daß eine solche in diesem Zeitabschnitt eintritt – daß etwas, was immer nur schlecht ging, nun anfangen könnte, bessere Aspekte zu zeigen, und so weiter. Doch gewöhnlich haben die meisten Dinge im Leben ihren Preis, und so werden Sie wohl ein paar freiwillige Opfer bringen müssen, wenn Sie von dieser Karte beeinflußt sind, um später im Leben andere Vorteil zu gewinnen. Das Gleichgewicht muß aufrechterhalten werden!

13/4. XIII – Tod

Der Tod ist nicht die Unglückskarte, für die er oft gehalten wird. Er steht symbolisch für die Tatsache, daß – obwohl alle Lebewesen eines Tages sterben müssen – ihr körperlicher Tod als Beginn eines neuen Daseinszustandes gesehen werden sollte, und nicht sosehr als das Ende eines Abschnittes. Er steht für drastische Veränderung und Transformation.

TOD

In Verbindung mit einer der vier persönlichen Zahlen übt diese Karte einen mächtigen Einfluß auf das Leben jener aus, die sie beherrscht. Bei der dreizehnten Karte gibt es keine Kompromisse oder Zwischentöne, und die von ihr beeinflußten Menschen sind entweder außergewöhnlich gute oder schlechte Charaktere. Ganz gleich, zu welcher der beiden Kategorien sie gehören, ihr Leben wird niemals langweilig sein, da Veränderung ihr ständiger Begleiter ist. Diese Menschen besitzen schöpferische Phantasie und sind fähig, scheinbar hoffnungslose Situationen fast über Nacht zu Erfolgen umzukehren.

Das negative Gesicht der dreizehnten Karte bietet nicht gerade ein hübsches Bild – es zeigt eine übellaunige, destruktive Persönlichkeit, der es egal ist, wen sie verletzt, solange sie nur selbst glücklich ist. Ein solcher Mensch ist geizig, böse und böswillig, und häufig findet er seine Freude in Alkohol, Drogen und perversen sexuellen Aktivitäten.

Wenn diese Karte nur einen vorübergehenden Einfluß auf das Leben ausübt, steht sie weiterhin für Veränderung, und solange dieser Einfluß anhält, muß ein größerer Wandel in den persönlichen Umständen stattfinden. Darüber hinaus wird diese Veränderung wahrscheinlich die einzig mögliche Lösung einer bestehenden problematischen Situation sein, so überraschend dies auch erscheinen mag. Lange existierende Pläne und Vorschläge könnten zu ändern oder gar zu verwerfen sein, aber es bedeutet nichts Schlimmes, weil es Ihnen die Freiheit läßt, andere, aufregendere Angebote anzunehmen. Wenn die dreizehnte Karte ihren Einfluß vorübergehend geltend macht, dann ist das ein Hinweis darauf, daß eine ganz neue Phase in Ihrem Leben beginnt, in der Sie bereit sein müssen, die Vergangenheit und alle Erinnerungen zu vergessen, die Sie mit ihr verknüpfen, um weiterzukommen und Fortschritte zu machen.

14/5. XIV – Mäßigkeit

Das Wort »Mäßigkeit« bedeutet in unserem Sinne etwas, was sich auf das Zusammenmischen von Ingredienzen in genau dem richtigen Maße bezieht. Diese Karte steht symbolisch für das Vorübergehen der Zeit, die sich weiterbewegt von der Vergangenheit durch die Gegenwart in die Zukunft. Man könnte auch sagen, daß sie sich auf die Vorstellung von der Reinkarnation bezieht – das Weitergehen der Seele von einer Existenz in die nächste.

In Verbindung mit einer der vier persönlichen Zahlen ist diese Karte ein Hinweis auf ein Leben, das harmonisch und erfüllt ist. Vierzehn wird als äußerst sinnliche Zahl angesehen, und die Freuden des Fleisches werden unter diesem Einfluß noch verstärkt. Vom geschäftlichen Standpunkt aus betrachtet ist es für jene, die unter dem Einfluß dieser Karte stehen, ihr ganzes Leben lang notwendig, andere Menschen und sich verändernde Situationen mit Takt, Diplomatie und beträchtlicher Vorsicht zu behandeln, wenn sie erfolgreich sein wollen. Behutsamkeit und Klugheit ist hier das Schlüsselwort.

Die negative Seite der Mäßigkeit weist auf die Möglichkeit hin, im Leben wegen der fortgesetzten Falscheinschätzung wichtiger Situationen sowohl im geschäftlichen als auch im privaten Bereich zu scheitern. Häufige Demonstrationen verfehlter Entscheidungen werden auch andere veranlassen, Vertrauen in Ihre Fähigkeit, Resultate zu erzielen, zu verlieren.

Wenn die Mäßigkeit nur einen vorübergehenden Einfluß auf das Leben ausübt, ist sie ein Anzeichen für viel Bewegung: Menschen kommen zu Ihrem Freundeskreis hinzu oder verlassen ihn, auch eine Reihe kurzer Reisen ist möglich, vielleicht sogar einige Auslandsreisen. Finanzielle Geschäfte sind gut aspektiert, obwohl die Vierzehn das Risiko der Gefahr enthält, die sich im allgemeinen in Gestalt von Naturereignissen manifestiert, z. B. Überschwemmungen, Erdbeben usw., die auch auf Handelsgeschäfte einen verheerenden Einfluß nehmen können. Der sinnliche Aspekt dieser Karte wurde bereits erwähnt, und während der Zeit des vorübergehenden Einflusses dieser Karte sind aufregende sexuelle Abenteuer nicht unwahrscheinlich.

15/6. XV – Der Teufel

Der Teufel steht für die Energie des inneren Selbst – eine
Energie, die unter Kontrolle gebracht und einer positiven
Verwendung zugeführt, dem Licht entgegengesteuert werden
muß. Überläßt man diese Kraft sich selbst, dann führt sie nur
ins Dunkel und Böse. Diese Karte erinnert uns an die Notwendigkeit, uns über unsere elementaren Instinkte zu erheben, um
höhere Bewußtseinsebenen zu erreichen. Sie drängt uns, zivi-
lisierter zu werden und besser unterscheiden zu lernen.

Wenn der Teufel mit einer der vier persönlichen Zahlen in
Verbindung steht, weist das auf einen Menschen mit bemer-
kenswert starker Persönlichkeit hin. Sehr häufig wird er oder
sie auch über das Talent des künstlerischen, literarischen oder
musikalischen Ausdrucks hinaus ein begabter Redner sein.
Diese Menschen scheinen äußerst viel Glück im Leben zu
haben und alle Arten von Geschenken und Vorteilen geradezu
anzuziehen.

Der TEUFEL

In ihrem negativen Aspekt stellt die fünfzehnte Tarotkarte eine Person dar, die Macht um jeden Preis will. Hier haben wir es mit jemandem zu tun, der bereit ist, seine Stellung in der Gesellschaft für seine persönlichen, ehrgeizigen Ziele zu gebrauchen, einen Menschen, der sich wenig oder gar keine Mühe gibt, die ausufernden Eigenschaften seines Wesens unter Kontrolle zu halten.

Wenn der Teufel nur einen vorübergehenden Einfluß auf das Leben geltend macht, könnten Sie in dieser Zeit möglicherweise mehr persönliche Freiheit gewinnen und den Einschränkungen, die Ihrer Bewegungsmöglichkeit früher auferlegt wurden, entkommen. Ebenso könnten Sie aber auch von persönlichen Problemen eingeschränkt werden und sich unter dem Einfluß dieser Karte gefangen und gebunden fühlen von Verpflichtungen, die auf Ihnen lasten. Müdigkeit und Erschöpfung nach Überarbeitung sollten in dieser Zeit vermieden werden, und wenn Sie langfristige Pläne machen, dann versuchen Sie, unvorhergesehenen Einflüssen entgegenzukommen, indem Sie Ihre zeitlichen und finanziellen Kalkulationen danach richten.

16/7. XVI – Der Turm

Der Turm steht für die Macht der kosmischen Energie, die blitzartige Inspiration, die Erleuchtung mit sich bringt. Die zerstörende Wirkung des Blitzstrahls ist Symbol für eine Klärung des Denkens von veralteten Glaubensvorstellungen, der neuen Freiheit, neue Ideen, Vorstellungen und Möglichkeiten aufzunehmen. Schlüsselwort ist hier Erwachen. Der Turm ist eine starre Struktur und steht als Mahnung vor uns, flexibel zu bleiben, wenn wir überleben wollen. Nur durch ständiges Beugen und Anpassen werden wir in der Lage sein, den schwersten Schlägen standzuhalten, die das Leben uns bringen kann.

In Verbindung mit einer der vier persönlichen Zahlen zeigt diese Karte ein Leben voller Schwierigkeiten und gescheiterter Hoffnungen an. Der Mensch unter diesem Einfluß wird sich vielen Enttäuschungen und Ungerechtigkeiten stellen müssen, die von äußeren Einflüssen verursacht werden, die außerhalb seiner Kontrolle liegen. Irgendwie scheint sich die Natur gegen ihn verschworen zu haben, und jedesmal, wenn er ein wenig weiter gekommen zu sein scheint, greift das verhängnisvolle Schicksal ein und stößt ihn wieder zurück. Dies ist keine einfache Zahl oder Karte, wenn man sein Leben lang von ihr beeinflußt wird.

Im negativen Aspekt zeigt der Turm an, daß die meisten Probleme des Menschen von ihm selbst verursacht werden und vermeidbar gewesen wären, wenn nur ein wenig mehr Aufmerksamkeit auf das Detail verwendet worden wäre. Der Turm steht hier für unnötiges Leiden und Selbstzerstörung.

Wenn diese Karte nur einen vorübergehenden Einfluß auf das Leben hat, ist sie Hinweis auf ein gewisses Maß an persönlichem Leid, dem man sich notwendigerweise aussetzen muß,

um in seiner spirituellen Entwicklung weiter zu kommen.
Man sollte diese Einflüsse als Warnsignal verstehen und entsprechend handeln. Seien Sie besonders vorsichtig, wenn Sie
reisen oder mit Maschinen arbeiten, und planen Sie weit im
voraus, um mögliche Enttäuschungen zu vermeiden.

17/8. XVII – Der Stern

Der Stern ist eine höchst spirituelle Karte und steht symbolisch
für die Pforten des Denkens, die offenstehen, um Wissen und
Verständnis einzulassen. Das Wasser, das auf die Erde gegos-
sen wird, steht für das bewußte Denken, und das Wasser, das
in den Teich zurückgegossen wird, steht für das Unterbewußte. Die Gruppe von acht Sternen symbolisiert höhere Bestre-
bungen, und der größte, achtzackige Stern, bedeutet Rotation.

Der STERN

In Verbindung mit einer der vier persönlichen Zahlen zeigt
diese Karte einen temperamentvollen Menschen, der zurück-
schlagen wird, wenn das Leben ihn schlecht zu behandeln
scheint, und der sich schließlich über viele Schwierigkeiten
und Prüfungen erheben wird und Erfolg erreicht. Siebzehn ist

die »Zahl der Unsterblichkeit«, und häufig erlangen oder schaffen Menschen unter ihrem Einfluß etwas, was sicherstellt, daß ihr Name noch lange nach ihrem Tode weiterleben und erinnert wird.

Menschen, die vom Stern negativ bestrahlt werden, sind oft extrem engstirnig und finden es schwer, progressive Ideen oder moderne Methoden zu akzeptieren. Häufig haben sie nicht viel Vertrauen in ihre eigenen Fähigkeiten, auch anderen trauen sie nicht viel zu. Selbstzweifel und starres Denken sind die negativen Schlüsselbegriffe für diese Karte.

Wenn der Stern nur einen vorübergehenden Einfluß auf das Leben eines Menschen ausübt, zeigt er eine Zeit voller Glück, Erfüllung und möglicherweise auch Reisen an. Viele gute Gelegenheiten zum persönlichen Weiterkommen sollten sich bieten, die die unmittelbare Zukunft hoffnungsvoller, sicherer und glücklicher erscheinen lassen, als die Vergangenheit es lange Zeit gewesen ist. Sie sollen ermutigt werden, Ihren Horizont zu erweitern und das Leben und was es zu bieten hat aus einer umfassenden Perspektive zu betrachten. Sie sollen mit einem neuen Leben bedacht werden, mit genügend Energie, um sich alles zu erfüllen, was Sie sich wünschen.

18/9. XVIII – Der Mond

Der Mond steht für Ruhe und Erholung als Vorbereitung auf das Anbrechen eines neuen Tages. In der Nacht schlafen wir, um unserem Körper die Möglichkeit zu geben, sich auf eine neue Wachzeit und neue Erlebnisse vorzubereiten. Während der Nacht können Schäden repariert, das heißt Körperzellen erneuert werden, und unser Gehirn darf in die Welt der Phantasie und der Träume hinübergehen. Diese Karte steht für zeitweilige Belebung und Erneuerung.

In Verbindung mit einer der vier persönlichen Zahlen zeigt uns diese Karte einen Menschen, dem es schwerfällt, mit der

Realität fertig zu werden; er ist ein Träumer, der sich lieber in das Reich seiner eigenen Phantasien und Illusionen flüchtet, als das Leben in Angriff zu nehmen und sich den Problemen zu stellen. Diese Menschen sind äußerst emotional und verfügen über eine lebhafte Vorstellungsgabe. Häufig erleben sie besonders störende oder prophetische Träume, und diese unterstützen nur noch ihre Tendenz, vor dem alltäglichen Leben zu fliehen.

Der MOND

Menschen unter dem Einfluß des Mondes sind oft hellsichtig, und manche besitzen sogar Heilkräfte. Doch sie sollten darauf achten, ihren Körper mit Sorgfalt und pfleglich zu behandeln, da Vernachlässigung schädliche Auswirkungen sowohl auf ihr körperliches wie auch auf ihr mentales Wohlbefinden haben kann.

Das negative Gesicht des Mondes zeigt uns furchtsame, argwöhnische Menschen, die schon vor ihrem eigenen Schatten Angst haben könnten. Im Grunde genommen fehlt ihnen Mut, und in schwierigen Situationen verlieren sie gewöhnlich genau dann die Nerven, wenn etwas wichtig ist. Sie ziehen es vor, genau so zu bleiben, wie sie sind, bevor sie das Risiko eingehen, etwas Neues zu probieren, das sich als schwierig oder anspruchsvoll erweisen könnte.

Wenn diese Karte nur einen vorübergehenden Einfluß auf das Leben eines Menschen ausübt, dann weist sie auf eine Zeit hin, in der Intuition – weit mehr als Vernunft – der Faktor ist, auf den man sich stützen sollte, wenn man überhaupt vorankommen will. Dies ist eine »Glaubenskrisen«-Situation, in der das einzige, worauf man sich wirklich verlassen kann, man selbst ist. Selbst wenn die Mondkarte nur vorübergehend wirksam ist, kann sie doch zu Versuchen veranlassen, auf den verschiedensten Wegen vor der Realität zu fliehen; dieser Versuchung sollten Sie aktiv widerstehen. Auch gesundheitliche Probleme fallen unter den Einflußbereich dieser Karte, und Sie sollten vorsichtiger als sonst sein, um Ihre gute Gesundheit zu sichern, wenn Sie ohne Schäden über diese Zeit hinwegkommen wollen. Sie müssen Ihr Tempo etwas verlangsamen und vorsichtig und umsichtig ihr Leben führen. Der Mond ist eine Warnung vor den Elementen, aber auch vor Betrug und Täuschung durch Freunde.

19/1. XIX – Die Sonne

Die Sonne steht für das reine, unverhüllte Licht des inneren Selbst. Sie besitzt unermeßliche Kraft und auch lebenspendende Energien, die durch die Strahlen angedeutet werden, die zur Erde herabstrahlen. Sie ist das Symbol der Einheit von Bewußtsein und Unbewußtem – der psychischen Ganzheit.

In Verbindung mit einer der vier persönlichen Zahlen ist diese Karte ein Hinweis auf einen geborenen Führer. Ein Mensch mit angeborenem Organisationssinn, Klarheit und Führungsqualitäten. Eine vitale, strahlende Persönlichkeit voller kühner Ideen, die trotz aller Widrigkeiten immer zum Erfolg zu führen scheinen. Hier ist ein Mensch mit Voraussicht und Imagination, der mit Recht den Beifall und die Zustimmung verdient, nach der er strebt. Jeder, der von dieser Karte beherrscht ist, scheint Ausdauer, Verstand und die Fähigkeit zu besitzen, jedes Hindernis auf seinem Wege zu überwinden, wie groß es auch ist.

Die SONNE

Wenn die Sonne aufhört zu leuchten und sich hinter den Wolken versteckt, haben wir einen ganz anderen Menschen vor uns, der versucht, jedermann – sich selbst eingenommen – zu hintergehen. Ihm fehlt das Urteilsvermögen, und aus diesem Grunde scheitern seine großartigen Pläne oft. Der Erfolg, den er gelegentlich erreicht, ist fast ausnahmslos auf zweifelhafte Mittel zurückzuführen und ist es damit nicht wert, erwähnt zu werden, obwohl er selbst voller Stolz darüber spricht.

Wenn die Sonne nur einen zeitweiligen Einfluß auf das Leben eines Menschen ausübt, zeigt sie uns eine äußerst vorteilhafte und glückliche Lebensperiode. Eine Zeit für neue Anfänge, im Privaten wie im Geschäftlichen – und in der Tat sind Liebe und

Ehe von dieser Sonne gut beschienen. Glücksgefühle sind mit
Gewißheit zu prophezeien, auch Erfolg und Ehre, solange
diese Karte ihren Einfluß geltend macht. Alle Zukunftspläne
führen auch fast sicher zum Erfolg. Alles in allem wird sich
diese Zeit als ein erfreulicher und lohnender Abschnitt in
Ihrem Leben erweisen.

20/2. XX – Urteil
Diese Karte stellt eine Hauptstufe in der spirituellen Entwicklung dar. Das Urteil ist Symbol für die göttliche Unzufriedenheit, die im Menschen verankert ist und ihn ständig danach
streben läßt, neue Höhepunkte seiner Bemühungen zu erreichen – der schöpferische Impuls. Das Schlüsselwort ist hier
Erkenntnis.

In Verbindung mit einer der vier persönlichen Zahlen zeigt
diese Karte einen Menschen, der zu einem großen Zweck
geboren wurde, oder um eine bestimmte Aufgabe in seinem
Leben zu erfüllen. Diese Karte ist gewiß keine Ankündigung

weltlicher Erfolge, statt dessen weist sie auf spirituelles Weiterkommen hin, das nur auf dem harten, schwierigen Wege durch Überwindung von Hindernissen zu erlangen ist, und dadurch, daß man auch in Zeiten voller Schwierigkeiten heiter bleibt. Urteil ist der Name dieser Karte, und das ist es auch, was Sie zu üben haben werden, wenn Sie vor schweren Entscheidungen und vor einer Wahl stehen, die nur Sie allein treffen können. Kein leichter Einfluß fürs Leben – Sie werden häufig aufgerufen sein, viel von sich selbst zu geben, ohne daß Ihnen der Lohn in diesem Leben versprochen ist –, aber wenn Sie an die Reinkarnation glauben, werden Sie sich bestimmt sehr viel »gutes Karma« schaffen, das Ihnen in Ihrem nächsten Leben zugute kommen wird – falls es eines gibt.

Die negative Seite des Urteils zeigt uns einen Menschen, der sein Leben vergeudet hat. Er hat sich nicht darum gekümmert, Gelegenheiten zu ergreifen, wenn sie sich geboten haben, und fühlt sich nun schuldig und verbittert wegen der Chancen, die ihm deshalb entgangen sind. Er glaubt auch, daß das Leben ihn wegen seines Versagens, etwas aus sich zu machen, bestraft.

Wenn die Karte Urteil nur einen vorübergehenden Einfluß im Leben eines Menschen geltend macht, weist sie auf eine Zeit des »Erwachens«, in der neue Pläne und Ziele in die Tat umgesetzt werden können. Aber es mag vielleicht nicht alles so reibungslos gehen, wie Sie es sich wünschen, und ein gewisses Maß von Verzögerungen oder Hindernissen ist wohl zu erwarten. Sie sollten imstande sein, sehr viel in dieser Lebensphase zu erreichen, aber Ihr wirklicher Lohn wird eher darin bestehen, sich über das Erreichte zu freuen und sich nicht etwa im Finanziellen auszahlen. Wenn Ihre Gesundheit Ihnen bisher etwas Sorge bereitet hat, sollte sich ihr Zustand unter diesen Einflüssen bessern, und Sie sollten sich der Zuteilung eines »neuen Lebens« erfreuen.

21/3. XXI – Die Welt

Die Welt steht für das Ende der Suche, an dem das Ziel erreicht ist. Die Kontrolle über uns und unsere Umwelt haben wir gewonnen. Sie enthält die Saat neuen Bemühens, die es uns ermöglichen wird, die Reise auf der Suche nach uns selbst mit dem Anfang eines neuen Zyklus von neuem zu beginnen. Das Bild zeigt den nie endenden Tanz des Lebens.

In Verbindung mit einer der vier persönlichen Zahlen kündet diese Karte von einem Leben voller Kämpfe und Schwierigkeiten, das schließlich von persönlicher Ehre und Erfolg gekrönt sein wird. Jeder, der unter der Herrschaft dieser Tarotkarte steht, wird in der Lage sein, weiterzukommen, aber dies erst nach einem schwierig erkämpften, steilen Aufstieg, der jahrelang dauern könnte. Doch wenn Sie nicht vergessen, daß Sie am Ende Erfolg erwartet, dann sollte Ihnen dieses Wissen die schwierige Wartezeit erleichtern.

Wenn die Welt ihren negativen Einfluß ausübt, haben wir es mit einem Menschen zu tun, der Angst vor Veränderung hat und vor allem, was diese mit sich bringen könnte. Er leidet

Die WELT

unter einem Verlust an Energie und zieht es vor, stehenzubleiben und nichts zu tun, statt sich selbst wieder anzutreiben auf irgendein Ziel zu, das er sich vorgenommen hat.

Wenn die Welt nur einen vorübergehenden Einfluß auf das Leben eines Menschen ausübt, dann ist das ein Hinweis auf das Ende eines bestimmten Zyklus auf der Reise zu seiner Bestimmung. Dies ist eine Zeit, um Unerledigtes zum Abschluß zu bringen und alles erfolgreich zum Ende zu führen, was noch nicht vollendet ist. Es ist eine Zeit, Ihr Leben in Ordnung zu bringen, um fertig und bereit zu sein für den Beginn einer aufregenden neuen Phase. Reisen sind unter diesem Einfluß ebenfalls möglich, ganz besonders Vergnügungsreisen. Sie werden entspannt und erfrischt sein müssen, um sich der nächsten Herausforderung stellen zu können, die das Leben Ihnen bringen wird.

22/4. 0 – Der Narr

Der Narr ist der Künder neuer Anfänge und neuen Lebens. Er ist die Saat eines völlig neuen Erfahrungszyklus, die, wird sie eingepflanzt, wächst und sich entfaltet, alles erlebt und dabei sehr viel lernt. Der Narr kann ans Ende oder an den Anfang der Reihe der Tarotkarten gelegt werden; er ist entweder 0 oder 22. Die Zweiundzwanzig ist ein antikes numerologisches Symbol für den Kreis; sie ist auch eine Meisterzahl, und der Narr steht ebenfalls für einen Kreis – den Kreis des Lebens.

In Verbindung mit einer der vier persönlichen Zahlen stellt uns diese Karte einen Träumer vor, der erst dann aufzuwachen und aufmerksam zu werden scheint, wenn er von Schwierigkeiten oder Gefahren umgeben ist. Neun von zehn Mal bedeutet das, daß er zu spät erwacht, um irgend etwas Positives zur Lösung der schwierigen Situation, in der er sich befindet, tun zu können. Er ist in einer traurigen Lage, insbesondere da er ein gutmütiger, liebenswürdiger Mensch ist, der solche Probleme nicht verdient – aber er besteht trotzdem darauf, in seinem Paradies der Narrenfreiheit zu leben. Sein Leben lang wird sein Urteil suspekt sein, weil er immer anderen erlaubt, seine Entscheidungen zu beeinflussen.

Die umgekehrte, negative Seite des Narren ist der Spaßvogel, der Joker, der Ihnen eine Vielzahl größerer Probleme ankündigt, die Sie alle selbst verursacht haben und die so leicht zu vermeiden gewesen wären, wenn Sie nur ein klein bißchen weniger unüberlegt oder impulsiv entschieden hätten.

Wenn der Narr einen vorübergehenden Einfluß auf das Leben eines Menschen ausübt, zeigt er eine Zeit an, in der Sie das Unerwartete erwarten können, weil es das Endergebnis dieser Phase Ihrer Entwicklung weitgehend beeinflussen wird. Sie werden sich Herausforderungen zu stellen haben, die sich als äußerst nützlich erweisen werden, wenn Sie in der richtigen Weise handeln. Wichtige Entscheidungen werden ebenfalls zu treffen sein, da sich eine neue Phase in Ihrem Leben etablieren will. Stellen Sie sicher, daß Ihre Wahl realistisch ist, da dies keine günstige Zeit ist, dem Wunschdenken nachzugeben – Sie sollten mit beiden Füßen fest auf der Erde stehen.

TAROT – DIE KARTEN DER KLEINEN ARKANA

Die Stäbe

(manchmal auch Ruten, Stöcke oder Keule
in Tarot-Decks genannt)

23/5. Stab-König

Dauernder Einfluß: Menschen, die unter dem dauernden Einfluß des Stab-Königs stehen, verfügen über eine große moralische Charakterstärke, über Kühnheit, Mut und Großzügigkeit. Sie sind äußerst treu und leidenschaftlich – in der Liebe können sie sehr offen ihre Gefühle zeigen. Sie legen viel Wert auf ihre Familien und sind häufig überzeugte Traditionalisten. Andere Menschen neigen dazu, sich in Schwierigkeiten um Rat und Unterstützung an sie zu wenden; und es ist auch nicht ungewöhnlich, daß man unter diesem Einfluß gebeten wird, die Rolle eines Vermittlers zu übernehmen, wenn es ein Problem gibt, bei dem es schwierig ist, eine Einigung und Versöhnung herbeizuführen. Diese Menschen sind freundlich und allzu ehrlich.

Negative Züge: Die negative Dreiundzwanzig ist ohne Mitgefühl und kümmert sich eigentlich um niemanden, außer um sich selbst. Sie ist intolerant und nicht willens, irgendwelche persönlichen Einschränkungen auf sich zu nehmen, sei es auch nur für kurze Zeit. Diese Menschen sind Draufgänger und gebrauchen rücksichtslose Methoden und schmutzige Tricks, um an ihr Ziel zu gelangen.

Vorübergehender Einfluß: Dies ist eine besonders glückliche Karte, die erfolgreiche Pläne verheißt. Doch vielleicht ist auch Hilfe von anderen nötig (in Form von Ratschlägen), um diese Pläne in die Realität umzusetzen, unter Umständen ist auch der Schutz durch Höhergestellte nötig. Beides wird bei Bedarf bereitwillig gewährt. Vertragsabschlüsse und Reisen werden unter diesem Einfluß günstig aspektiert sein.

24/6. Stab-Königin

Dauernder Einfluß: Menschen, die unter dem dauernden Einfluß der Stab-Königin stehen, sind einfühlsam gegenüber den Empfindungen anderer. Häufig brilliert ihr Denken, und ihre Vorstellungsgabe ist fruchtbar; diese Talente setzen sie zum Wohle der Gemeinschaft, die sie umgibt, ein. Sie lieben ihr Heim und das Land und leben lieber in enger Harmonie mit der Natur als in Städten, die ihre liebevolle, großzügige Persönlichkeit nicht voll zum Ausdruck kommen lassen würden.

Negative Züge: Die negative Vierundzwanzig ist dominierend und versucht, die Menschen ihrer Umgebung zu versklaven und ihrem Wollen gefügig zu machen. Manche sind boshaft und sarkastisch, andere dagegen unglaublich eitel. Sie bilden sich Beleidigungen und Kränkungen ein, wo keine beabsichtigt waren. Recht unangenehme Typen.

Vorübergehender Einfluß: Eine weitere glückliche Karte, die – wie bereits der König – Hilfe von Höherstehenden und Beistand verspricht. Sie werden in dieser Zeit sehr viel Liebe erfahren, und es besteht auch die Möglichkeit persönlichen Glücks durch eine Affäre mit einem Angehörigen des anderen Geschlechts. Das muß nicht zwangsläufig der Mensch sein, mit dem Sie eine ernsthafte Beziehung haben – obwohl auch dies möglich sein kann.

25/7. Stab-Ritter

Dauernder Einfluß: Menschen, die unter dem dauernden Einfluß des Stab-Ritters leben, können bei der ersten Begegnung sehr faszinierend wirken, weil sie so lebhaft und unberechenbar sind. Die Klugheit ihrer Handlungsweise läßt sich im allgemeinen im Rückblick feststellen und verstehen. Diese Menschen sind von einnehmendem Wesen, in der Gemeinschaft immer unterhaltsam und lustig. Wenn sie in der Nähe sind, scheint nichts langweilig zu werden.

Negative Züge: Die negative Fünfundzwanzig liebt es, Schwierigkeiten zu verursachen. Sie ist destruktiv, störend und gern bereit, auch einmal aus der Rolle zu fallen, um Streit zu stiften oder Unzufriedenheit zu erzeugen.

Vorübergehender Einfluß: In dieser Zeit sollte es möglich sein, beträchtlich weiterzukommen, was aber seinen Preis kostet. Sie werden viele quälende Sorgen und Probleme zu überwinden haben, bevor Sie an Ihr Ziel gelangen. Versuchen Sie, sich den Weg ein wenig leichter zu machen, indem Sie die Weisheit, die Sie durch frühere Erlebnisse gewonnen haben, als Wegweiser annehmen.

26/8. Stab-Page

Dauernder Einfluß: Menschen, die unter dem dauernden Einfluß des Stab-Pagen stehen, besitzen eine ansteckende Lebensbegeisterung. Sie wissen, was sie vom Leben wollen, und wissen auch, wie sie es bekommen können. Sie sind Chamäleons in Menschengestalt und können ihre Erscheinung und ihr Aussehen der jeweiligen Situation anpassen. Sie sind anregende Gesellschafter auch wenn manche ihrer witzigen Bemerkungen zuweilen etwas gewagt sind. Diese Menschen sind treue, zuverlässige Arbeiter und vertrauenswürdig.

Negative Züge: Die negative Sechsundzwanzig ist ein Unheilstifter der schlimmsten Sorte, der nichts Besseres im Sinn hat, als verleumderischen Klatsch zu verbreiten. Man kann diesen Menschen nicht trauen, besonders wenn es um Geheimnisse geht, denn sie werden sie weitererzählen, nicht ohne ein paar eigene Ergänzungen und Verdrehungen hinzuzufügen, deren Maß sie nach eigenem Gutdünken bestimmen. Ihrem Charakter fehlt eine gewisse Tiefe, sie sind oberflächliche Individuen.

Vorübergehender Einfluß: Dies ist eine Zeit in Ihrem Leben, in der Sie vorsichtig sein sollten und mit besonderer Behutsamkeit alle Entscheidungen oder Veränderungen bedenken, die

Sie vorhaben. Ihre unmittelbare Zukunft sieht aus mehreren Gründen nicht besonders vielversprechend aus – einige Ihrer Freunde oder Kollegen sind in Wirklichkeit Wölfe im Schafspelz und werden Sie übervorteilen, wann immer sie dazu die Gelegenheit bekommen; Partnerschaften und Spekulationen könnten scheitern, weil man Sie nur zweitklassig beraten hat; Gewerkschaftspolitik könnte eine wichtige Rolle in der Frage Ihres zukünftigen Wohlstandes spielen. Seien Sie vorsichtig in dieser problematischen Zeit – sie wird eines Tages vorbei sein.

27/9. Stab-As

Dauernder Einfluß: Menschen, die unter dem dauernden Einfluß der Karte Stab-As leben, können schöpferisch sein. Sie sind echte Denker, erfinderisch, erneuernd und intuitiv. Manche von dieser Karte Beherrschte sind künstlerisch begabt und drücken ihre Ideen am besten in diesen Bereichen aus.

Negative Züge: Die negative Siebenundzwanzig gleicht in nichts ihrem positiven Gegenstück; ihr Denken ist leer, unfruchtbar, und sie scheint völlig unfähig zu sein, einen auch nur einigermaßen neuen Gedanken von sich aus zu entwickeln. Statt dessen sind diese Leute habgierig und führen ihren eigenen Untergang manchmal herbei, indem sie in einer gefährlichen Situation mehr Vertrauen haben, als gut und vernünftig wäre.

Vorübergehender Einfluß: Dies verspricht eine besonders fruchtbare Phase Ihres Lebens zu werden, in der die für die Zukunft gesäten Saatkörner wurzeln und erfolgreich und großzügig wachsen. Es ist auch eine gute Zeit für die Überlegung, eine Ehe zu schließen oder eine Familie zu gründen, wenn Sie entsprechende Neigungen haben. Unter dem vorübergehenden Einfluß von Stab-As sollten Sie es wagen, Ihre Ideen in die Wirklichkeit umzusetzen – der Lohn für Ihren schöpferischen Intellekt wird in dieser Phase besonders groß sein.

28/1. Stab-Zwei

Dauernder Einfluß: Menschen, die unter dem dauernden Einfluß der Stab-Zwei leben, sind fortschrittlich und fähig, sie verfügen über genügend Entschlossenheit, um ihre Ideen praktisch zu vollenden. Sie besitzen ein gesundes Urteilsvermögen, verbunden mit der Fähigkeit, andere Menschen fair anzuleiten. Im Verlauf ihres Lebens gewinnen sie viel von ihrer wertvollen Weisheit aus Erfahrungen aus erster Hand. Diese Menschen sollten an die Spitze kommen, ganz gleich, auf welchem Gebiet sie ihre Karriere planen, und den Erfolg, den sie ohne Zweifel erlangen werden, haben sie für all ihre Bemühungen und schwere Arbeit.

Negative Züge: Die negative Achtundzwanzig ist ehrgeizig, aber sie wird von einem rücksichtslosen Verlangen getrieben, das sie vor nichts haltmachen läßt, um ein Ziel zu erreichen, das gewöhnlich Macht ist. Sie ist stolz, arrogant und manchmal auch betrügerisch – diesen Charakteren ist es egal, auf welche Weise sie zu Geld kommen.

Vorübergehender Einfluß: Wenn eine Phase Ihres Lebens unter den vorübergehenden Einfluß der Stab-Zwei gerät, sollten Sie auf ein allgemeines Gefühl von Unvereinbarkeit und Widersprüchlichkeit gefaßt sein, das nahezu alles betrifft, mit dem Sie zu tun haben. Große Gelegenheiten zu künftigem Erfolg könnten Ihnen in dieser Phase angeboten werden, aber Sie müssen vorsichtig sein, wenn Sie nicht zusehen wollen, wie solche Chancen vor Ihren Augen wieder verschwinden. Irgendein Verlust ist angezeigt, der vermutlich finanzieller Art sein wird, aber es könnte auch der Verlust einer Freundschaft oder einer im Zusammenhang mit einem geschäftlichen Abschluß sein. Seien Sie behutsam, argwöhnisch und extrem vorsichtig, bis diese Phase Ihres Lebens vorüber ist.

29/11/2. Stab-Drei

Dauernder Einfluß: Menschen, die unter dem dauernden Einfluß der Stab-Drei stehen, sind an einem bestimmten Punkt ihres Lebens imstande, ihre Träume Wirklichkeit werden zu lassen. Ihrem Denken entspringen ständig originelle Gedanken, die sie instinktiv zu ihrem besten Nutzen anzuwenden wissen. Sie sind begabte Menschen, und viele Künstler und Erfinder befinden sich unter diesem dauernden Einfluß.

Negative Züge: Die negative Neunundzwanzig scheint größte Schwierigkeiten zu bekommen, wenn sie versucht, ihre Ideen oder Empfindungen anderen zu vermitteln. Die Kommunikation auf jeder Ebene fällt ihnen schwer, und so ziehen sie es vor, sich in ihre private Welt voller Phantasien und Tagträume zurückzuziehen, statt sich dem quälenden Erlebnis auszusetzen, mit Menschen verkehren zu müssen.

Vorübergehender Einfluß: Dies könnte sich als eine besonders ungewisse Zeit in Ihrem Leben erweisen, in der Ihnen ans Herz gelegt sein sollte, Ihre Sinne zusammen- und wachzuhalten. Es könnte sein, daß Freunde sich in dieser Zeit mit ihrem wahren Gesicht zeigen – ihre Treulosigkeit und Betrügerei zu erkennen, wird Ihnen eine schlimme Enttäuschung sein. Auch ein Angehöriger des anderen Geschlechts könnte Sie einigermaßen aus dem Gleichgewicht bringen. Unter der Voraussetzung, daß Sie Augen und Ohren offenhalten, sollten Sie aus dieser Phase unbeschadet herauskommen.

30/3. Stab-Vier

Dauernder Einfluß: Menschen, die unter dem dauernden Einfluß der Stab-Vier leben, sind kultivierte Zeitgenossen, die nichts mehr schätzen, als von Komfort, Schönheit und vor allem von Kultur umgeben zu sein. Sie besitzen ein klares Denkvermögen und tragen im allgemeinen elegante Kleidung, ganz gleich, ob sie eine Opernpremiere besuchen oder den Garten umgraben! Häufig trifft man unter ihnen erfolgreiche Erfinder oder Designer.

Negative Züge: Die negative Dreißig ist affektiert. Sie stellt ihr Verlangen nach guten Manieren, Etikette und Kultiviertheit in lächerlichem Umfang zur Schau, wie man es von Dandys aus früheren Zeiten kannte. Sie sind bis ins Innerste versnobt, obgleich es ihnen eigentlich nie ganz gelingt, zu erklären, was sie anderen gegenüber so überlegen macht. Diese Menschen sind gelegentlich auch dekadent.

Vorübergehender Einfluß: Wenn die Stab-Vier nur einen vorübergehenden Einfluß im Leben zeigt, dann ist es Zeit, einige Ihrer Ideen zu überdenken. Ihr Gehirn sollte optimal funktionieren, und so sollten Sie selbst in der Lage sein, einige schon lange bestehende Probleme zu lösen. Diese Zahl ist weder besonders glücklich noch unglückverheißend, und so hängt alles von Ihnen ab, was Sie unter dem Einfluß dieser Zahl aus Ihrem Leben machen.

31/4. Stab-Fünf

Dauernder Einfluß: Menschen, die unter dem dauernden Einfluß der Stab-Fünf stehen, wissen nicht, was es heißt, alles auf einem silbernen Tablett serviert zu bekommen; sie müssen hart kämpfen bei jedem Schritt auf den Sprossen der Leiter zum Erfolg. Aber ein Preis, der es wert ist, wie besessen zu arbeiten, lohnt auch die Mühe, die man aufwenden muß, ihn zu erlangen, und so müssen Sie fest entschlossen sein, falls Sie Ihr Ziel je erreichen wollen.

Negative Züge: Die negative Einunddreißig ist oft ein wenig zu schlau, als daß es gut für sie wäre, und oft findet sie sich unter der Anklage des Betruges oder der Täuschung. Ihre Einstellung zum Leben könnte zu Kollisionen mit dem Gesetz führen, die sich so leicht vermeiden ließen, wenn man von Anfang an etwas vernünftiger gewesen wäre.

Vorübergehender Einfluß: Sie sollten, solange dieser Einfluß dauert, mehr Zeit für sich selbst in Anspruch nehmen – lassen Sie sich Zeit zum Denken, Entspannen und Erholen von den Anforderungen des Lebens. Das bedeutet nicht, daß Sie sich ganz zurückziehen und isolieren sollten von Ihren Mitmenschen; aber Sie sollten versuchen, sich jeden Tag etwas Zeit zu nehmen, um sich zu sammeln. Das könnte sich wohltuend auf Ihre Gesundheit auswirken.

32/5. Stab-Sechs

Dauernder Einfluß: Unter dem dauernden Einfluß der Stab-Sechs werden Sie sich ständig getrieben fühlen, Befriedigung aus dem zu erlangen, was Sie tun; diese Befriedigung wird für Sie wichtiger werden als jede finanzielle Belohnung. Es sollte Ihnen möglich sein, Freude in Ihrer Arbeit zu finden, auch wenn Sie äußerst schwer arbeiten und mit einigen umwälzenden Ideen aufwarten müssen, wenn Sie bekannt werden wollen. Die Zweiunddreißig wird im allgemeinen mit Verbindungen von Menschen und Staaten assoziiert.

Negative Züge: Die negative Zweiunddreißig ist ängstlich und stellt sich immer vor, daß um die nächste Ecke etwas Schreckliches auf sie lauert, oder sie macht sich Sorgen, was schiefgehen könnte, um ihre Freude zu verderben. Manche leiden gar unter Verfolgungswahn und bilden sich ein, daß unsichtbare Feinde sich gegen sie verschwören.

Vorübergehender Einfluß: Dies sollte eine sehr günstige Zeit für Sie werden, in der Sie sich siegreich fühlen, weil Sie eine größere Hoffnung in Erfüllung gehen sehen. Gute Nachricht kommt auch bezüglich einer Angelegenheit persönlicher Art. Im Umgang mit Menschen, die sich gegen Ihre Ansichten und Meinungen stellen, wäre es klug, diese zu überzeugen und für sich zu gewinnen, und dazu Diplomatie statt roher Gewalt einzusetzen.

33/6. Stab-Sieben

Dauernder Einfluß: Diese Karte ist Anzeichen für ein Leben voller Möglichkeiten, die sich nur durch Mut und Entschlossenheit verwirklichen lassen. Dies wird kein leichter Weg sein; es werden andere auftauchen, die versuchen, Sie von Ihrem Ziel abzubringen. Viele Dinge werden zweifellos fehlschlagen, und Sie werden mit Gewißheit etliche Hindernisse auf Ihrem Weg finden. Aber der Erfolg wartet auf Sie, wenn Sie willens sind, durchzuhalten und eine Prüfung nach der anderen zu bestehen.

Negative Züge: Die negative Seite der Stab-Sieben zeigt uns eine furchtsame Person, die vermutlich keiner Fliege etwas zuleide tun könnte. Diese Menschen entscheiden sich meist viel zu spät und lassen sich wegen dieser Schwäche viele Gelegenheiten entgehen. Sie würden lieber weglaufen und sich verstecken, als sich hinzustellen und eine Niederlage riskieren.

Vorübergehender Einfluß: In dieser Zeit könnten Sie feststellen, daß Sie zusätzliche Verantwortung, besonders in Ihrem Privatleben, übernehmen müssen; eines Ihrer Kinder braucht vielleicht Ihre Unterstützung oder ein älteres Mitglied Ihrer Verwandtschaft kann sich als Belastung erweisen. Unter dem Einfluß der Stab-Sieben mag es notwendig sein, eine Art persönliches Opfer zu bringen, um all den Verpflichtungen nachzukommen, aber später wird sich das als Segen herausstellen. Haben Sie Mut, und verzweifeln Sie nicht; Sie haben eine arbeitsreiche und körperlich fordernde Zeit vor sich.

34/7. Stab-Acht

Dauernder Einfluß: Ihr Leben wird vermutlich ein Leben voller Reisen sein, Reisen zum privaten Vergnügen und Reisen aus geschäftlichen Gründen; Reisen in fremde Länder werden Ihnen recht geläufig werden. Während Erfolg nicht unbedingt ein gesicherter Teil Ihres Schicksals ist, sollten Sie alle Bedingungen schaffen, um zu erreichen, was Sie sich in diesem Leben wünschen, und es wird allein an Ihnen liegen, was Sie aus den gebotenen Gelegenheiten machen. Die Zahl Vierunddreißig steht für Entwicklung und Wachstum und in Verbindung mit dem Geheimnis der Natur.

Negative Züge: In negativer Gestalt zeigt uns diese Zahl einen Menschen, der überbegeistert ist, energisch und von hellem Geiste, der aber leider keinen gesunden Menschenverstand besitzt. Er versucht, zuviel zu früh zu tun und wird so seine Quellen erschöpft haben, lange bevor seine echten Möglichkeiten verwirklicht werden können.

Vorübergehender Einfluß: Aktivität ist das Schlüsselwort für diese Lebensphase. Sehr viel wird um Sie herum geschehen, und viele Menschen, Ideen und Dinge werden kommen und gehen. Eine wichtige Angelegenheit, die in der Vergangenheit immer wieder Verzögerungen zum Opfer gefallen ist, sollte sich jetzt beschleunigen und ein zufriedenstellendes Ende finden. Kommunikation und Reisen stehen jetzt unter einem besonders günstigen Stern; stellen Sie also sicher, daß Sie sich auf Ihrem Wege nach wichtigen neuen Kontakten umsehen.

35/8. Stab-Neun

Dauernder Einfluß: Wenn Sie soviel Glück haben, unter den dauernden Einfluß dieser Karte zu geraten, werden Sie gewiß viel Charakterstärke und eine ausgeglichene Einstellung zum Leben besitzen. Nichts scheint Ihre ruhige Erscheinung erschüttern zu können, wie verheerend die Situation auch sei, und Ihre Haltung ist ein gutes Beispiel, das anderen als Vorbild dienen kann. Ihr gläubiges Vertrauen wird Sie durch Schwierigkeiten tragen, weil Sie daran glauben, daß das Richtige am Ende siegreich sein wird. Sicherheit ist für Sie wichtig, aber Sie sollten sich darum nie Sorgen machen. Menschen unter dem Einfluß dieser Schwingung neigen dazu, Macht und Geld im Laufe ihres Lebens zu erben.

Negative Züge: Die negative Fünfunddreißig ist borniert, eigensinnig und unvernünftig. Sie wird sich rundheraus weigern, auch nur einen Zentimeter nachzugeben, um einen guten Kompromiß zuzulassen, weil sie sehr stur ist. Sie findet es auch unmöglich, mit der Zeit zu gehen, und alles Unbekannte und Neue ist ihr suspekt. Ungeduld ist auch einer ihrer Charakterzüge, und Verzögerungen jeder Art bringen sie fast zum Wahnsinn.

Vorübergehender Einfluß: Wenn die Stab-Neun nur vorübergehend das Leben eines Menschen beherrscht, ist dies die richtige Zeit, um für das zu kämpfen, was gewünscht wird. Fort mit den Glacéhandschuhen und Schluß mit den Ausreden! Das ist die einzige Möglichkeit, zum Erfolg zu kommen. Wenn Sie erst einmal Ihre Zähne gezeigt haben, werden es sich die Leute zweimal überlegen, Sie mit Ausreden abzuspeisen.

36/9. Stab-Zehn

Dauernder Einfluß: Unter dem dauernden Einfluß der Stab-Zehn werden Sie einer, der überleben lernt. Ganz gleich, welches Kreuz Sie zu tragen haben oder wie viele Hindernisse Ihnen begegnen, Sie werden immer den notwendigen Mut finden, sich darüber zu erheben und weiterzugehen. Sie sind ein Mensch voller Mitgefühl und Verständnis, der immer Zeit und Sympathie für jene übrig hat, die schlechter dran sind. Menschen wie Sie sind das Salz der Erde, und selbst wenn Sie nie schwindelerregende Höhen erreichen mögen, wird Ihr kämpferischer Geist Sie doch davon abhalten, in die Tiefen der Verzweiflung zu fallen.

Negative Züge: Die negative Sechsunddreißig erzählt so viele Lügen, daß es ihr oft selbst schwerfällt, sich an die Wahrheit zu entsinnen; Täuschung wird zum Motto ihres Lebens, und oft kann sie der Versuchung einfach nicht widerstehen, andere irrezuführen, auch wenn es überhaupt nicht notwendig wäre. Sie stricken ein sehr enges Netz, in dem sie selbst einmal hängenbleiben.

Vorübergehender Einfluß: Unter diesem Einfluß sollten Sie damit rechnen, einigen geringeren Problemen zu begegnen, die zu lösen sein werden. Auch mag manche zusätzliche Verantwortung auf Ihre Schultern gelegt werden, für die Sie angemessenen Lohn empfangen sollten. Ihre Gesundheit dürfte in dieser Zeit besonders gut sein, und Sie könnten all Ihre überschüssige Energie in ein Projekt leiten, das sowohl nützlich als auch schöpferisch ist.

Die Kelche
(Herzen)

37/1. Kelch-König

Dauernder Einfluß: Vom Kelch-König beherrschte Menschen sind die geborenen Diplomaten, die ihr Geschick im Umgang mit anderen einsetzen, um ihre eigenen Wünsche zu erfüllen. Es sind starke Individuen, die wohl bewandert sind auf den Straßen der Welt und dazu in der Lage, jede Situation zu ihrem Vorteil zu wenden, indem sie Gebrauch von ihrer mentalen Beweglichkeit und überzeugenden Redegabe machen. Sie streben nach einer Machtposition, die sie auch häufig erreichen; wenn sie dort auch Achtung genießen, so werden sie doch noch lange nicht geliebt.

Negative Züge: Hüten Sie sich vor einer negativen Siebenunddreißig! Sie wird Menschen, mit denen sie zu tun hat, zwangsläufig in schlechten Ruf bringen. Sie hat keine Spur von moralischem Empfinden und ist heimtückisch, unehrlich und auch oft gewalttätig.

Vorübergehender Einfluß: Die Siebenunddreißig, die an sich schon eine besondere Stärke besitzt, unterhält zahlreiche Part-

nerschaften aller Art. Unter diesem Einfluß können Sie einen
besonders glücklichen, leichten Abschnitt im Leben erwarten,
in dem Freundschaften eine ziemlich wichtige Rolle für Sie
spielen werden. Geschäftspartnerschaften sehen vielversprechend aus, und auch die romantische Seite Ihres Lebens ist gut
aspektiert, wobei am Ende dieser Periode vielleicht eine Hochzeit stehen mag.

38/11/2. Kelch-Königin

Dauernder Einfluß: Dies ist eine besonders spirituelle Schwingung, und wer von der Kelch-Königin beherrscht wird, er-
weckt oft den Eindruck, er sei meilenweit fort in einer anderen
Welt. Viele dieser Menschen sind künstlerisch begabt, und die
meisten sind intuitiv, phantasievoll und sensitiv. Ihre Stimmung ist leicht zu beeinflussen, besonders durch ihre Umgebung oder die Gesellschaft, in der sie sich gerade befinden. Es
sind Menschen, deren Glück nicht von Geld oder Erfolg abhängig ist, sondern aus den einfachen Dingen und Freuden
des Lebens besteht.

Negative Züge: Die negative Achtunddreißig scheint unfähig
zu sein, länger als zwei Sekunden auf dem Boden der Tatsachen zu stehen. Sie segelt träumerisch durchs Leben wie ein
Schmetterling, der an einem heißen Sommertag von Blüte zu
Blüte taumelt. Man kann sich nie auf sie verlassen, weil sie die
Neigung haben, jeder wunderlichen Laune nachzugehen, statt
bei der Aufgabe und Arbeit zu bleiben, die vor ihnen steht.

Vorübergehender Einfluß: Übt die Kelch-Königin nur einen vorübergehenden Einfluß auf unser Leben aus, verheißt sie Liebe
und Romantik, aus denen sich am Ende sogar eine dauerhaf-
tere Beziehung entwickeln könnte. Sie kann auch Träume
wahrmachen, und so ist es recht wahrscheinlich, daß unter
ihrem Einfluß einige Ihrer sehnlichsten Wünsche Wirklichkeit
werden. Dies könnte einer der glücklichsten Abschnitte

Ihres Lebens werden, deshalb genießen Sie ihn, solange er andauert.

39/3. Kelch-Ritter

Dauernder Einfluß: Viele der Menschen, die ihr Leben lang von dem Kelch-Ritter beeinflußt werden, sind künstlerisch begabt, aber wenn ihr Interesse nicht ständig angeregt wird, läßt es leicht nach, und sie lassen häufig Projekte liegen, die noch unvollendet sind, um irgendeiner neuen Idee nachzugehen. Sie sind gesellig und haben gewöhnlich sehr viele Freunde. Fast immer haben sie für sich selbst strenge Verhaltensregeln, denen gerecht zu werden ihnen gelegentlich fast unmöglich wird.

Negative Züge: Wie unschuldig und vertrauenswürdig erscheinen diese negativen Kelch-Ritter doch, wenn sie Ihnen nicht nur den Mond, sondern auch die Sterne vom Himmel herunter versprechen – und wie ärgerlich werden Sie, wenn Sie herausfinden, wie schlimm Sie im Stich gelassen wurden! Das ist leider die Kehrseite dieser Karte. Die Kelch-Ritter täuschen jeden, einschließlich sich selbst, weil sie sich konstant weigern, die Grenze zwischen Tatsachen und Erfindung zu sehen. Am Ende vergessen sie darüber ganz, daß es diese Trennungslinie gibt.

Vorübergehender Einfluß: Die Kelch-Karten werden häufig mit Herzensangelegenheiten in Verbindung gebracht, und unter dem vorübergehenden Einfluß dieser Ritter-Karte geht es wieder vor allem um Liebe. Auch ein Feriengefühl ist damit verbunden, und eine Auslandsreise ist in dieser Phase Ihres Lebens wahrscheinlich. Allgemein sollte es eine glückliche Zeit sein, die Sie im Kreise Ihrer Familie, Freunde und Lieben verbringen sollten.

40/4. Kelch-Page

Dauernder Einfluß: Menschen, die fortwährend unter dem Einfluß dieser Karte stehen, sind, allgemein ausgedrückt, gebildet, wohlinformiert und wollen immer genau wissen, was sie wann tun sollen. Darüber hinaus sind sie bereit, unbeschwert den Vorteil ihres immensen Weisheitsschatzes an jeden weiterzugeben, der sie um Rat fragt. Immer steckt sehr viel Gedankenarbeit hinter ihren Plänen, und nur selten machen sie einen Schritt, der nicht sorgfältig abgewogen und überlegt ist.

Negative Züge: Negative Pagen erwecken den Eindruck, sehr viel über eine große Anzahl von Dingen zu wissen, aber eine nähere Überprüfung ergibt meist, wie oberflächlich und wertlos ihr Wissen in Wirklichkeit ist. Im Gegensatz zu ihren positiven Pendants sind diese Menschen egoistisch und wirklich nur an sich selbst interessiert.

Vorübergehender Einfluß: Der Kelch-Page verheißt eine Zeit erfolgreicher Planungen vor dem Start eines neuen Unternehmens. Das könnte die Eröffnung eines Geschäfts sein, vielleicht der Erwerb neuen Eigentums oder, auf privater Ebene, Ehe und Elternschaft. Passen Sie unter diesem Einfluß auf Ihr Geld auf; Sie könnten es in Ihrer Begeisterung sonst zu schnell ausgeben.

41/5. Kelch-As

Dauernder Einfluß: Das Kelch-As steht symbolisch für Fruchtbarkeit – Menschen, die ständig von ihm beeinflußt werden, besitzen ein fruchtbares Denken oder einen fruchtbaren Körper, und in manchen Fällen auch beides. Sie sind in ihrem Element, wenn sie etwas Nützliches tun können, weil sie sich nicht wohl fühlen würden, wenn sie ihre Zeit mit unnützem Tun vergeuden müßten. Sie sind treu und zuverlässig in Ehe und Freundschaft, sie sind fast zu sehr um das Wohl ihrer

Lieben besorgt und vor allem um deren Gesundheit und Glück bemüht.

Negative Züge: Die negative Einundvierzig läßt sich am besten charakterisieren, indem man sie an Geist und Körper als unproduktiv bezeichnet. Sie interessieren sich für nichts und niemanden, und wenn sie schließlich eine Beziehung eingehen, dann kühlt und stirbt diese bald wieder ab, weil ihr jede Stimulation fehlt. Wohl sind diese Menschen nicht buchstäblich unfähig, Kinder zu zeugen, aber vielleicht kümmern sie sich nicht darum, weil sie sich allgemein für kaum etwas interessieren.

Vorübergehender Einfluß: Unter dem Einfluß dieser Schwingungen sollten Sie sich äußerst glücklich und zuversichtlich fühlen. Viele Menschen entschließen sich zu Heirat, Nestbau und Familiengründung unter dem Einfluß von Kelch-As; andere wechseln die Arbeitsstelle oder ziehen um. Die drei wichtigsten Schlüsselwörter für diese Phase Ihres Lebens sind Veränderung, Glück und Liebe – in jeder beliebigen Reihenfolge.

42/6. Kelch-Zwei

Dauernder Einfluß: Menschen, die von der Karte Kelch-Zwei beherrscht werden, sind die geborenen Friedensstifter; sie haben die Gabe, nicht nur beide Seiten einer Angelegenheit zu sehen, sondern auch beide Parteien dazu zu bringen, den Standpunkt der Gegenseite zu betrachten. Diese Menschen sind ehrliche, vertrauenswürdige Charaktere mit großem persönlichem Charme. Sie lieben ihr Leben, sind verständnisvoll und mitfühlend, und so finden sich häufig Freunde, die sich in Schwierigkeiten an die Schultern der Kelch-Zwei lehnen werden.

Negative Züge: Der negative Zweiundvierzig sollte man nach Möglichkeiten aus dem Wege gehen, weil sie alle möglichen Schwierigkeiten verursachen kann. Die Liste ihrer negativen

Aspekte ist fast endlos; sie sind betrügerisch, verantwortungslos, haben ein loses Mundwerk, sind boshaft und heimtük-
kisch. Selten sind sie im Privatleben glücklich und heiraten oft
mehr als einmal, aber jedesmal mit verheerenden Folgen.

Vorübergehender Einfluß: Als zeitweiliger Einfluß rät die Kelch-
Zwei zur Vorsicht. Versuchen Sie nichts zu überstürzen oder
aus dem Augenblick heraus zu entscheiden. Statt dessen sollten Sie sich Zeit lassen, um die Dinge sorgfältig zu durchdenken, bevor Sie sich endgültig entscheiden, besonders wenn es
um Verträge geht. Die Ehe ist auch ein Vertrag, und unter dem
Einfluß der Kelch-Zwei sollte auch dieser Abschluß äußerst
gewissenhaft überlegt sein.

43/7. Kelch-Drei

Dauernder Einfluß: Die Kelch-Drei ist eine glückverheißende
Karte, wenn man unter ihrem dauernden Einfluß stehen darf.
Sie kündet von einem Leben in Komfort, Leichtigkeit und
guter Gesundheit. Menschen unter diesem Einfluß sind ausgeglichen und haben vermutlich eine besonders glückliche,
problemlose Kindheit hinter sich. Das erklärt ihre Art, als
Erwachsene durchs Leben zu gehen. Auf diese Menschen
kann man sich in jeder Situation verlassen. Einige von ihnen
besitzen auch die Gaben der Heilung und des Hellsehens.

Negative Züge: Verdorben ist das einzige Wort, das die negative Dreiundvierzig hinreichend beschreibt. Sie ist egoistisch,
bequem und in der Sexualität wahllos und lüstern. Viele Menschen unter diesem Einfluß sind übergewichtig aufgrund ihrer
Gefräßigkeit, und eine kleine Minderheit unter ihnen miß-
braucht ihren Körper durch den Konsum von Drogen, Tabak
und Alkohol.

Vorübergehender Einfluß: Dies ist die Zeit, um die Früchte Ihrer
Bemühungen zu ernten. Ihre harte Arbeit soll sich schließlich
auszahlen, und Ihre Mühe soll gut entlohnt werden. Wenn Sie

wieder aufgehört haben, Ihren Erfolg zu feiern, dann entspannen Sie sich, denn das ist es, was Ihr Körper nach all dem Streß der letzten Zeit braucht. Versuchen Sie nach Möglichkeit, eine Zeitlang zu verreisen.

44/8. Kelch-Vier

Dauernder Einfluß: Menschen, die fortwährend von der Kelch-Vier beeinflußt werden, sind stabile, vorsichtige Leute, die jeden Schritt, den sie unternehmen, wohl überlegen und planen. Anpassungsfähigkeit ist eine ihrer Stärken. Sie scheinen jede Situation handhaben zu können, ganz gleich, wie schwierig oder neu sie auch sein mag, weil sie praktisch veranlagt sind und gesunden Menschenverstand besitzen. Sie sind genau die Menschen, die man im Notfall gern um sich hat.

Negative Züge: Die negative Vierundvierzig übertreibt alles, im allgemeinen auch zum Schaden ihrer Gesundheit. Diese Leute erreichen selten ein hohes Alter, weil sie durch ihre Lebensweise schon dafür gesorgt haben, daß ihre Körper irreparabel geschädigt wurden.

Vorübergehender Einfluß: In dieser Zeit sollten Sie sich zufrieden zurücklehnen und das, was Sie erreicht haben, wirklich genießen. Sie können diese Atempause immer verwenden, um ihre nächsten Schritte zu überlegen. Ihr Privatleben sollte sich ebenfalls beruhigen und die Notwendigkeit, daß Sie sich Ihrem Partner ständig beweisen, sollte allmählich verschwinden und Sie so entspannen lassen.

45/9. Kelch-Fünf

Dauernder Einfluß: Viele Menschen, die unter dem Einfluß der Kelch-Fünf leben, heiraten früh und gründen auch oft große Familien. Jene, die diesem Schema nicht folgen, scheinen ins andere Extrem zu gehen: Sie ziehen sich gern in sich selbst zurück und geben nichts auf die Gesellschaft anderer oder auf weltlichen Besitz. Beide sollten eine ausgeglichenere Einstellung entwickeln, sonst würde ihnen sehr viel entgehen, was das Leben zu bieten hat, weil ihnen durch ihr eingeengtes Familienleben oder ihr Einsiedlerdasein der Zugang dazu versperrt bleibt.

Negative Züge: Diese negative Fünfundvierzig scheint vom Pech verfolgt zu werden, sie findet immer wieder Gründe, sich hilflos, unglücklich und niedergeschlagen zu fühlen. Selten erlebt sie eine Zeit ohne Kummer und Probleme, und wenn dieser seltene Zustand tatsächlich einmal eintritt, dann macht sie sich Sorgen, was als nächstes passiert, das den vorübergehenden Frieden wieder stört.

Vorübergehender Einfluß: Wenn die Kelch-Fünf nur einen vorübergehenden Einfluß ausübt, ist dies ein Anzeichen dafür, daß die Zeit gekommen ist, manche Dinge grundlegend zu überdenken und neue Pläne zu erstellen; auslösend dürfte vermutlich ein allgemeines Gefühl der Unzufriedenheit mit dem Leben sein. Denken Sie daran, aus früheren Erlebnissen zu lernen – machen Sie nicht wieder die gleichen Fehler. Versuchen Sie auch, nicht zu übereilt die neuen Ideen in die Tat umsetzen zu wollen, weil es noch viele Alternativen gibt, die überlegt werden sollten; Ihre erste Wahl muß nicht unbedingt die beste sein.

46/1. Kelch-Sechs

Dauernder Einfluß: Diese Karte neigt dazu, die Führungseigenschaften in jenen zum Vorschein zu bringen, die sie beeinflußt. Es sind willensstarke, zielstrebige Menschen, die zeitweise auch rechthaberisch oder diktatorisch auftreten können. Manche ihrer besten Erfolge erzielen sie, wenn sie versuchen, die Probleme vorsichtiger zu lösen. Diese Leute wissen, was sie vom Leben wollen, und im allgemeinen bekommen sie es auch. Aber sie sind ganz froh dabei, den erreichten Erfolg mit ihren Lieben zu teilen, in Anerkennung der Liebe und Unterstützung, die so bereitwillig gewährt wird.

Negative Züge: Die negative Neunundvierzig lebt gern in der Vergangenheit und zieht es vor, über das nachzugrübeln, was gewesen ist, statt nach dem zu schauen, was sein und werden könnte. Stur weigert sie sich, sich der Technik des gegenwärtigen Jahrhunderts anzupassen, und fährt fort, alles auf die komplizierte, schwerfällige alte Weise zu tun, einfach, weil es immer so gewesen ist und schon in ihrer Kindheit so gehandhabt wurde. Der Weg des Fortschritts scheint einen Bogen um diese Menschen gemacht zu haben.

Vorübergehender Einfluß: Die Kelch-Sechs verspricht Glücksgefühle als Lohn für etwas in der Vergangenheit Geleistetes. Diese Karte hat sehr viel mit dem, was früher geschehen ist, zu tun, und damit, wie es Sie sowohl jetzt als auch in der Zukunft noch betreffen wird. In der Zeit dieses Einflusses wird eine Idee von früher wieder aktuell werden, wobei beim zweiten Mal eine viel größere Wirkung erzielt wird aufgrund einiger geringfügiger Veränderungen, die die ursprüngliche Idee korrigieren. Eine glückliche Zeit also, auch wenn Sie immer wieder den Eindruck eines Déjà-vu-Erlebnisses haben.

47/11/2. Kelch-Sieben

Dauernder Einfluß: Wenn Sie unter dem dauernden Einfluß der Kelch-Sieben leben, werden Sie sich häufig in Situationen finden, vor denen andre Menschen Angst hätten. Diese Charakterprüfungen sollen Sie an Ihre Grenzen führen, als ob es darum ginge, für eine besonders große Aufgabe ausgewählt zu werden. Dies könnte wohl der Fall sein, da die Siebenundvierzig schließlich nur eine höhere Schwingung der Meisterzahl Elf ist.

Negative Züge: Die negative Siebenundvierzig betrachtet das Leben durch eine rosa Brille. Sie weigert sich, die Dinge so zu sehen, wie sie wirklich sind, und zieht es vor, sich hinter ihrer Maske aus Illusion und Phantasie zu verstecken. Dinge wie Schmerz, Häßlichkeit, Armut und Elend gibt es in ihrer Welt nicht.

Vorübergehender Einfluß: Schlüsselwort ist hier Auswahl, aber es liegt an Ihnen, welche der sich bietenden Gelegenheiten Sie wählen. Es gibt mit Sicherheit mehrere Alternativen, aber nur eine verspricht besser zu sein als alle anderen zusammen. Werden Sie die richtige Entscheidung treffen? Sie täten wohl daran, Ihre Beweggründe eingehend zu prüfen, um sicherzustellen, daß Sie die richtige Entscheidung fällen.

48/3. Kelch-Acht

Dauernder Einfluß: Menschen unter diesem Einfluß wollen im allgemeinen mehr vom Leben, als dessen materieller Aspekt zu bieten hat. Sie suchen ihre Erfüllung durch Meditation oder Religion auf einer spirituellen Ebene, wobei diese nicht unbedingt orthodox sein muß. Es sind sensitive Menschen mit hohen Idealen, die häufig auch von Künsten oder Wissenschaften angezogen werden. Auch wenn sie sehr ernst erscheinen, gibt es doch immer noch eine Spur schelmischen Humors in ihnen, der ganz und gar nicht zu ihrer sonst so nüchternen Art zu passen scheint.

Negative Züge: Die negative Achtundvierzig unterscheidet sich von ihrem positiven Pendant nur darin, daß ihr die mentale Stabilität fehlt. Wenn sie von einer tiefen, unergründlichen Idee gefangen ist, dann verliert sie leicht den Kontakt zur Realität, die Orientierung, und wird vage und unsicher, wenn man sie anspricht. Sie ist unzufrieden mit dem Leben; das macht sie rastlos und schwer zufriedenzustellen.

Vorübergehender Einfluß: Der zeitweilige Einfluß der Kelch-Acht neigt dazu, Menschen mehr vom Leben wollen zu lassen, als sie ohnehin schon gefunden haben. Bestehende Zielsetzungen und Beziehungen verlieren dann leicht ihre frühere Attraktivität, und die Suche nach etwas Neuem und insgesamt Befriedigenderem fängt an. Dieses Streben nach neuen Erlebnissen ist ein günstiger Zug, der Ihnen in fernerer Zukunft noch viel Lohn einbringen wird.

49/4. Kelch-Neun

Dauernder Einfluß: Die Kelch-Neun beherrscht viele glückliche, ausgeglichene Menschen, deren fast vollkommene emotionale Stabilität zur Quelle der Inspiration für andere wird. Sie sind freundlich, großzügig und warmherzig. Viele von ihnen entscheiden sich für eine Laufbahn, wo sie diese besonderen Eigenschaften zu ihrem Vorteil einsetzen können, sei es als Eheberater oder vielleicht sogar im diplomatischen Dienst.

Negative Züge: Die negative Neunundvierzig widmet zu viel von ihrer Zeit dem Dienst für andere und wird oft ausgenutzt oder übervorteilt. Diese Menschen sind einfach nicht fähig, Nein zu sagen, und so leiden sie in der Folge oft an Überarbeitung und Erschöpfung. Sie meinen es gut, aber ihre Unfähigkeit, einen Hilferuf mit Nein zu beantworten, läßt sie manchmal zu den schlimmsten Feinden ihrer selbst werden.

Vorübergehender Einfluß: Unter dem zeitweiligen Einfluß der Kelch-Neun sollten Sie eine Phase besonders guter Gesundheit erleben. Sie fühlen sich aktiv, und keine Aufgabe wird Ihnen zur Last. Doch sollten Sie der Versuchung widerstehen, sich selbst an die Grenzen ihrer Möglichkeiten zu drängen, da dies zu einem späteren Zeitpunkt ernstzunehmende Konsequenzen nach sich zöge. Eine Heirat ist unter dem Einfluß der Kelch-Neun gut möglich für jene unter Ihnen, denen die finanzielle Sicherheit mehr bedeutet als Liebe.

50/5. Kelch-Zehn

Dauernder Einfluß: Wenn Sie von der Kelch-Zehn beeinflußt

werden, brauchen Sie sich nie Sorgen um irgend etwas zu machen. Wohlergehen und Sicherheit sind die Schlüsselbegriffe bei dieser Karte, und das ist auch genau das, was Sie erwarten können. Das Herz ist der einzige Punkt, an dem Sie einige wenige Probleme und Enttäuschungen spüren können, weil die wahre Liebe nun einmal das Einzige ist, was man mit Geld nicht kaufen kann. Aber es wird so viele andere erfreuliche Zerstreuungen in Ihrem Leben geben, daß Sie Ihre emotionalen Schwierigkeiten bald vergessen haben.

Negative Züge: Die negative Fünfzig ist ein gesellschaftlicher Senkrechtstarter, der jeden und alles benutzen wird, um sich seinen Aufstieg in der Welt zu ermöglichen. Diese Leute sind Snobs, die sich nicht gerne an ihre Herkunft oder an ihre frühere Gesellschaft und Umgebung erinnern und erinnern lassen. Manipulation ist der Name ihres Spiels – und Regeln gibt es keine.

Vorübergehender Einfluß: Liebe und Veränderungen zum Besseren sind hier angekündigt. Diese Zeit sollte sich als eine besonders geschäftige erweisen, in der es viel zu tun gibt und längst nicht genug Zeit zur Verfügung steht, alles zu erledigen. Ihrer Familie wird vermutlich bereit sein, Sie besonders zu unterstützen, wenn es notwendig ist – falls Sie nicht zu stur sind, ihre Hilfe anzunehmen. Veränderung liegt in der Luft, und dies könnte eine Veränderung in Ihrer Umgebung oder Ihrem Berufsleben – oder beides – sein. Eine neue und bedeutsame Beziehung wird sich mit Sicherheit entwickeln.

Die Schwerter
(Pik)

51/6. Schwert-König
Dauernder Einfluß: Die Zahl Einundfünfzig birgt sehr viel Macht und Kraft in sich und verkörpert somit den Geist des Streiters, des Kriegers. Menschen unter diesem Einfluß sollten

im Leben rasch vorankommen, ganz gleich, für welche Laufbahn sie sich entscheiden, besonders wenn es eine Karriere bei
den Streitkräften ist. Solche Menschen können ohne Schwierigkeiten Entscheidungen um Leben oder Tod fällen und sind
deshalb auch häufig in den juristischen und medizinischen
Berufen zu finden. Sie besitzen nicht nur absolute Selbstbe-
herrschung, sondern sie sind auch fähig, anderen Mut zu
machen, wenn diese vor schwierigen Situationen stehen. Sie
sind die geborenen Befehlshaber, die keine Angst davor haben, dafür zu sorgen, daß die Gerechtigkeit sich durchsetzt.

Negative Züge: Die negative Einundfünfzig ist sadistisch und
bewußt grausam. Sie liebt nichts mehr, als andere leiden zu
sehen, wenn aber der Spieß umgedreht wird, sind sie die
jämmerlichsten Feiglinge, die man sich vorstellen kann. Oft
sind sie böse Charaktere, denen man aus dem Weg gehen
sollte.

Vorübergehender Einfluß: Ein Gerichtsprozeß oder eine Auseinandersetzung mit einer Behörde oder mit Vorgesetzten ist
möglich, wenn der Schwert-König an der Macht ist. Dann
werden Sie all Ihren Kampfgeist zusammennehmen, wenn Sie
siegreich aus der Schlacht hervorgehen wollen. Die Gerechtigkeit wird siegen, aber Sie müssen Ihren Fall so gut wie möglich
vortragen. Scheidungsprozesse gehören ebenfalls in die Kategorie »Gerichtsverfahren«; seien Sie also darauf vorbereitet,
daß sich auch im Privatleben Streit und Auseinandersetzungen zusammenbrauen könnten.

52/7. Schwert-Königin

Dauernder Einfluß: Menschen unter der Regentschaft der
Schwert-Königin sind äußerst intelligent und besitzen eine
vielseitige und umfassende Persönlichkeit. Sie nehmen Wissen in sich auf, wie ein Schwamm Wasser aufsaugt, und häufig
können sie erahnen, was sich ereignen wird, lange bevor

tatsächlich etwas passiert. Sie sind vielseitig, schöpferisch und pedantisch, aber trotzdem absolut zuverlässig.

Negative Züge: Die negative Zweiundfünfzig ist ein gefährlicher Feind, dem schwer auf die Schliche zu kommen ist, weil seine Gedanken brillant und schlau sind. Täuschung wird diesen Menschen zur zweiten Natur, und Sie müssen schon sehr viel Glück haben, um nicht auf ihr kleines Spiel hereinzufallen. Sie sind so schwer zu fassen wie ein Aal.

Vorübergehender Einfluß: In dieser Zeit sollten Sie versuchen, sich von Ihrer familiären Umgebung fernzuhalten, um Ihren Geist mit neuen Erfahrungen anzuregen. Dies ist eine notwendige Phase des persönlichen Wachstums, in der einige allein verbrachte Tage sich für Ihre neue Einstellung zum Leben als vorteilhaft erweisen würden. Lassen Sie Ihren Geist wandern und erforschen, wo er möchte, und stellen Sie sicher, daß Sie sich alles merken, was Sie sehen und tun, um sich später darauf beziehen zu können.

53/8. Schwert-Ritter

Dauernder Einfluß: Der ständige Einfluß des Schwert-Ritters schafft kräftige Menschen, die mental und physisch stark sind. Sie haben vor nichts Angst; sie scheinen sich am wohlsten zu fühlen, wenn sie sich in einer schwierigen Lage befinden, in der ihr Mut besonders bemerkbar wird. Diese Leute wissen wirklich, wie sie sich um sich selbst kümmern. Doch sie haben auch die starke Neigung, mit großer Begeisterung ein Projekt in Angriff zu nehmen, um es dann, wenn es vielleicht halb vollendet ist, wieder aufzugeben.

Negative Züge: Negative Ritter haben die Tendenz, sich nach Problemen und Konflikten umzuschauen, weil es nichts gibt, was sie mehr lieben als eine handfeste Auseinandersetzung. Sie sind eigensinnig und haben eine rücksichtslose Einstellung zum Leben.

Vorübergehender Einfluß: Unter dieser Karte werden viele herausfordernde Situationen entstehen, die man überhaupt nicht
erwartet. Sie werden all Ihren Mut brauchen, um damit fertig
zu werden. Behalten Sie die Kontrolle über die Dinge fest in
der Hand, denn sobald Sie sie verlieren, werden Ihre Gegen-
spieler die Oberhand gewinnen.

In diesem Abschnitt Ihres Lebens werden Probleme Ihre ständigen Begleiter sein, aber verzweifeln Sie nicht, denn sie werden alle verschwinden, und Sie selbst werden durch die Erfahrung gestärkt sein.

54/9. Schwert-Page

Dauernder Einfluß: Menschen, die vom Schwert-Pagen be-
herrscht werden, sind schlagfertig und aufgeweckt. Es scheint
nie lange zu dauern, bis sie die Lösung eines schwierigen
Problems gefunden oder eine Möglichkeit entdeckt haben,
eine ermüdende Arbeit schneller zu vollenden. In beruflicher
Hinsicht eignen sie sich hervorragend zum Unterhändler,
Politiker, Diplomat oder – am anderen Ende der Skala – zum
Straßenverkäufer.

Negative Züge: Die negative Vierundfünfzig ist ein raffinierter
Zeitgenosse. Er ist schlau, unredlich und listig und scheint bei
einer Vielzahl zweifelhafter Unternehmen seine Hand im
Spiel zu haben. Er kann den schwachen Punkt eines anderen
sofort entdecken und ihn sich bald zunutze machen.

Vorübergehender Einfluß: Während dieses Zeitabschnittes sollten Sie wachsam sein und bereit, beim geringsten Anzeichen
von Schwierigkeiten aktiv zu werden, so daß alle Probleme
behandelt werden können, bevor sie außer Kontrolle geraten.
Achten Sie auch auf Kollegen und Freunde, die zur Zeit gegen
Ihre Interessen arbeiten könnten, aber reagieren Sie nicht übertrieben, und bilden Sie sich nicht ein, daß jedermann Ihr Feind
sei. Unter dem Einfluß dieser Schwingung sind wichtige Bot-

schaften zu erwarten, die auch vertraulicher Art sein können. Es liegt an Ihnen, dafür zu sorgen, daß sie es bleiben.

55/1. Schwert-As

Dauernder Einfluß: Die Karte Schwert-As zeigt Erfolg an, Sieg und Triumph trotz Schwierigkeiten. Jeder unter ihrem ständigen Einfluß wird es im Leben fast sicher zu etwas bringen. Diese Menschen verwenden sehr viel Zeit darauf, ihre nächsten Schritte zu überlegen, und wenn sie einmal eine bestimmte Richtung eingeschlagen haben, sind sie buchstäblich nicht mehr zu bremsen. Unermüdlich und unerschrocken erreichen sie offenbar immer ihr Ziel.

Negative Züge: Die negative Fünfundfünfzig ist ein »Vandale«, weil sie Dinge einfach zerstört, wenn es ihr Spaß macht. Diese Leute gehen mit der wütenden Überzeugung durchs Leben, daß dieses sie auf die eine oder andere Weise nicht gut behandelt habe. Häufig zeigen sie äußerst brutale Temperamentsausbrüche.

Vorübergehender Einfluß: Als zeitweilige Schwingung verspricht das Schwert-As Fortschritt bei einem Projekt, für das Sie allein verantwortlich sind, zusammen mit irgendeiner Form persönlicher Belohnung als Anerkennung für all die langen Stunden und schwere Arbeit, die Sie in diesen Plan investiert haben. Auch eine größere Veränderung ihrer Lebensweise ist für diese Phase angezeigt, die notwendig ist, wenn Sie sich eine sicherere Zukunft aufbauen wollen. Einige der Einschränkungen, die Ihnen bisher auferlegt waren, sollten sich nun aufheben, und somit steht Ihnen mehr persönliche Freiheit zur Verfügung und reichlich Zeit, diese zu genießen.

56/11/2. Schwert-Zwei

Dauernder Einfluß: Menschen unter der Herrschaft der

Schwert-Zwei werden in den ersten Jahren kein leichtes Leben
haben. Aber wenn sie heranreifen, werden sie wohl feststellen,
daß die Lektionen, die sie lernen, ihnen unschätzbare Erfahrung schenken. Ihr Erfolg wird erst später im Leben eintreten,
aber dann werden sie ihn verdient haben. Keiner ist ein treue-
rer oder ehrlicherer Freund als ein Mensch, der ständig unter
dem Einfluß dieser Schwingung steht.

Negative Züge: Die negative Sechsundfünfzig scheint ihre Lust
daran zu haben, Probleme zu verursachen, Unzufriedenheit
und Streitigkeiten zu stiften, sobald sich eine Gelegenheit dazu
bietet. Oft sind diese Menschen hinterhältig, unehrlich, betrügerisch und egoistisch.

Vorübergehender Einfluß: Schlüsselwort ist hier Ausgeglichenheit. Freundschaft ist gut aspektiert, und es sollte möglich sein,
freundschaftliche Lösungen für alte Differenzen und Streitigkeiten zu finden, die jetzt in einem anderen Licht betrachtet
werden können. Diese sollte sich als eine besonders angeneh-
me und harmonische Phase Ihres Lebens erweisen.

57/3. Schwert-Drei

Dauernder Einfluß: Es ist nicht einfach, unter dieser Schwingung zu leben, obschon die Schwert-Drei ein glückliches Ende
verspricht. Streit und Konflikt könnten Ihre ständigen Begleiter sein, bis sie in die mittleren Jahre kommen, in der sich Ihre
Lebenssituation nach einer letzten großen Aufregung zu bessern und zu harmonisieren beginnt. Wenn diese notwendige
Störung einmal vorüber ist, sollte es möglich sein, ein viel
besseres und friedlicheres Leben zu führen.

Negative Züge: Die negative Siebenundfünfzig wird oft für
geistig unausgeglichen gehalten: In der einen Minute ist sie
ein vernünftiger Mensch, und im nächsten Augenblick tobt sie
ohne ersichtlichen Grund vor Wut. Es ist buchstäblich unmöglich, die Stimmung dieser Menschen mit einiger Wahrschein-

lichkeit vorauszusagen oder einzuschätzen, weil sie sehr launisch und völlig unberechenbar sind.

Vorübergehender Einfluß: Unter dieser Schwingung sind Zerrüttung und Meinungsverschiedenheiten wahrscheinlich. Wenig wird unter diesem Einfluß reibungslos gehen. Seien Sie also auf Verzögerungen gefaßt, rechnen Sie mit Absagen und sehr viel verlorener oder vergeudeter Zeit. Es könnte auch in Ihrem Privatleben zu einigen Problemen kommen, die mit Vorsicht zu behandeln sind, wenn Ihnen am weiteren Bestehen Ihrer derzeitigen Beziehung etwas gelegen ist – denn diese Karte zeigt Trennung an. Zum Glück ist auch ein positiver Ausgang möglich, indem etwas viel Besseres und Dauerhafteres bestärkt werden kann.

58/4. Schwert-Vier

Dauernder Einfluß: Menschen, die ständig den Schutz der Schwert-Vier genießen, besitzen die Fähigkeit, sich von jedem Schicksalsschlag, wie schlimm er auch gewesen sein mag, rasch zu erholen. Sie sind kraftvolle Menschen, die immer wieder auf ihre Beine kommen wie ein Stehaufmännchen, und dann mit noch größerer Entschlossenheit zum Erfolg arbeiten. Sie bleiben auch dann ruhig, wenn sie vor einer schwierigen Situation stehen, und aus diesem Grund wenden sich viele Menschen an sie um Rat und Hilfe, wenn sie in Not sind.

Negative Züge: Die negative Achtundfünfzig ist oft feige. Sie sind die ersten, die sich umdrehen und davonlaufen, wenn auch nur das geringste Anzeichen von Problemen spürbar wird; sie verstecken sich dann lieber hinter dem Rücken der anderen und suchen Schutz.

Vorübergehender Einfluß: Jetzt, unter dem zeitweiligen Einfluß der Schwert-Vier, ist die Zeit gekommen, in den Hintergrund zu treten und für eine Weile die Zuschauerrolle zu übernehmen. Ruhe und Entspannung sind das, was Sie brauchen, und wenn Sie vernünftig sind, dann sorgen Sie dafür, daß Sie es bekommen. Nichts ist so wichtig, daß es nicht ein wenig warten könnte – Ihre Gesundheit muß den Vorrang haben. Arztbesuche, möglicherweise auch ein Krankenhausaufenthalt könnten sich vermeiden lassen, wenn Sie jetzt vorsichtiger leben.

59/9. Schwert-Fünf

Dauernder Einfluß: Unter der Herrschaft der Schwert-Fünf wird es notwendig sein, einige Male im Leben zu scheitern, bevor man aufsteigen und zu großen Siegen und Ehren gelangen kann. Diese einleitende und notwendigerweise schwierige Zeit sollte als ein Charaktertest akzeptiert werden, der Mut, Standvermögen und Entschlossenheit verlangt, wenn Sie ihn ehrenhaft bestehen wollen. Wenn aber diese Hürden erst einmal hinter Ihnen liegen, dann gibt es nichts mehr, was Sie auf dem Weg zum Erfolg aufhalten könnte, ganz gleich, in welche Richtung er führt.

Negative Züge: Die negative Neunundfünfzig braucht viel zu lange, bis sie sich zu etwas entschließt. Diese Unfähigkeit zu schnellen Entscheidungen bedeutet häufig, daß sie viele gute Gelegenheiten versäumt.

Vorübergehender Einfluß: Wenn die Schwert-Fünf ihren Einfluß vorübergehend geltend macht, dann zeigt dies eine geeignete Zeit an, um Ihren Stolz einmal zurückzunehmen. Es gibt einige Tatsachen im Leben, die wir alle zu akzeptieren haben, ganz gleich, ob sie uns gefallen oder nicht, und das ist es, was auch Sie jetzt tun müssen. Wenn Sie Ihre Selbstkontrolle wiedergefunden haben, werden Sie feststellen, daß es noch andere Wege gibt, deren Erforschung Ihnen offensteht.

60/6. Schwert-Sechs

Dauernder Einfluß: Die Schwert-Sechs zeigt einen unruhigen

Lebenswandel, kein leichtes Leben, da jeder neue Schritt von einem Berg von Schwierigkeiten zur nächsten Anhäufung widriger Umstände zu führen scheint. Wer jedoch willens ist, seine Probleme anzugehen und sie Schritt für Schritt und irgendwie geordnet zu lösen, dem wird Fortschritt möglich sein. Menschen unter diesem Einfluß sind im allgemeinen heiter, freundlich und voller Selbstvertrauen, das ihnen oft aus verzwickten Situationen hilft. Ganz gleich, wieviel Erfolg ihnen beschieden sein wird, er wird hart erkämpft werden müssen.

Negative Züge: Die negative Sechzig wird gegen alles rebellieren. Sie kann es einfach nicht ertragen, gesagt zu bekommen, was sie tun soll, und so beschließt sie aus reiner Opposition das Gegenteil des Geforderten zu tun. Selten macht die Sechzig von ihren Talenten vollen Gebrauch, weil sie zu rasch aufgibt, wenn der Erfolg etwas länger auf sich warten läßt.

Vorübergehender Einfluß: Nach einer langen Zeit der Schwierigkeiten gelangen Sie nun ein gutes Stück voran, weil ein größeres Hindernis Ihnen nicht mehr länger im Weg steht. Reisen und/oder ein Umzug könnten notwendig werden, um weiterzukommen. Aber das ist eine Sache, die sorgfältig abzuwägen ist und nicht einem kurzen Impuls überlassen bleiben sollte.

61/7. Schwert-Sieben

Dauernder Einfluß: Diese Karte zeigt die Möglichkeit von Erfolg an, der nur durch Mut, Entschlossenheit und gelegentlichen Einsatz von Gerissenheit zu verwirklichen ist. Der Pfad ist schmal, und es gibt viele Gefahren und Fallgruben auf beiden Seiten, aber Sie sollten Ihr Ziel im Leben erreichen, wenn Sie Ihre Schritte mit Bedacht wählen. Machen Sie keinen Zug, bevor Sie nicht sicher sind, daß er richtig ist, und selbst dann sollten Sie mit äußerster Vorsicht vorgehen.

Negative Züge: Der negativen Einundsechzig fehlt das Durchhaltevermögen, obwohl ihre Intentionen gut sind. Ihr scheint die Energie immer im letzten Augenblick auszugehen, und auf diese Weise entwischt ihr das, was sie schon ganz nahe, zum Greifen nahe, sah. Bei den seltenen Gelegenheiten, bei denen sie eine Sache bis zum Ende durchführt, gelingt es ihr nur manchmal, ihre Anstrengungen aufrechtzuerhalten, und so verliert sie auch noch das, was sie bereits an Boden gewonnen hatte.

Vorübergehender Einfluß: Schlüsselwort für diese Schwingung ist Inspiration und die Art, wie Sie in dieser Zeit Ihre persönlichen Angelegenheiten regeln; sie sollte wirklich inspiriert sein. Sie wissen, was Sie vom Leben erwarten, und jetzt liegt es bei Ihnen, den richtigen und schnellsten Weg zu finden, diese Wünsche zu erfüllen. Denken Sie aber daran, auch auf die Gefühle anderer Menschen Rücksicht zu nehmen, wenn Sie nicht Gefahr laufen wollen, daß man Ihnen wegen Ihres Verhaltens die Meinung sagt.

62/8. Schwert-Acht

Dauernder Einfluß: Menschen, die von der Schwert-Acht beherrscht werden, müssen sich ihr Glück im Leben selbst schaffen, wenn sie die Fülle der Möglichkeiten verwirklichen wollen. Die Gelegenheit wird sich nicht von selbst bieten – man muß sich auf den Weg machen und in die Welt hinaus gehen, um sein Glück zu suchen. Diese Menschen sollten bereit sein, jede Herausforderung, die sich bieten wird, zu akzeptieren, ganz gleich, wie beängstigend sie sein mag. Sie sollten auch bereit sein, viele Stunden zu arbeiten und alle erdenkliche Mühe auf die Aufgabe zu verwenden, die sie ausführen. Erst dann werden sie den Erfolg erreichen, den sie anstreben. Diese Menschen sind alle mit einem bestimmten, besonderen Talent geboren, das sie nicht ignorieren sollten.

Negative Züge: Die negative Zweiundsechzig neigt dazu, ungeheuer viel Zeit und Mühe in Unternehmungen zu investieren, die – wie jedermann sehen kann – von Anfang an zum Scheitern verurteilt sind. Nie lernt die Zweiundsechzig aus den Fehlern der Vergangenheit, wird mehr und mehr deprimiert und frustriert, wenn ihre harte Arbeit einmal wieder nicht belohnt wird.

Vorübergehender Einfluß: Unter dem zeitweiligen Einfluß der Schwert-Acht werden Sie fast mit Sicherheit zusätzliche Verantwortung aufgeladen bekommen, von der Sie nicht so schnell erwarten können, entlastet zu werden. So neigen Sie dazu, sich unter der Last zu verausgaben. Wenn diese aber endlich von ihren Schultern genommen wird, sollte es den Beginn einer neuen und besseren Phase Ihres Lebens ankündigen. Seien Sie geduldig, und versuchen Sie, sich über die derzeitigen Einschränkungen zu erheben.

63/9. Schwert-Neun

Dauernder Einfluß: Dies ist die Zahl des Märtyrers, und so wird unter dem ständigen Einfluß der Schwert-Neun Ihr Glaube immer wieder einer Prüfung unterzogen. Es ist eine notwendige Stufe Ihrer karmischen Entwicklung, diese Schwingung zu erleben; und die vielen Prüfungen und das persönliche Leid, die Sie in diesem Leben zu ertragen haben, werden nur dazu dienen und beitragen, eine gewaltige Charakterstärke zu entwickeln, die schon so lange ohne Bewährungsprobe in Ihnen schlummerte. Passivität und Resignation sind Ihre Schlüsselworte.

Negative Züge: Die negative Dreiundsechzig läßt sich vom Leben überfordern. Sie ist schlichtweg unfähig, mit irgend etwas klarzukommen, und in der Folge vergeudet sie ihr Leben. Sie verbringt den größten Teil ihrer Zeit mit Selbstmitleid, statt sich auf die Füße zu stellen und zu kämpfen in dem Versuch, ihre Probleme zu überwinden.

Vorübergehender Einfluß: Der beste Rat, den man Ihnen geben kann, ist, sich, solange Sie sich unter dem Einfluß von Schwert-Neun befinden, unauffällig im Hintergrund aufzuhalten. Am besten ducken Sie sich ein wenig und unternehmen nichts. Wenn Sie jedoch diese Warnung ignorieren wollen, dann seien Sie auf Enttäuschung, Scheitern, Störung und durchkreuzte Pläne gefaßt.

64/1. Schwert-Zehn

Dauernder Einfluß: Die Schwert-Zehn steht für den Wendepunkt, und infolgedessen erleben Menschen unter ihrem Einfluß oft eine besonders harte und schwierige Zeit in den jungen Jahren ihres Lebens. Wenn man aber andererseits am tiefsten Punkt mit seinem Leben angefangen hat, dann kann die Sache ja nur besser werden. Diese Menschen sollten nie die Hoffnung verlieren, denn wenn sie mit genügend Entschlossenheit gewappnet sind, können sie die Erfolgsleiter Sprosse für Sprosse bis zur Spitze hinauf ersteigen.

Negative Züge: Eine negative Vierundsechzig lebt im Paradies des Narren und gibt ständig vor, das Leben sei rosig, während sie in Wirklichkeit ein ziemliches Chaos verursacht hat. Die Vierundsechzig scheint außerstande zu sein, die Torheit ihrer Handlungsweise zu erkennen, und so wird sie ihr Leben lang von Chaos und Unordnung begleitet und gequält werden.

Vorübergehender Einfluß: Dieser Einfluß ist nicht besonders vorteilhaft. Er zeigt an, daß Ihre Angelegenheiten wahrscheinlich ein Dauertief erreicht haben, und daß sie deswegen womöglich sehr ärgerlich und verbittert sind. Fassen Sie trotzdem Mut, denn die Schwert-Zehn verspricht auch, daß die Dinge sich bald wieder bessern werden, wenn es auch allein von Ihnen abhängig ist, ob Sie die gleichen schwindelerregenden Höhen wieder erreichen werden, aus denen Sie vor kurzem abgestürzt sind.

Die Münzen
(Pentagramm, Karo, Scheibe)

65/11/2. Münz-König

Dauernder Einfluß: Die Fünfundsechzig ist eine Erfolgszahl. Alle, die unter ihrem Einfluß leben, sollten das im Laufe ihres Lebens mehr oder weniger intensiv erfahren. Sie haben die Gaben der Weisheit und der Geduld, und von beiden werden sie häufig Gebrauch machen; hinzu kommt noch die Liebe zu Ordnung und Tradition. Diese Menschen sind praktisch und begabter mit ihren Händen als schnell im Denken, auch wenn das nicht zwangsläufig bedeutet, daß sie langweilig oder dumm sind – im Gegenteil.

Negative Züge: Die negativen Könige sind langweilig. Sie sind langsam, unvernünftig, gefühllos und überhaupt nicht ansprechbar durch Schönheit oder Gefühle. Sie können nicht selbst entscheiden oder denken, und aus diesem Grund lassen sie sich leicht von anderen manipulieren. Sie sind unflexibel, schwach und gefügig.

Vorübergehender Einfluß: Als zeitweilig wirksame Schwingung zeigt der Münz-König Weiterkommen, materiellen Gewinn und Hilfe an. Besonders Karrieren sollten unter seinem Einfluß gedeihen, vor allem dann, wenn eine einflußreiche Person ein gutes Wort für Sie einlegt. Auch ihre finanziellen Angelegenheiten sollten eine Wende zum Besseren nehmen – es kann sogar möglich sein, daß Sie für Ihr Alter etwas auf die hohe Kante legen können. Aber der König birgt auch einen leichten Risikoaspekt, und es wäre sehr unklug von Ihnen, irgend etwas Unüberlegtes zu tun, ganz gleich, wie gut alles für Sie zu funktionieren scheint.

66/3. Münz-Königin

Dauernder Einfluß: Als ständiger Einfluß weist die Münz-Königin auf gesunden Menschenverstand und auf ein leichtes

Leben. Die Menschen unter ihrer Herrschaft sind ehrliche Leute, die ihr Heim und ihre Familie in allen Entscheidungen an die erste Stelle setzen. Sie stehen mit beiden Füßen fest auf dem Boden der Tatsachen. Solange sie gut zu essen und ausreichenden Komfort haben, sind sie glücklich und verlangen nur selten, wenn überhaupt, nach Erfolg und Reichtum.

Negative Züge: Die negative Sechsundsechzig ist extravagant, auch wenn sich ihre Zügellosigkeit nur auf sich selbst beschränkt; alle anderen sollen, solange es nach ihr geht, auch ohne diese Eigenschaften auskommen. Alles, was sie tut, wird mehr im Hinblick auf die Wirkung unternommen, als um der Freude willen. Das Verlangen nach Luxus ist geradezu überwältigend stark, und sie beurteilen andere Menschen in erster Linie nach deren Besitz. Kurzum, sie verhalten sich eigentlich wie verzogene Kinder.

Vorübergehender Einfluß: Die Münz-Königin zeigt eine besonders glückliche und sorgenfreie Phase Ihres Lebens an, in der Sie es sich leisten können, auszuspannen und einfach zu genießen, was das Leben zu bieten hat. Ihre Familie und Freunde werden eine aktive Rolle in Ihren Angelegenheiten spielen, und in diesem Lebensabschnitt sollte es viele gesellschaftliche Aufgaben geben, zu denen man Sie bittet. Schlüsselworte sind hier Unterhaltung, Vergnügen und Gesellschaft von Freunden.

67/4. Münz-Ritter

Dauernder Einfluß: Menschen unter diesem Einfluß sind wie die Ritter früherer Zeiten. Sie haben ein eigenes System von Wertmaßstäben, an dem sie starr festhalten. Sie verteidigen, was moralisch richtig ist, achten das Gesetz und die Ordnung, und glauben, daß Traditionen aufrechterhalten werden sollten. Diese Menschen erreichen selten den Rang des »Befehlshabers« im Leben, geben aber gute »Leutnante« ab.

Negative Züge: Negative Ritter neigen dazu, in der Vergangenheit zu verbleiben, sie stellen sich gegen den Fortschritt und kämpfen gegen jede empfohlene Veränderung und Verbesserung, einfach deshalb, weil dadurch bestehende Methoden veralten würden. Diese Siebenundsechzig ist ziemlich kurzsichtig.

Vorübergehender Einfluß: Unter der Herrschaft des Münz-Ritters könnten Sie vor eine schwierige Entscheidung gestellt werden, die auch eine moralische Wertung verlangt – leider sind Ihre Maßstäbe unter Umständen höher als die allgemein akzeptierte Norm, und darin wird ihre Schwierigkeit bestehen: Wollen Sie sich selbst treu bleiben und eine glänzende Gelegenheit ausschlagen – oder wollen Sie ein Auge zudrükken und das Angebot annehmen? Nur Sie können entscheiden, und deshalb überstürzen Sie ihre Antwort nicht.

68/5. Münz-Page

Dauernder Einfluß: Menschen, deren Leben unter dem Einfluß des Münz-Pagen steht, werden feststellen, daß es die Welt des Geschäfts ist, in der sie Erfolg haben, ganz besonders wenn sie eine leitende Stellung innehaben. Sie sind gewissenhafte Arbeiter, die sich nicht fürchten, auch Verantwortung zu übernehmen; sie erledigen ihre Pflichten mit Vorsicht und legen Wert darauf, daß ihre jeweiligen Arbeiten reibungslos ablaufen. Mit Geld sind sie besonders vorsichtig und scheinen die bestmöglichen Ergebnisse bei kleinstmöglichem Aufwand zu erzielen.

Negative Züge: Die negative Achtundsechzig ist ein Tyrann, der nichts lieber tut, als seine Untergebenen zu terrorisieren und zur Arbeit anzutreiben. Diese Leute sind unangenehm und werden allgemein nicht sehr geschätzt.

Vorübergehender Einfluß: Als vorübergehender Einfluß verheißt der Münz-Page sich neu öffnende Wege für jene unter

Ihnen, die willens sind, etwas bis heute Unbekanntes und Unversuchtes auszuprobieren. Sie werden in diesem Abschnitt Ihres Lebens äußerst flexibel sein müssen und sollten darauf gefaßt sein, daß bestehende Pläne im letzten Augenblick geändert werden müssen. Gelegenheiten zum Reisen werden sich Ihnen auch bieten, solange dieser Einfluß anhält, auch wenn diese sich aller Wahrscheinlichkeit nach auf Ihr eigenes Land beschränken.

69/6. Münz-As

Dauernder Einfluß: Die Herrschaft dieser Karte zeigt ein Leben emotionaler Zufriedenheit an, das mit fast sicherem materiellem Erfolg verbunden ist. Liebe und Sicherheit sind die beiden Dinge, die sich die meisten Menschen ersehnen, und unter dem Einfluß von Münz-As sollten Sie die Vorzüge von beidem genießen können.

Negative Züge: Die Kehrseite dieser Karte zeigt ein nicht ganz so schönes Bild. Die negative Neunundsechzig ist so habgierig und raffsüchtig, daß sie oft in Geld und Macht vernarrt ist. Sie jagt ihm ununterbrochen nach, ohne einen Gedanken an etwas anderes zu verschwenden. Der Besitz einer großen Summe Geldes wird zum einzigen Lebensziel.

Vorübergehender Einfluß: Unter der zeitweiligen Herrschaft dieser Karte sollte das Leben viel Belohnung für frühere Bemühungen bringen, dazu noch die Chance, daß eine Vielzahl glücklicher Umstände und Begebenheiten zu ihrem Wohlbefinden beiträgt.

70/7. Münz-Zwei

Dauernder Einfluß: Diese Zwei zeigt ein arbeitsreiches, interessantes Leben an, das keine langweiligen Augenblicke kennt, und möglicherweise steht am Ende der Erfolg – gewiß jedoch das Glücklichsein. Menschen, die dauernd unter dem Einfluß dieser Karte stehen, scheinen eine unbeschwerte Einstellung zum Leben zu haben, und selten sind sie längere Zeit niedergeschlagen, da sie mit den meisten Problemen zurechtkommen können. Eine Karriere in Richtung Kommunikation, Medien oder eine mit Reisen verbundene Laufbahn würde hervorragend zu ihrer Persönlichkeit passen.

Negative Züge: Die negative Siebzig scheint zu anhaltenden Anstrengungen unfähig zu sein. Sie neigt dazu, von einem Thema zum nächsten zu eilen, und bearbeitet nie etwas richtig oder vollendet nie die Aufgabe, die ihr gestellt ist. Sie ist inkonsequent, verwegen und hat zu wenig Selbstdisziplin.

Vorübergehender Einfluß: Geschäftliche Gelegenheiten und Reisen sind unter diesem Einfluß gut aspektiert. Anregende Entwicklungen sollten sich in Ihrer Karriere zeigen, die mehrere kurze, möglicherweise auch Auslandsreisen zur Folge haben könnten. Diese sollten sich als großer Erfolg erweisen unter der Voraussetzung, daß Sie Ihre Arbeit richtig tun und sich immer an die Spielregeln halten. Falls nicht – Vorsicht! Eine Form von Partnerschaft scheint auch wahrscheinlich, und das könnte für Sie eine neue, romantische Verbindung werden.

71/8. Münz-Drei

Dauernder Einfluß: Diese Zahl und Karte stehen für Geschicklichkeit – sei es als Handwerker, sei es als Kaufmann, der seine Waren verkauft, oder als Geschäftsmann, der sein Imperium unter Kontrolle hat. Diese Karte deutet auch an, daß Lohn und Bewunderung zu ernten sind, indem Sie Ihre angeborenen Begabungen in der optimalen Weise einsetzen.

Negative Züge: Die negative Einundsiebzig interessiert sich nie dafür, sich ihre Geschicklichkeit zunutze zu machen, und so werden ihre Talente vergeudet, und diese Menschen erreichen selten etwas von Wert im Laufe ihres Lebens. Sie sind auch stur und weigern sich, einen Rat anzunehmen, ganz gleich, wie vernünftig und wohlgemeint er auch sein mag.

Vorübergehender Einfluß: Diese Schwingung zeigt Ausdehnung an und die Gelegenheit persönlichen Weiterkommens. Jetzt ist die Zeit, in etwas größeren Dimensionen als sonst zu denken, Ihre Ideen und sich selbst voranzutreiben und auf der Erfolgsleiter ein paar Sprossen weiterzuklettern, bevor diese vorteilhafte Zeit wieder vorüber sein wird. Vielleicht müssen Sie schwerer arbeiten als sonst, aber der Lohn soll ein angemessener Ersatz für alle zusätzlichen Bemühungen sein.

72/9. Münz-Vier

Dauernder Einfluß: Die Münz-Vier deutet die Gelegenheit an, ein Imperium aufzubauen, wenn Sie nur früh genug damit beginnen – völlige materielle Sicherheit sollte für Sie erreichbar sein. Handel und Geschäft liegen Ihnen im Blut, und selbst wenn Sie als nebengewerblicher Händler mit sehr wenig Startkapital anfangen, könnten Sie als wohlhabender und einflußreicher Geschäftsmann enden. Ihre Erfolgsgeschichte könnte auch anderen als Vorbild und Anregung dienen.

Negative Züge: Die negative Zweiundsiebzig besitzt überhaupt keinen Geschäftssinn. Das Geld fließt ihr zwischen den Fingern hindurch wie Wasser, und finanzielle Geschäft, an denen sie sich beteiligt, sind praktisch zum Scheitern verurteilt. Diese Menschen können den Weg vom Reichtum zur Armut in einer einzigen Generation bewältigen – in ihrer eigenen!

Vorübergehender Einfluß: Wachsen ist das Schlüsselwort für die Zeit, die unter dem Einfluß dieser Karte steht. Jetzt ist die Zeit, Ihr Geld zu verdoppeln und wirklich einen finanziellen Spekulationserfolg nach Hause zu tragen – vorausgesetzt, Sie richten Ihre Aufmerksamkeit auf die Details und lassen es nicht zu, daß Ihre übermäßige Begeisterung die Oberhand über Ihren Verstand gewinnt – und über Ihr Geld. Materieller Gewinn durch geschicktes Manipulieren Ihrer Reserven liegt mit Gewißheit unter dem Einfluß der Karten in dieser Zeit.

73/1. Münz-Fünf

Dauernder Einfluß: Dies ist kein angenehmer Einfluß für jene, die dazu neigen, der Verzweiflung nachzugeben, denn wenn sie erst einmal ihre Hoffnung verloren haben, ist alles verloren. Geldsorgen werden immer Probleme verursachen, und finanzielle Unsicherheit, Armut oder Arbeitslosigkeit sind nur drei Möglichkeiten, wie sich diese Schwierigkeiten manifestieren können. Doch es gibt immer noch viele Dinge im Leben, die mit Geld nicht zu kaufen sind, zum Beispiel gute Gesundheit, und ein großes Maß solchen Segens sollte dazu beitragen, das Gleichgewicht der Waagschalen mehr zu Ihrem Vorteil zu verändern.

Negative Züge: Der negative Aspekt dieser Schwingung ist nur geringfügig schlimmer als der positive. In diesem Fall gibt es keine Hoffnung mehr, und ein Leben voller Not ist fast gewiß, vermutlich endet es im Ruin. Überhaupt keine angenehmen Aussichten.

Vorübergehender Einfluß: Je eher dieser Einfluß nachläßt, desto besser ist es, weil er nur eines anzeigt: Schwierigkeiten (vermutlich finanzieller Art). Sie sollten versuchen, wo immer es möglich ist, zu sparen, und alle Zukunftspläne zurückzustellen, bis sich die Lage wieder beruhigt und die Umstände Ihres Lebens besser werden.

74/11/2. Münz-Sechs

Dauernder Einfluß: Ein ausgeglichenes, vielleicht recht ereignisloses Leben verheißt Ihnen diese Karte. Sie sollten imstande sein, Ihre eigenen Affären reibungslos zu kontrollieren, so daß die Ausgaben nie höher steigen als die Einnahmen, und Sie

sollten auch noch genügend Zeit erübrigen, um anderen zu
helfen, die weniger Ordnung um sich haben als Sie. Menschen,
die unter dem Einfluß der Münz-Sechs geboren sind, sind von
Natur aus Menschenfreunde, die wirklich für andere sorgen.
Sie haben eine menschliche und wohlwollende Einstellung
zum Leben.

Negative Züge: Die negative Vierundsiebzig ist egoistisch. Sie
wird nie einen Finger rühren, um jemand anderem zu helfen,
wenn sie das irgendwie vermeiden kann. Alles, was sie vom
Leben will, ist ihr persönliches Vergnügen, und oft gibt sie viel
mehr Geld aus, als sie es sich leisten könnte.

Vorübergehender Einfluß: Wenn die Münz-Sechs nur zeitweilig
die Herrschaft übernimmt, zeigt dies eine Phase an, in der das
Gleichgewicht der Dinge wiederhergestellt werden kann, in
der das Leben wieder ins Ebenmaß gelangt und finanzielle
Probleme gelöst werden können. Eine überraschende Geldzu-
wendung, sei es aus einer Erbschaft, ein Geschenk oder gar ein
Lotteriegewinn, sollte viel dazu beitragen, bestehende Probleme zu lösen.

75/3. Münz-Sieben

Dauernder Einfluß: Die Münz-Sieben zeigt Wachstum unter der
Voraussetzung an, daß Sie Ihre Bemühungen aufrechterhalten
und dafür sorgen, daß Ihre Projekte vollendet werden. Trägheit oder Gleichgültigkeit würden nur zu Enttäuschungen
führen. Gute Ergebnisse sind unter diesem Einfluß immer
möglich, solange Sie dafür sorgen, daß für die fraglichen
Projekte hart gearbeitet wird.

Negative Züge: Die negative Fünfundsiebzig verursacht sich all
ihre Probleme durch ihre Unfähigkeit selbst, Dinge und Aufgaben, die sie anfängt, auch zu Ende zu bringen. Vielverspre-
chende Gelegenheiten werden letztendlich immer scheitern,
weil sie sich nicht genügend ihrer Aufgabe widmet. Häufig

hat die Fünfundsiebzig Geldsorgen, weil sie zu leicht aufgibt, wenn die Dinge einmal etwas schwieriger werden.

Vorübergehender Einfluß: Dieser Einfluß kündigt fast immer eine Phase ständiger harter Arbeit an. Aber auch finanzieller Lohn wird versprochen, sobald eine Aufgabe vollendet worden ist. Sie sollten versuchen, ruhig und geduldig zu bleiben, auch wenn quälende Rückschläge passieren, und nicht zu stolz sein, jede Hilfe anzunehmen, die Ihnen angeboten wird, ganz gleich, wie verdächtig Ihnen die Absichten solcher Angebote vorkommen – viele Hände machen die Arbeit leichter!

76/8. Münz-Acht

Dauernder Einfluß: Viele, äußerst begabte Menschen stehen unter diesem Einfluß. Der Erfolg wartet schon auf sie, wenn sie bereit sind, ihre Talente zu entfalten, ordentlich einzusetzen und sie nicht nur als ihre Hobbys zu betrachten. Es braucht einen gewissen Mut, dies, auf sich selbst gestellt, zu tun, aber wer willens ist, die Herausforderung anzunehmen, wird finanziell und menschlich belohnt werden. Bleiben Sie nicht Ihr Leben lang ein Amateur – nutzen Sie Ihre Talente professionell und bringen Sie die Ernte ein, die Ihre Fähigkeiten versprechen.

Negative Züge: Die negative Sechsundsiebzig neigt dazu, ihre Talente zu mißbrauchen oder sie ganz zu ignorieren, was man als sträflichen Verstoß werten sollte. Viele planen leider nicht genug im voraus, und weil sie keine unmittelbare Anerkennung erfahren, lassen sie den Mut sinken und geben auf.

Vorübergehender Einfluß: Unter dem zeitweiligen Einfluß der Münz-Acht sollte sich die Gelegenheit bieten, Ihre Talente voll einzusetzen und diese möglicherweise sogar noch weiterzuentwickeln, indem Sie irgendeine Ausbildung als Privatschüler oder Teilnehmer einer Gruppe Gleichgesinnter beginnen. Was auch immer Ihnen in den Sinn kommt, versuchen Sie,

vernünftig zu bleiben – wenn Sie zulassen, daß Ihnen die
Dinge zu Kopf steigen, könnten sie Freunde verlieren und sich
möglicherweise sogar einige Feinde schaffen.

77/5. Münz-Neun

Dauernder Einfluß: Menschen unter diesem Einfluß sollen nur
für einen kurzen Augenblick Sorge, Kummer oder Angst in
ihrem Leben kennenlernen – vorausgesetzt, sie sind vernünftig genug, sich um sich selbst zu kümmern und die Talente
und sonstigen Gaben, mit denen sie zweifellos bereits geboren
sind, umsichtig zu bewahren. Dies ist eine besonders gute
Karte, die praktisch jede Behaglichkeit des Lebens garantiert,
auch Liebe, Glück und gute Gesundheit.

Negative Züge: Die negative Siebenundsiebzig ist töricht genug, noch mehr haben zu wollen, als sie bereits besitzt, und
aus diesem Grunde hält ihre finanzielle Sicherheit nie sehr
lange an. Wegen ihrer extravaganten und verwöhnten Lebensweise verliert sie nicht nur ihr Geld, sondern gelegentlich auch
jene, die sie lieben. Einigen Menschen unter diesem Einfluß
gelingt es, reich zu werden, aber ihr Wohlstand kommt im
allgemeinen eher durch zweifelhafte Geschäfte.

Vorübergehender Einfluß: Glück ist das Schlüsselwort, das sich
auf die verschiedensten Weisen manifestieren kann. Es könnte
einfach als der verdiente Lohn für harte Arbeit erscheinen, es
könnte Ihnen als Geschenk ins Haus kommen, oder es könnte
Ihnen aus heiterem Himmel begegnen, wie ein glücklicher
Zufall des Schicksals. Wie auch immer es zu Ihnen fließt, das
Geld wird nie knapp sein, und Sie sollten diese Phase der Fülle
genießen, solange sie anhält. Versuchen Sie, etwas für eventu-
elle magere Jahre auf die hohe Kante zu legen.

78/6. Münz-Zehn

Dauernder Einfluß: Die Münz-Zehn zeigt an, daß Ihr Glück und

Wohlstand sehr weitgehend von Ihrer Familie, vielleicht gar vom Familiennamen abhängt. Das könnte bedeuten, daß Sie ein integraler Bestandteil eines bereits bestehenden Familienunternehmens werden; wenn dies nicht der Fall ist, dann wird vielleicht Familienvermögen in Ihre Zukunft investiert werden. Zwei Dinge jedoch sind gewiß: Ihre materielle Sicherheit ist nicht nur garantiert, sondern sie wird auch – direkt oder indirekt – mit Ihrer Familie verbunden sein.

Negative Züge: Manche Menschen unter dem negativen Einfluß der Münz-Zehn leiden unter einer Identitätskrise aufgrund einer Adoption, unehelichen Geburt oder weil sie bereits als Kinder verwaist sind. Andere wissen nur zu gut, wer ihre Verwandten sind und wie sehr man unter ihnen zu leiden hat, während einige wenige auch verbittert und enttäuscht sind, weil sie entweder enterbt oder auf andere Weise der Vorzüge ihres Geburtsrechts beraubt wurden. Für die negative Achtundsiebzig ist ihre Abstammung ein Nachteil, der vergessen werden sollte; unternehmen Sie keinen Versuch, diese zu Ihrem Vorteil einsetzen zu wollen.

Vorübergehender Einfluß: Unter dieser Schwingung der Münz-Zehn kündigen sich Familientreffen an, und da auch eine glückliche Zeit bevorsteht, werden die Anlässe zu den Familientreffen vermutlich Hochzeiten, Taufen oder Geburtstagsfeiern sein. Ihr Privatleben sollte so streßfrei und ruhig sein, daß Sie vielleicht sogar die Neigung verspüren, neue ehrgeizige Pläne für die Zukunft zu machen.

Begriffserläuterungen

Analoge Zahlen – eine Gruppe von Zahlen, die entweder alle gerade oder alle ungerade sind;

Arithmomantie – antike Methode, mittels Zahlen wahrzusagen, soll bereits von Pythagoras verwendet worden sein;

Ausdrucksziffern – die Ziffern 3, 6 und 9;

Äußere Erscheinungszahl – von manchen Numerologen gebrauchter Begriff für die Konsonantenzahl;

Denkziffern – die Ziffern 1, 5 und 7;

Dreieckszahl – alle Zahlen, die sich durch ein Dreieck darstellen lassen, wie z. B. der pythagoreische Tetraktys;

Einstellige Zahl – die Zahl von 1 bis 9; jeder von ihnen werden spezifische Eigenschaften zugeschrieben;

Ewigkeitszahl – siehe heilige Zahl;

Farbzahl – Die Zahlen 1 bis 9 harmonieren mit bestimmten Farben und Edelsteinen; die Farbzahl dient der Bestimmung der »richtigen« Farben für einen bestimmten Menschen;

Fehlende Ziffer – zeigt Charakteristika, die wir im Laufe dieses Lebens zu entwickeln versuchen sollten;

Geburtstagsraster – Methode zur Analyse des Geburtsdatums;

Geburtstagszahl – wird durch Addition und Quersummenbildung der Ziffern des Geburtsdatums errechnet. Zeigt die zu lernenden Lektionen und hilft bei der Entscheidung für eine Berufsrichtung;

Geheimes-Selbst-Zahl – von manchen Numerologen gebrauchter Begriff für die Vokalzahl;

Gerade Zahl – alle Zahlen, die durch zwei teilbar sind; werden angesehen als unbestimmt, feminin, passiv, rezeptiv und introvertiert;

Geschäftsziffern – die Ziffern 2, 4 und 8;

Gnomone – eine Methode der Darstellung von Zahlen durch Punkte oder Steinchen, pythagoreischen Ursprungs;

Goldene Zahl – wird für eine Art von universalem Maß gehalten, keine esoterische Bedeutung. Ihr Wert ist 0,618 und erscheint bei Strecken oder Größen, die im Verhältnis des Goldenen Schnittes zueinander stehen (0,618 zu 1 oder 1 zu 1,618);

Gruppenzahlen – die drei Zahlengruppen: Ausdrucksziffern (3, 6, 9), Denkziffern (1, 5, 7), Geschäftsziffern (2, 4, 8);

Heilige Zahl – die Zahl 142857, enthält alle Ziffern von 1 bis 9, erscheint als Ergebnis, wenn man 1 (auch mit beliebig vielen Nullen dahinter) durch 7 teilt;

Herrschende Zahl – die Zahl, die einen Menschen, Ort oder Zeitabschnitt »beherrscht«, beeinflußt oder bestimmt;

Karmische Zahl – siehe fehlende Ziffer;

Konsonantenzahl – berechnet durch Addition der Zahlenentsprechungen der Konsonanten eines Namens und Quersummenbildung. Zeigt die »äußere Persönlichkeit«, das Gesicht, das wir der Welt zeigen;

Lebensaufgabe/-lektion/-weg-Zahl – von manchen Numerologen gebrauchte Begriffe für die Namenszahl oder die Geburtstagszahl;

Lebensmitte-Zahl – errechnet durch Addition der vollen Geburtstagszahl zur vollen Namenszahl und anschließende Quersummenbildung. Zeigt die Talente, die wir entwickelt haben sollten, die Begabungen, die wir gelernt haben sollten, wenn wir die Lebensmitte (30 bis 50 Jahre) erreichen;

Lemniskate – Symbol für Unendlichkeit (liegende Acht ∞);

Magische Zahl – 7;

Mehrstellige Zahl – jede Zahl über 9;

Meisterzahl – 11, 22;

Namensraster – Methode zur Analyse eines Namens;

Namenszahl – errechnet durch Addition der Zahlenentsprechungen aller Buchstaben eines Namens und Quersummenbildung. Zeigt, was in diesem Leben erreicht und wie dies vollbracht werden soll;

Numeromantie – siehe Arithmomantie;

Onomantie – antike Methode zur Analyse eines Namens;

Onomomantie – siehe Onomantie;

Ortszahl – Zahl, die mit ihrem Einfluß einen bestimmten Ort oder ein Gebiet beherrscht (Erdteil, Land, Stadt, Straße, Haus etc.);

Persönlicher Monat – Unterteilung des persönlichen Jahres (wie auch Vier-Monats-Abschnitte);

Persönliches Jahr – Unser Leben soll aus 9-Jahres-Perioden bestehen, und die neun verschiedenen Stadien eines solchen Zyklus sind die persönlichen Jahre;

Persönliche Zahl – die vier persönlichen Zahlen sind: Geburtstagszahl, Vokalzahl, Konsonantenzahl und Namenszahl;

Persönlichkeitszahl – von manchen Numerologen gebrauchter Begriff für die Konsonantenzahl;

Pfeile – System von 16 Pfeilen, die bestimmte Richtungen haben; zur Interpretation eines Geburtstagsrasters verwendet;

Primzahl – jede Zahl, die außer durch sich selbst und die Eins durch keine weitere Zahl teilbar ist (2, 3, 5, 7, 11, 13, 17 usw.);

Pyramiden der Reife – ein System zur Analyse der 27-Jahres-Periode der Reifezeit;

Quadratzahlen – Zahlen, die durch Gnomone (Winkel) quadratisch dargestellt werden können;

Rechteckzahlen – Zahlen, die sich durch Gnomone (Winkel) als Rechtecke darstellen lassen;

Schicksalszahl – von manchen Numerologen gebrauchter Begriff für die Namenszahl oder Geburtstagszahl;

Seelenzahl – von manchen Numerologen gebrauchter Begriff für die Vokalzahl;

Shemhamphorasch – der höchste Name Gottes (72 Silben);

Sieb des Eratosthenes – mathematisches Mittel zur Aufteilung ungerader Zahlen in drei Gruppen (siehe Abb. 32). Dieses Sieb ist äußerst einfach anzuwenden, wenn die ungeraden Zahlen erst einmal eingetragen sind (siehe Reihe 4). Es ist offensichtlich, daß jede dritte Zahl ab Drei durch die Drei teilbar ist (siehe Reihe 3); jede fünfte Zahl ab der Fünf ist durch Fünf teilbar (siehe Reihe 2); jede siebte Zahl ab Sieben ist teilbar durch die Sieben (siehe Reihe 1), und so weiter. Primzahlen werden auf diese Weise ebenfalls ausgesiebt (siehe Reihe 5).

Spitzenzahl – zeigt wichtige Stufen der Pyramide der Reife im Leben an;

Tetragrammaton – der geheime Name Gottes;

Ungerade Zahl – jede nicht durch Zwei teilbare Zahl. Wird angesehen als bestimmt, maskulin, aktiv, kreativ und extravertiert. Drei Gruppen von ungeraden Zahlen: teilbare Zahlen, Primzahlen und ungerade Quadratzahlen (z. B. 9, 25);

Vergleichbarkeit – Verglichen werden die Geburtstagszahlen der zu vergleichenden Seiten;

Vier-Monats-Abschnitte – die drei 4-Monats-Abschnitte eines persönlichen Jahres, die sich numerologisch analysieren lassen;

Vokalzahl – berechnet durch Addition der Zahlenentsprechungen der Vokale eines Namens und Quersummenbildung. Zeigt das innere Wesen eines Menschen;

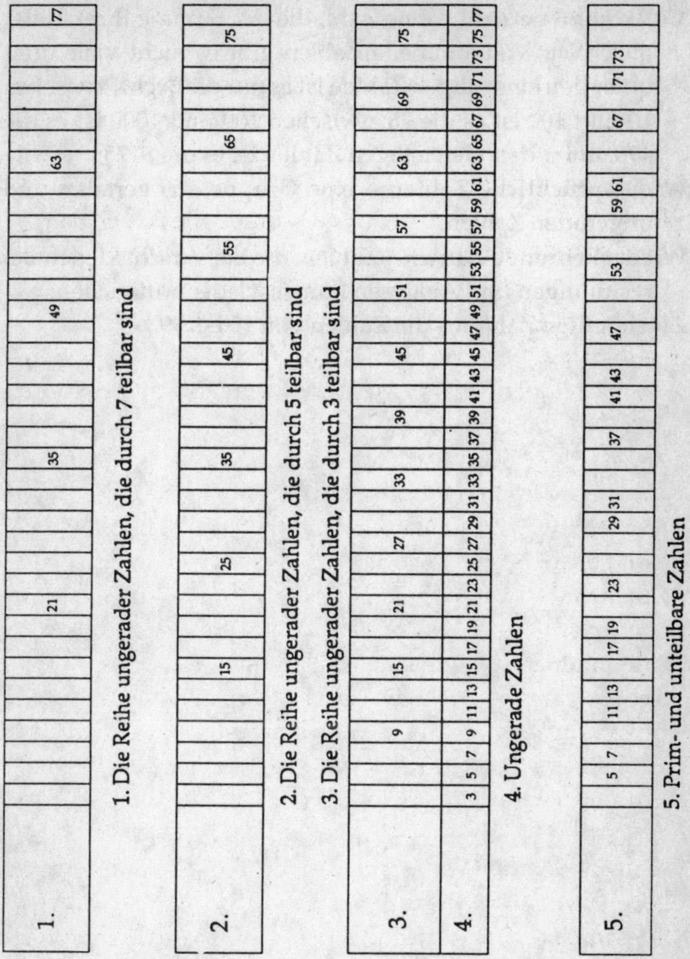

1. Die Reihe ungerader Zahlen, die durch 7 teilbar sind

21 35 49 63 77

2. Die Reihe ungerader Zahlen, die durch 5 teilbar sind

15 25 35 45 55 65 75

3. Die Reihe ungerader Zahlen, die durch 3 teilbar sind

9 15 21 27 33 39 45 51 57 63 69 75

4. Ungerade Zahlen

3 5 7 9 11 13 15 17 19 21 23 25 27 29 31 33 35 37 39 41 43 45 47 49 51 53 55 57 59 61 63 65 67 69 71 73 75 77

5. Prim- und unteilbare Zahlen

5 7 11 13 17 19 23 29 31 37 41 43 47 53 59 61 67 71 73

Abb. 32 Das Sieb des Eratosthenes

Vollkommene Zahl – eine Zahl, die der Summe ihrer Teiler gleich ist. Vollkommene Zahlen gibt es nicht viele, und unter den einstelligen Zahlen ist es nur die Sechs, zwischen 10 und 100 ist es die 28, zwischen 100 und 1000 ist es die 496, unter den vierstelligen Zahlen ist es die 8128;

Widersprüchliche Zahlen – eine Gruppe aus geraden und ungeraden Zahlen;

Wiederkehrende Zahlen – Zahlen, die bei verschiedenen Berechnungen und Analysen immer wieder auftauchen;

Zweistellige Zahlen – die Zahlen von 10 bis 99.

Register